NO LONGER THE PROPERTY OF
LONG BEACH PUBLIC LIBRARY

# ¡HABLEMOS CLARO!

# ¡HABLEMOS CLARO!

## JOYCE MEYER

**CASA**
CREACIÓN

La mayoría de los productos de Casa Creación están disponibles a un precio con descuento en cantidades de mayoreo para promociones de ventas, ofertas especiales, levantar fondos y atender necesidades educativas. Para más información, escriba a Casa Creación, 600 Rinehart Road, Lake Mary, Florida, 32746; o llame al teléfono (407) 333-7117 en Estados Unidos.

*¡Hablemos claro!* por Joyce Meyer
Publicado por Casa Creación
Una compañía de Charisma Media
600 Rinehart Road
Lake Mary, Florida 32746
www.casacreacion.com

Revisión y edición por: LM Editorial Services
(lmorales.editorialservices@gmail.com)

Diseño de la portada por: Vincent Pirozzi
Director de Diseño: Justin Evans

Visite la página web de la autora: www.joycemeyer.org

Library of Congress: 2016960225
ISBN: 978-1-62998-884-9
E-book ISBN: 978-1-62998-376-9

Esta es una recopilación de los libros previamente publicados por Casa Creación: *¡Ayúdenme, siento miedo!* ISBN: 978-1-61638-526-2; *¡Ayúdenme, siento estrés!* ISBN: 978-1-61638-531-6; *¡Ayúdenme, siento depresión!* ISBN: 978-1-61638-528-6; *¡Ayúdenme, siento preocupación!* ISBN: 978-1-61638-532-3; *¡Ayúdenme, siento soledad!* ISBN: 978-1-61638-527-9; *¡Ayúdenme, siento desánimo!* ISBN: 978-1-61638-529-3 y *¡Ayúdenme, siento inseguridad!* ISBN: 978-1-61638-530-9.

Impreso en los Estados Unidos de América
17 18 19 20 21 * 5 4 3 2 1

# CONTENIDO

꒳

## ¡HABLEMOS CLARO SOBRE EL ESTRÉS!

꒳

## ¡HABLEMOS CLARO SOBRE LA SOLEDAD!

✳

# ¡HABLEMOS CLARO SOBRE EL TEMOR!

✳

# ¡HABLEMOS CLARO SOBRE LA DEPRESIÓN!

❦

# ¡HABLEMOS CLARO SOBRE EL DESÁNIMO!

🐛

# ¡HABLEMOS CLARO SOBRE LA INSEGURIDAD!

❦

# ¡HABLEMOS CLARO SOBRE LA PREOCUPACIÓN!

🍇

# ¡HABLEMOS CLARO SOBRE EL ESTRÉS!

# INTRODUCCIÓN

Los que creen en Jesús viven en el mundo, pero no son *del* mundo (vea Juan 17:14–15). ¡Estas son buenas noticias para los creyentes que vivimos en un mundo lleno de tensión nerviosa y de estrés!

En el mundo, las personas viven bajo un estado de tensión intenso; con frecuencia, van de prisa, viven frustradas, son rudas y tienen un temperamento volátil. Experimentan estrés en el matrimonio y en lo financiero, en adición al estrés de criar hijos en un mundo inestable e incierto. Debido al estrés mental que causa el trabajo y estrés físico por el exceso de trabajo, y con los nervios de punta todo el tiempo, algunas de ellas son una bomba de tiempo a punto de estallar.

Pero los creyentes no tenemos que sucumbir al estrés que afecta a la gente del "mundo", es decir, la gente que no conoce a Jesús como Salvador y Señor. Nosotros no tenemos que operar de acuerdo al sistema del mundo (pensando, hablando y actuando como la gente del mundo). De hecho, nuestra actitud y la manera en que nos comportamos deberían ser enteramente diferentes.

Debemos ser luces en la oscuridad (vea Mateo 5:16; Efesios 5:8). ¡Pero es difícil ser luz, si estamos afectados por el estrés que sufre la gente del mundo! Dios ha provisto formas en las que podemos vivir sin tener que ser afectados por esa clase de tensión.

He aprendido lo siguiente en mi propia búsqueda de paz: tengo que escoger ser obediente a Dios en cada situación para lograr disfrutar la paz, en vez de vivir bajo la presión del estrés.

¡Jesús es el Príncipe de paz! La obediencia, o el seguir la guía del Espíritu Santo, siempre nos conducirá a la paz y el gozo, no a la ansiedad y a la frustración. A través de la Palabra de Dios, podemos aprender más sobre el Príncipe de paz y sobre la herencia que está disponible a nosotros por medio de Él. Podemos encontrar y mantener la paz y evitar o vencer el estrés.

Mientras usted lee este libro, permítale al Espíritu Santo que le hable y le dirija a vivir en la maravillosa paz del Señor.

# PRIMERA PARTE

## ¿ESTÁ SIENDO JESÚS EXALTADO O ESTÁ USTED EXHAUSTO?

# 1

## MÁS ALLÁ DE LOS LÍMITES RAZONABLES

*"¿O ignoráis que vuestro cuerpo es templo del Espíritu Santo, el cual está en vosotros, el cual tenéis de Dios, y que no sois vuestros? Porque habéis sido comprados por precio; glorificad, pues, a Dios en vuestro cuerpo y en vuestro espíritu, los cuales son de Dios".*
• 1 Corintios 6:19-20 •

ORIGINALMENTE, LA PALABRA "estrés" era un término de ingeniería que se usaba para referirse a la cantidad de fuerza que una viga u otro apoyo físico podrían soportar sin derrumbarse a causa de la tensión.

Hoy día, la palabra ha sido ampliada para referirse no solamente a la presión y tensión física, sino también a la tensión mental y emocional.

Como seres humanos, usted y yo fuimos creados para soportar una cantidad de estrés normal. Dios nos ha creado para resistir cierta cantidad de presión y tensión. El problema surge cuando nos esforzamos más allá de nuestras limitaciones, más allá de lo que fuimos diseñados para tolerar sin ser afectados permanentemente.

Por ejemplo, una silla es construida para que las personas se sienten en ella. Es diseñada y construida para soportar cierta cantidad de peso. Si se usa correctamente puede durar toda una vida. Pero si la silla se sobrecarga más allá de su capacidad, la silla comenzará a debilitarse y hasta puede llegar a romperse debido a la tensión constante.

De la misma manera, usted y yo fuimos diseñados y creados para sobrellevar día tras día cierta cantidad de tensión física, mental y emocional. El problema surge cuando nos sometemos a un peso mayor del que somos capaces de soportar.

Todos vivimos bajo cierta cantidad de estrés. El estrés es parte normal de nuestra vida cotidiana. No tenemos problemas, siempre y cuando sepamos mantener el estrés dentro de los límites razonables. Pero los problemas comienzan cuando dejamos que el estrés exceda los límites adecuados.

Hace unos años atrás, fui a ver a un doctor porque estaba constantemente enferma. Era una de esas enfermedades de las cuales nadie podía dar con lo que me pasaba. Sin embargo, ¡el médico me dijo que todo lo que me pasaba era el resultado de la gran cantidad de estrés en mi vida!

Cuando él me dijo esto, me molesté. ¡No podía creer que mi problema fuera el estrés! Antes, mi estilo para lidiar con las situaciones era tener rabietas y descargas emocionales. Pero ahora había aprendido a ser una persona relativamente tranquila. Así que el decirme que tenía estrés, me molesté. Pensé: ¡*Doctor, usted es el que me está dando estrés!*

Fui a ver otros médicos quienes me dijeron la misma cosa. Uno de ellos me dijo que yo era una persona demasiado intensa. ¡Eso *realmente* me molestó! ¡Decirme que estaba enferma porque era demasiado intensa! Estaba segura que había cambiado mi personalidad intensa en una manera positiva al trabajar fielmente para el Señor.

Después de un tiempo entendí que lo que los médicos me habían dicho era cierto. *Estaba* viviendo con mucho estrés. Estaba trabajando muy duro y no estaba durmiendo o comiendo adecuadamente. Me estaba esforzando cada vez más, ¡y todo en el nombre de Jesús! Estaba haciendo la obra que yo había determinado que Él quería que hiciera, pero lo cierto es que no había buscado de Él y no sabía qué era lo que Él quería que hiciera. Mucho menos *cuándo* quería Él que lo hiciera y *cuánto* trabajo quería que hiciera.

En mi caso, tenía estrés porque estaba haciendo una cantidad excesiva de "buenas obras", en otras palabras, trabajando en la iglesia y en otras actividades "espirituales". Participaba en todos los estudios bíblicos y todos los cultos de oración. Además, trabajaba como consejera, me pasaba yendo de un seminario a otro, y como si eso fuera poco, predicaba veinte o veinticinco veces al mes.

Además de la tensión física a la que estaba sometiendo mi cuerpo, estaba luchando con la batalla mental de aprender a correr con todos los retos de un ministerio nuevo. En adición, lidiaba con la presión emocional que se siente cuando se está tratando de balancear el ministerio y la familia.

Como resultado, vivía constantemente con dolores de cabeza, dolores de espalda, dolores de estómago, dolores de cuello y todos los otros síntomas del estrés. Sin embargo, al no reconocer o admitir que estaba viviendo con mucho estrés, por consiguiente, era incapaz de enfrentar la situación.

Así como yo estaba haciendo, tal vez usted está esforzándose más allá de su límite físico. Si abusamos de nosotros mismos, aunque pensemos que lo hacemos para el Señor, y demandamos de nuestros cuerpos más allá de las intenciones de Dios, vamos a ver resultados similares a los que experimentamos cuando estamos tratando de obtener riquezas, fama, éxito o cualquier otra meta.

Como hemos visto anteriormente, todos tenemos algún grado de estrés. Ninguno de nosotros puede enfrentar el día sin experimentar algún nivel de estrés de una manera u otra. Si vamos a manejar o a vencer el estrés por lo que es, tenemos que aprender a controlarlo y hacerlo trabajar para nuestro bien.

## ESTRÉS TÉRMICO

Durante mis visitas al médico aprendí algunos datos interesantes sobre el estrés. Hay muchas clases de estrés. Por ejemplo, el cuerpo experimenta estrés térmico cuando va de una temperatura a otra.

Un doctor me explicó: "Si la temperatura de afuera está a noventa grados y sales de tu casa, donde tienes aire acondicionado, entras al calor mientras te diriges al automóvil, y en lo que esperas a que el aire acondicionado del carro enfríe, tu cuerpo está experimentando cambios drásticos de temperatura. Luego, llegas al centro comercial y sales de tu automóvil frío, entras en el calor nuevamente de camino a un edificio con aire acondicionado. Horas más tarde, vuelves a correr apresuradamente bajo el calor, de regreso al automóvil con aire acondicionado. De vuelta a tu casa, sales del automóvil, entras al calor y luego al aire acondicionado de tu hogar. Todo ese cambio de temperatura causa presión en tu cuerpo. Eso se llama estrés térmico".

Así como el estrés térmico pone presión en nuestros cuerpos, la tensión mental pone presión en nuestras mentes y nervios.

## Estrés mental

El estrés mental surge como resultado de intentar resolverlo *todo*. Proviene de una continua preocupación, pensar todo el tiempo acerca de una misma cosa sin buscar una solución, y de permitirle a nuestra mente que le dé vueltas a pequeños pensamientos engañosos incitados por el diablo. También puede ser producto de concentrarse intensamente en lo mismo por un periodo largo de tiempo.

Por ejemplo, nuestro hijo, David, trabaja para mí y para mi esposo, Dave, en nuestro ministerio. Antes, su trabajo era primordialmente mental, pues trabajaba con computadoras y en el diseño de folletos publicitarios. En una ocasión, David nos comentó que cuando regresaba a su casa después de un largo día de trabajo, sintió como si un telón nublaba su vista y oscurecía su cerebro. Por un momento sintió como que no podía pensar correctamente.

¿Le estaba diciendo su cuerpo que estaba trabajando demasiado fuerte? No necesariamente. El cuerpo simplemente le estaba enviando el siguiente mensaje: "Me estoy sobrecargando; necesito descansar".

Muchas veces, cuando nuestros cuerpos nos envían el mensaje de que necesitamos descansar, lo que hacemos es esforzarnos más y más hasta sobrecargarnos. En ocasiones, si pudiéramos solo sentarnos, estar quietos, y hacer algo apacible aunque sea por unos quince minutos, nos sentiríamos más refrescados. Nuestros cuerpos tienen una habilidad asombrosa para recuperarse, renovarse y volver a la normalidad con bastante rapidez.

Pero si nos rehusamos a darle a nuestros cuerpos el descanso que nos están pidiendo, estamos abriendo la puerta a una serie de problemas. Si continuamos sobrecargándonos excesivamente y seguimos esforzando nuestros cuerpos cada vez más como si fuéramos Superman (o "súper cristianos"), tarde o temprano algo nos costará físicamente.

Si al sentarme en una silla oigo que las patas están sonando como si se fueran a romper, ¡es mejor que me levante de la silla lo más rápido posible, porque de lo contrario puedo terminar en el piso! Sin embargo, muchas personas que terminan agotadas lo hacen porque no oyen ni le prestan atención a las advertencias de sus cuerpos. ¡Esas son más importantes que el ruido de una silla!

Escucho a personas jóvenes que dicen: "Puedo comer cualquier cosa y no tengo que dormir mucho. No me molesta en lo absoluto". Para una persona joven es posible exigir mucho de su cuerpo y sentirse bien al mismo tiempo. Pero es muy probable que en el proceso esté lastimando su cuerpo sin darse cuenta. De repente, su cuerpo le dirá: "no puedo más", y algo en su físico o mente se verá afectado o enfermo.

Esforzar el cuerpo hasta el punto de deterioro, y no darle el descanso y alimento que Dios ha determinado necesario, es desobediencia. Su cuerpo puede deteriorarse considerablemente como resultado de esa desobediencia. Obviamente, Dios es el Sanador y es misericordioso con nosotros, pero muchos años de desobediencia pueden llevarnos a un lugar donde es difícil encontrar la sanidad. Debemos de creer que Dios nos quiere dar una vida llena de salud, pero debemos añadir la obediencia a las leyes divinas de salud. La Biblia nos enseña que debemos comer debidamente, descansar lo suficiente y que no debemos ser perezosos, es decir, ejercitar físicamente el cuerpo.

## ESTRÉS FÍSICO

El estrés físico ocurre simplemente porque nos cansamos. Es algo normal. Se supone que nos cansemos. Nos sentimos bien cuando nos acostamos después de un buen día de trabajo.

Sin embargo, no nos sentimos bien cuando seguimos trabajando y trabajando sin importar cuán cansados estemos. Luego nos acostamos con desasosiego, porque nuestras mentes están trabajando horas extras. Le estamos añadiendo estrés mental y emocional al estrés físico.

Usualmente, luego de cada viaje donde ministraba todos los fines de semanas, regresaba a mi casa extenuada. No dormía mucho mientras estaba fuera de la casa, porque el trabajo era arduo y nuestras condiciones de vida siempre estaban cambiando. Cada noche dormía en un hotel diferente, en una cama diferente. Oraba por las personas hasta tarde en la noche, después me levantaba temprano para empezar a ministrar otra vez.

Durante esos viajes de fin de semana sometía mi cuerpo al estrés físico, porque no me cuidaba debidamente mientras estaba fuera de mi casa. Después cometía el error de levantarme el lunes por la mañana e iba a la oficina como si hubiera tenido un fin de semana de descanso.

Ya no hago eso. Ahora dedico tiempo a estar a solas con el Señor. Me deleito en su presencia y paso tiempo con Él. Después que estoy renovada, puedo hacer lo que se supone que haga, las obras que Él quiere que haga.

## ESTRÉS MÉDICO

En ocasiones, cuando estoy agotada físicamente y me da un virus o un resfriado, reduzco la velocidad de mi cuerpo un poco y separo tiempo para descansar. Pero al momento en que empiezo a mejorarme, regreso a trabajar a tiempo completo. Entonces me agoto otra vez y tengo una recaída. ¡Y luego me pregunto por qué! A esa condición le llamo "estrés médico".

Dave trata de decirme: "Descansa, tu cuerpo está débil, porque no te has sentido bien. Tal vez debas acostarte temprano por una o dos semanas o descansar un poco más en las tardes".

Pero como muchas otras personas, tengo demasiadas cosas que hacer, y continúo esforzándome aunque esto cause daño a mi cuerpo.

Claro, enseguida que Dave y yo nos enfermamos oramos por

sanidad divina. Pero si usted se enferma, porque ha empujado extremadamente su cuerpo mucho más allá de los límites fijados por Dios para permanecer en buena salud, usted necesita más que una oración, necesita descansar y restablecer su salud. Los límites que Él ha fijado para nosotros son para nuestro propio bien. Si desobedecemos y nos salimos fuera de esos límites, nos exponemos a sufrir las consecuencias. El cuerpo no funcionará correctamente si se esfuerza repetidamente más allá de sus capacidades. Según lo indicado previamente, Dios es muy misericordioso, pero la repetida desobediencia puede también causar que "cosechemos de lo que hayamos sembrado" (ver Gálatas 6:8).

## LA PRUDENCIA

*"Yo, la sabiduría, habito con la prudencia, y he hallado conocimiento y discreción".*
—PROVERBIOS 8:12 (LBLA)

El libro de Proverbios nos enseña sobre la "prudencia" (o ser *prudente*), una palabra de la cual no se oye mucha enseñanza. La palabra *prudencia* significa "administración cuidadosa: economía".[1] En las Escrituras, la palabra "prudencia" o "prudente" significa ser buenos mayordomos o administradores de los dones que el Señor nos ha dado para que los usemos. Esos dones incluyen nuestro tiempo, nuestra energía, nuestra fuerza, nuestra salud y nuestras posesiones materiales. Además de nuestros cuerpos, incluye nuestras mentes y espíritus.

Así como a cada uno de nosotros nos han sido dados diferentes dones, cada uno ha recibido diferentes habilidades para poder administrar esos dones. Algunos de nosotros administramos nuestros dones mejores que otros.

Cada uno de nosotros necesita saber cuánto podemos manejar. Necesitamos reconocer cuando hemos llegado al límite de nuestra capacidad. En lugar de continuar esforzándonos para agradarle a otros, satisfacer nuestros propios deseos o llegar a alcanzar nuestras metas personales, necesitamos escuchar lo que el Señor nos está diciendo. Necesitamos proseguir con sabiduría para disfrutar una vida de bendición.

Nadie puede liberarse de todas las presiones o situaciones, aquellas que nos causan o aumentan el estrés en nuestras vidas. Por esta razón, cada uno de nosotros tiene que ser prudente para identificar y reconocer las presiones que nos afectan más y aprender cómo responder apropiadamente. Tenemos que aprender a reconocer nuestros límites y aprender a decir *"¡no!"* a nosotros mismos y a otras personas.

## LAS TENSIONES

Todo puede convertirse en algo que nos causa tensión o estrés. Por ejemplo, cuando va al supermercado y se enoja por los precios altos puede causarle estrés. Luego al pagar por esos alimentos se convierte en otra causa de estrés. Entonces la persona en la caja registradora se queda sin cambio y tiene que esperar a que le den más dinero. Usted decide cambiarse a otra fila y le dicen que cinco de las cosas que quiere comprar no tienen el precio correcto. La persona en la caja registradora tiene que llamar para verificar el precio de cada una de ellas, mientras usted espera y la fila crece.

Otra tensión puede ser cuando su automóvil le empieza a dar problemas y se queda averiado en el tráfico.

Si no manejamos nuestras tensiones adecuadamente, cada una de ellas tiene el potencial de acumularse y llevarnos al punto de explosión. Aunque tal vez no podamos eliminar o reducir las tensiones en nuestra vida, debemos concentrarnos en reducir sus efectos en nuestra vida. Debemos aprender a obedecer y adaptar lo que nos dice Romanos 12:16: *"Vivan en armonía los unos con los otros;…"*. Cuando no podemos controlar todas nuestras circunstancias, debemos aprender a adaptar o ajustar nuestra actitud ante ellas para que no nos cause más estrés.

## LUCHA O HUIDA

El cuerpo humano está creado para que cuando sintamos temor y peligro, él reacciona a la defensiva.

Por ejemplo, si usted conduce su auto por la calle y observa que otro vehículo se está acercando peligrosamente hacia usted, sin pensarlo dos veces, su cuerpo reaccionará de inmediato. Automáticamente su cuerpo reaccionará en forma defensiva, como producir adrenalina, en preparación para la crisis o para evitar la misma.

Esta reacción es lo que los profesionales se refieren como "lucha o huida". Su cuerpo se está preparando para lidiar con la situación, luchar contra el peligro, o escaparse del peligro.

En ambos casos, su cuerpo está reaccionando internamente, de manera que ni usted mismo se percata. Obviamente, todas esas reacciones están causando tensión o estrés en su sistema.

## LA IMAGINACIÓN ES UNA REALIDAD PODEROSA

*"Porque cual es su pensamiento en su corazón, tal es él".*
—PROVERBIOS 23:7

Algo muy interesante acerca del fenómeno de "lucha o huida" es que usted no tiene que estar en una situación peligrosa para que su cuerpo reaccione de esa forma. El solo pensar, imaginar, soñar o acordarse de tal situación puede causar que su cuerpo produzca las mismas reacciones físicas, mentales y emocionales.

Por ejemplo, ¿ha estado en su cama por la noche y escuchado un ruido que le hace pensar en cosas terribles? Ahí está, acostado sano y salvo, sin embargo, empieza a sudar, su boca se seca, su corazón late rápidamente, y así sucesivamente.

¿No es increíble que solamente el *pensamiento* de algo peligroso nos haga reaccionar como si el peligro fuera eminente y verdadero? ¡Podemos observar el por qué la Biblia nos advierte de la tremenda importancia que tienen los pensamientos y las emociones en nuestra vida cotidiana!

Otro ejemplo es cuando escuchamos un rumor de que van a despedir personas en nuestro trabajo. Usualmente, la gente se preocupa cuando escucha un rumor como ese. Algunas personas hasta llegan a sufrir problemas estomacales. El rumor ha tenido el mismo efecto que el propio evento. Sin embargo, el rumor es una imaginación.

El poder de la mente, los pensamientos, las imaginaciones y las emociones es inmenso y tan real como el poder del plano físico. Debemos hacer todo el esfuerzo posible de no preocuparnos, tener miedo o revivir en nuestras mentes aquellas situaciones que nos han molestado o lastimado.

## El resultado del estrés

Cada situación peligrosa o tensa que nace en la mente o en las emociones tiene el mismo efecto en nuestro cuerpo que la situación o crisis verdadera.

He leído muchas descripciones de lo que le pasa al cuerpo cuando reacciona ante una situación tensa. El estrés, cualquiera que sea, causa un impulso que es enviado a nuestro cerebro. El cerebro combina y mezcla las emociones con el razonamiento. La persona que está reaccionando al estrés logra analizar la situación durante este proceso. Si la persona percibe la situación como peligrosa, entonces su cuerpo continúa con el proceso de "lucha o huida".

El sistema nervioso responde de tres maneras. Primero, estimula directamente ciertos órganos, como el corazón, los músculos y el sistema respiratorio, con impulsos eléctricos que causan un aumento en los latidos del corazón, la presión arterial, la tensión muscular y la respiración. Segundo, envía señales a la médula suprarrenal, que es parte de la glándula adrenal, a soltar las hormonas adrenalina y noradrenalina, las cuales alertan y preparan al cuerpo para reaccionar. Esta reacción comienza medio minuto después de la primera señal, pero dura diez veces más.

Tercero, el sistema nervioso también estimula al hipotálamo en el cerebro a soltar un químico que estimula la glándula pituitaria. La glándula pituitaria suelta una hormona que hace que la glándula adrenal continúe soltando adrenalina y noradrenalina, y que comience a emitir cortisol y corticosterona. Estos afectan al metabolismo, incluyendo el aumento de la producción de glucosa. Esta tercera reacción prolongada ayuda a mantener la energía necesaria para responder a la situación amenazante. Casi todos los sistemas del cuerpo se involucran, algunos más que otros, en responder a la situación que está causando estrés.

Cada vez que somos estimulados, positiva o negativamente, aunque no nos demos cuenta, todo nuestro sistema se está preparando para la lucha o huida; para defenderse de las amenazas percibidas o de la situación peligrosa.[2]

Luego que nos tranquilizamos, nuestro cuerpo sale de ese estado de emergencia y comenzamos a funcionar normalmente, de la manera en que se supone que funcionemos la mayor parte del tiempo.

La próxima vez que enfrentemos una situación tensa o perturbadora, el proceso completo comienza otra vez. Entonces, cuando nos calmamos, el cuerpo se acomoda otra vez al funcionamiento normal.

Y así va fluctuando de arriba para abajo, según nuestro estado mental y emocional. Pero los efectos de tantos cambios de estrés y calma pueden tener consecuencias duraderas y de mayor alcance.

## ¿SE SIENTE ANUDADO?

Una liga o goma tiene la capacidad asombrosa de ser estirada al máximo y después poder volver exactamente a su forma original. ¿Pero cuántas veces lo puede hacer sin debilitarse o romperse?

Cuando estoy trabajando en mi oficina y rompo una liga, le amarro las puntas otra vez, porque necesito usarla para otra cosa. En nuestra vida diaria, a veces nos estiramos más allá de lo que es razonable y de lo que podemos aguantar, y nos rompemos como esa liga. Entonces intentamos "amarrar las puntas" y seguir con el mismo comportamiento que nos hizo estirar hasta rompernos.

Cuando una liga que he amarrado se rompe otra vez, por lo general, se rompe en un punto diferente, y entonces amarra esas nuevas puntas con otro nudo. Cuando seguimos estirándonos, rompiéndonos y "amarrando las puntas" en varios nudos, ¡nos sentimos como si estuviéramos siendo anudados por dentro y por fuera!

Nos gustaría que la solución fuera el deshacernos de las causas de los problemas que nos anudan, pero las causas del estrés no son las dificultades, las circunstancias o las situaciones. Una gran fuente de tensión es el abordar los problemas con la perspectiva del mundo en lugar de la perspectiva que debemos tener como creyentes en Jesucristo.

Jesús nos dejó su paz.

*"La paz os dejo, mi paz os doy; yo no os la doy como el mundo la da. No se turbe vuestro corazón, ni tenga miedo".*

—JUAN 14:27

Jesús nunca dijo que no tendríamos que luchar contra eventos que nos perturban o desalientan. Juan 16:33 dice: "*...en el mundo tendréis aflicción...*", ¡pero Él dijo que nos libraría de todas nuestras aflicciones (ver Salmo 34:19)! Juan 16:33 empieza con: "*...en mí tengáis paz*"; sin embargo, termina con: "*...pero confiad, yo he vencido al mundo*".

Aunque tendremos que luchar contra eventos que nos van a perturbar, podemos tener la paz de Jesús, porque Él ha "vencido al mundo" y le ha arrebatado el poder que nos puede hacer daño. ¡Él nos ha dado el poder para no permitirnos a nosotros mismos ser agitados o perturbados! ¡La paz está disponible, pero tenemos que escogerla!

## EL PODER DEL SEÑOR

Jesús envió a sus doce discípulos y a otros setenta, de dos en dos, para que fueran anticipadamente a cada lugar donde Él se disponía a llegar. Antes de ser enviados, Él les dijo: *"Id, he aquí, yo os envío como corderos en medio de lobos"* (Lucas 10:3). Pero Él los había equipado para enfrentar la oposición que iban a encontrar. Cuando ellos regresaron y le reportaron de que *"...¡aún los demonios se nos sujetan en tu nombre!"* (v. 17), Él les respondió: *"He aquí yo les doy potestad de hollar serpientes y escorpiones, y sobre toda fuerza del enemigo, y nada os dañará"* (Lucas 10:19).

Lo que Él les dijo a ellos es también para nosotros hoy en día. En otras palabras, Él dijo: "Lo que usted va a enfrentar no será fácil. Va a tener problemas. ¡Pero no tiene que temer ni estar perturbado! Yo le he dado la autoridad, el poder, la fuerza, y la habilidad que necesita para vencer el poder del enemigo, y nada le vencerá, siempre y cuando usted maneje las situaciones de la manera correcta".

# 2

# LA CLAVE PARA ALIVIAR EL ESTRÉS

*"...ahora estamos libres de la ley, por haber muerto para aquella en que estábamos sujetos, de modo que sirvamos bajo el régimen nuevo del Espíritu y no bajo el régimen viejo de la letra."*
• ROMANOS 7:6 •

*"Acontecerá que si oyeres atentamente la voz de Jehová tu Dios, para guardar y poner por obra todos sus mandamientos que yo te prescribo hoy, también Jehová tu Dios te exaltará sobre todas las naciones de la tierra... Te pondrá Jehová por cabeza, y no por cola; y estarás por encima solamente y no estarás debajo."*
• DEUTERONOMIO 28:1, 13 •

CUANDO COMENCÉ A preparar el mensaje acerca del estrés, le pedí al Señor que me enseñara cómo Él quería que yo presentara el material. Pude haber planteado el tema de muchas maneras. Pero creo que la respuesta que Él me dio es un mensaje, una palabra, que nació en el corazón del Padre para el Cuerpo de Cristo en esta hora, en esta temporada.

Esa palabra es *obediencia*.

El Señor me dijo: "Si mi pueblo me obedece y hace lo que yo le instruyo, no va a estar bajo estrés".

Tal vez tengamos estrés, pero estaremos *por encima* de él y no *bajo su control*. ¡Hay una gran diferencia en estar *bajo* estrés y en estar por *encima* de la situación!

Jesús vino a deshacer las obras del diablo (ver 1 Juan 3:8). Toda "potestad" y "autoridad" le fueron dadas a Jesús en "el cielo y en la tierra" (ver Mateo 28:18). Más importante aún, Él nos hizo partícipes de esa "potestad" y "autoridad" para vencer al enemigo (como lo vimos en Lucas 10:19).

Efesios 6:12 nos dice que "no tenemos lucha contra sangre y carne, sino contra principados, contra potestades, contra los gobernadores de las tinieblas de este siglo, contra huestes espirituales de maldad en las regiones celestes". El versículo 11 nos instruye cómo "estar firmes contra las asechanzas del diablo". Jesús nos ha dado su poder para contrarrestar los ataques del diablo.

Sin embargo, nadie puede evitar las situaciones que tienen el potencial de "afligir" nuestros corazones. Todos vamos a enfrentar situaciones en nuestras vidas que no nos van a agradar. Pero con el poder de Dios, podemos atravesar esas situaciones sin ningún estrés. Podemos estar por *encima*—por "cabeza, y no por cola", y "estarás encima solamente, y no estarás debajo"—en cada situación que enfrentemos (ver Deuteronomio 28:13).

Así como la gente del mundo atraviesa situaciones tensas, nosotros también las atravesaremos; pero si somos obedientes a la Palabra de Dios, podemos estar encima de la tensión y no debajo de ésta. Viviremos *en* el mundo sin ser *parte* del mundo.

## La gran importancia de obedecer en las cosas pequeñas

*"Mas a Dios gracias, el cual nos lleva siempre en triunfo en Cristo Jesús".*
—2 Corintios 2:14

¿Cree que el Señor lo está dirigiendo a un lugar de victoria y triunfo, y no a un lugar de derrota? Como hijo de Dios y creyente en Jesucristo, ¡usted debe responder un rotundo "sí"! Entonces, se puede concluir que si los creyentes oyen y obedecen todo lo que el Señor les dice nunca serían derrotados, ¿cierto?

Sin embargo, cuando muchos cristianos oyen la palabra *obediencia*, inmediatamente piensan que el Señor les va a pedir que den una inmensa cantidad de dinero o se muden al campo misionero en África o hagan algo grande que ellos no quieren hacer. No se dan cuenta que la obediencia al Señor envuelve algo pequeño que causaría una gran diferencia. Obedecer al Señor en las cosas pequeñas causa una gran diferencia en tener una vida sin estrés.

La simple obediencia a la voz del Espíritu Santo alivia rápidamente cualquier estrés. Por otro lado, si ignoramos la voz del Espíritu Santo indudablemente le abrimos la puerta al estrés y ¡permitimos que aumente rápidamente!

## La voz del Espíritu Santo

*"Pero ahora estamos libres de la ley, por haber muerto para aquella en que estábamos sujetos, de modo que sirvamos bajo el régimen nuevo del Espíritu y no bajo el régimen viejo de la letra".*
—Romanos 7:6

De acuerdo con este pasaje, ya no estamos sujetos al viejo régimen de la ley, sino que ahora servimos al Señor bajo la obediencia a la voz del Espíritu Santo. La voz del Espíritu Santo se conoce como el "conocimiento" dentro de nuestro corazón que nos indica que hagamos algo. Primer libro de Reyes 19:11–12 describe esa voz como "un silbo apacible y delicado" que Dios usó para hablarle a Elías:

*"Él le dijo: Sal fuera, y ponte en el monte delante de Jehová. Y he aquí Jehová que pasaba, y un grande y poderoso viento que rompía los montes, y quebraba las peñas delante de Jehová; pero Jehová no estaba en el viento. Y tras el viento un terremoto; pero Jehová no estaba en el terremoto. Y tras el terremoto un fuego; pero Jehová no estaba en el fuego. Y tras el fuego un silbo apacible y delicado".*

Cuando el Señor nos habla, no lo hace con un látigo listo para castigarnos si no hacemos lo que Él nos dice. El Señor no estaba en el grande y poderoso viento, ni el terremoto ni el fuego, sino que estaba en el silbo apacible y delicado.

El "silbo apacible y delicado" no es necesariamente una voz audible; pero puede ser la sabiduría de Dios impartiendo dirección en ese momento. Primera carta a los Corintios 1:30 nos dice: *"Mas por él estáis vosotros en Cristo Jesús, el cual nos ha sido hecho por Dios sabiduría…"*. Si nacemos de nuevo, Jesús vive dentro de nosotros. Si Él está dentro de nosotros, ¡tenemos la sabiduría de Dios necesaria para cualquier momento! Pero, de nada nos sirve esa sabiduría si no la *escuchamos*.

Debido a que la voz del Espíritu Santo es amable, es muy fácil debatir si es de Dios, y también es fácil ignorarla. Recuerdo un día cuando había estado de compras en el centro comercial por tres o cuatro horas, y escuché la voz del Espíritu decirme: "Necesitas regresar a tu casa ahora". Como solamente había podido comprar la mitad de las casi ocho cosas en mi lista, ignoré su voz.

Las cosas que quedaban en mi lista de compra no eran necesidades inmediatas. Y aunque la voz del Espíritu me había dicho que abandonara lo que estaba haciendo y me fuera a casa, yo estaba determinada a quedarme hasta que comprara todo lo que estaba en mi lista. Eso es lo que le pasa a las personas como yo que se fijan metas y no descansan hasta completarlas. ¡Había venido a comprar esas ocho cosas y me iba a ir con las ocho! Me tenía sin cuidado si me sacaban arrastrada del centro comercial, ¡pero me iría cuando tuviera todo lo que había venido a comprar!

Estaba tan cansada y perturbada que no estaba pensando claramente. Solamente quería terminar mis compras y salir de allí. El ser amable con otras personas se estaba haciendo más y más dificultoso. No recuerdo cuántas veces he hecho lo mismo conmigo misma: esforzarme al máximo ignorando la voz del Espíritu Santo. El agotamiento físico, mental y emocional que me había causado a mí misma me llevó a tener muchas discusiones con Dave. Una señal de estar sobrecargados y con demasiado estrés es cuando dejamos de manifestar el fruto del Espíritu que nos enseña Gálatas 5:22–23: amor, gozo, paz, paciencia, benignidad, bondad, fe, mansedumbre y templanza.

Lo único que tenía que haber hecho aquel día era simplemente obedecer la voz del Espíritu Santo, ese "silbo apacible y delicado", e irme a mi casa para poder aliviar el estrés y la tensión que tenía. Sin embargo, obedecí mi propia determinación carnal de lograr mi meta, ¡y lo que logré fue aumentar el estrés en mi vida y la vida de los que me rodeaban!

## La unción de Dios
### está en la obediencia

La gracia y el poder de Dios están disponibles para nuestro uso. Dios nos prepara, o nos da la unción del Espíritu Santo, para hacer lo que Él quiere que hagamos. Hay veces que Él nos dirige en una nueva dirección, pero seguimos insistiendo en nuestro plan original, y tenemos la audacia de pedirle que nos ayude a hacer lo que Él nos dijo que no hiciéramos. "¡Dios, ayúdame! ¡Ya casi termino! ¡Señor, ayúdame a lograr un poco más, y haré lo que quieras!". Él no tiene ninguna obligación de ayudarnos si estamos haciendo algo que Él no ha aprobado.

En esas situaciones estamos obrando en nuestra propia fuerza y no bajo el control del Espíritu Santo. ¿Por qué? ¡Porque estamos haciendo algo que el Señor nos dijo que no hiciéramos! Entonces nos frustramos y llenamos de estrés hasta el punto del perder el control (como me ocurrió en el centro comercial), simplemente porque ignoramos la voz del Espíritu Santo.

Creo que una de las razones más importantes por la cual las personas sufren de estrés y agotamiento es porque están siguiendo sus propios pasos y no los de Dios. Estas personas terminan en situaciones tensas, porque no obedecen las instrucciones que el Señor les mostró. Terminan agotados en medio de su desobediencia, luchando por terminar lo que comenzaron fuera de la dirección de Dios, e implorando para que Dios los unja.

Dios es misericordioso, y Él nos ayuda a pesar de nuestros errores. Pero no nos va a dar fuerzas y energía para que le desobedezcamos continuamente. Podemos evitar mucho estrés y dejar de vivir "anudados" si aprendiéramos a obedecer la voz del Espíritu Santo en cada momento.

## Dios bendice la obediencia

En ocasiones, Dios *sí* nos da instrucciones que requieren un cambio. Él *sí* les dice a algunas personas que vayan al campo misionero en África o que den una cantidad grande de dinero. Pero el Señor creó el Cuerpo de Cristo con una gran variedad de habilidades, talentos y sueños para alcanzar a muchas personas en maneras diferentes (ver 1 Corintios 12). Jesús vino para que "tengan vida, y para que la tengan en abundancia" (Juan 10:10).

Dios le ama y quiere bendecirle abundantemente (ver Efesios 3:17–20 y 1 Juan 4:16, 19). Una vez entienda cuán grande es su amor por usted, no va a temer a cualquier cosa que Él le pida que haga. Como ha visto, la obediencia a las directrices del Espíritu Santo siempre trae paz y gozo, victoria y no fracaso.

Debe detenerse a considerar esto: ¿Cree que el Señor le va a pedir obediencia en cosas grandes, como ir al campo misionero, cuando usted tiene gran dificultad para obedecerle en cosas pequeñas, como dejar sus compras y regresar a su casa? Él obra con nosotros conforme al lugar o nivel espiritual en que nos encontramos. Él nos dirige a cosas más grandes según vayamos creciendo en obediencia en las cosas pequeñas.

## OBEDIENCIA ESPECIAL

Dios requiere cosas especiales de cada uno de nosotros que tal vez no tengan sentido para otras personas. Él sabe lo que cada uno de nosotros necesita para cumplir el plan que Él tiene para nosotros.

Jesús fue obediente a los requisitos del plan de Dios que lo ayudarían a cumplir con la misión de traer salvación al mundo.

> *"Y aunque era Hijo, por lo que padeció aprendió la obediencia; y habiendo sido perfeccionado, vino a ser autor de eterna salvación para todos los que le obedecen…".*
> —HEBREOS 5:8–9

Un joven que trabaja en nuestro ministerio me comentó de un requisito específico que Dios le había dado. Paul y su esposa, Roxane, son de gran bendición, tanto por el trabajo que hacen en el ministerio como lo que significan para nuestra familia.

Paul es una de las personas más calmadas que he conocido. Nada le molesta o arruina su día. Pero, Paul me dijo que él no siempre fue así. Él era todo lo opuesto cuando le entregó su vida al Señor.

Era una de esas personas que no podía estarse quieta. Él no podía quedarse en su casa ni por cinco minutos.

La familia de Paul le dijo a Roxane que, de niño, Paul había sido casi hiperactivo. Ellos se habían sorprendido por la transformación de Paul, después que le entregó su vida al Señor. Esa transformación fue el resultado de que Paul había obedecido al Señor en algo específico.

El Señor le pidió a Paul que se quedara en casa con su familia por un año completo. Una de las razones por la cual el Señor le pidió esto era por el hecho de que no se podía quedar quieto. Pedirle a un joven de veinte años de edad que se quedara en casa con sus padres todas las noches parecía poco razonable, pero Paul sabía que Dios estaba dirigiendo sus pasos. La obediencia de Paul le ayudó a prepararse para el ministerio que ejerce hoy día.

## RECONOZCA AL SEÑOR

*"Fíate de Jehová de todo tu corazón, y no te apoyes en tu propia prudencia. Reconócelo en todos tus caminos, y él enderezará tus veredas".*
—PROVERBIOS 3:5–6

Una de las cosas más importantes que podemos aprender hoy día es a cómo estar quietos. Aunque algunas veces nos movemos lentamente y otras veces nos movemos demasiado rápido, el problema principal es que nos movemos dirigidos por la carne. Llegamos a nuestras propias conclusiones y hacemos las cosas sin reconocer al Señor.

## ESTAD QUIETOS
## Y CONOCED A DIOS

*"Estad quietos, y conoced que yo soy Dios; seré exaltado entre las naciones; enaltecido seré en la tierra".*
—SALMO 46:10

Una de las razones principales por las cuales estamos cansados y llenos de estrés es porque no sabemos cómo estar quietos para conocer y reconocer a Dios. Cuando pasamos tiempo con Él aprendemos a oír su voz. Cuando le reconocemos, Él dirigirá nuestros caminos. Si no pasamos tiempo estando quietos, aprendiendo a conocerle y oyendo su voz, vamos a hacer las cosas en nuestra propia fuerza, en la carne. Como observamos antes, podemos terminar agotados, porque Dios no está obligado a ungirnos cuando estamos haciendo algo que Él no ordenó.

Necesitamos aprender a estar quietos internamente y a quedarnos en ese estado de paz para que siempre estemos listos a oír la voz del Señor.

Muchas personas corren de una cosa a la próxima. Sus mentes no saben estar quietas. ¡Hubo un tiempo en mi vida en el cual no sabía cómo quedarme quieta una noche en mi casa! ¡Y era toda una adulta!

Pensaba que tenía que encontrar algo que hacer todas las noches. Siempre tenía que estar involucrada en algo y participando en todas las actividades que conocía. No podía darme el lujo de perderme alguna actividad, porque no quería que nada pasara sin que yo lo supiera. No me podía quedar quieta; no sabía cómo admirar la naturaleza o cómo sentarme a tomar una taza de café. Siempre tenía que hacer algo. No era un ser humano, era una máquina.

Nuestro amigo Paul era así también. A la edad de 21 años, él tenía un llamado de Dios en su vida, pero no sabía lo que era. Paul estaba acostumbrado a hacer muchas cosas, pero el Señor le requirió una sola: quedarse en casa con su familia por un año.

Aunque el requisito fue simple, obedecer fue difícil. Paul estaba acostumbrado a estar con sus amigos todas las noches. Paul sabía que todas las noches su carne iba a gritar: "Yo quiero salir con mis amigos". Paul ejerció una obediencia muy especial para poder obedecer el requisito de Dios.

Otra de las razones por las cuales el Señor le dijo a Paul que se quedara en su casa por un año fue para establecer relaciones familiares buenas. Durante el transcurso del año, Paul cocinó para su familia, vieron buenas películas juntos; compartió tiempo con su mamá, su papá, sus hermanos y sus hermanas. Estaba tan acostumbrado a su estilo de vida anterior que al principio le resultó sumamente difícil quedarse quieto. En las noches, rondaba por toda la casa.

"Rondaba por la casa buscando algo que hacer. Mi mamá dice que me veía en la cocina unas seis o siete veces en la noche. No podía estar quieto; tenía que hacer algo".

Es asombroso ver cuán diferente es él ahora a quien era antes. Se hace difícil creer que él era de esa manera. El Señor quería que Paul estuviera quieto por un año, porque quería hacer una obra necesaria en su vida. Creo que si Paul no hubiera obedecido a Dios por ese año, él no estaría en la posición que está ahora, experimentando las bendiciones, como la paz y el gozo, que son el resultado de hacer la voluntad de Dios.

## OBEDIENCIA PRONTA Y PRECISA

Una de las áreas en las cuales he tenido que aprender la obediencia al Señor es al hablar, o mejor dicho, cuándo *dejar* de hablar.

Si usted habla mucho, como yo, entenderá por lo que digo que hay una palabrería que es ungida por el Espíritu Santo y hay palabrería que es vana, inútil y aburrida. Esa es la palabrería de la cual el apóstol Pablo nos advirtió en su carta a Timoteo.

> *"Mas evita profanas y vanas palabrerías, porque conducirán más y más a la impiedad".*
> —2 TIMOTEO 2:16

Hay ocasiones cuando hemos tenido invitados en casa y sigo hablando aún después de decir todo lo que el Señor quería que dijera. Usualmente, podemos identificar el momento preciso en el cual lo que hacemos deja de ser ungido por Dios y se convierte en algo que estamos haciendo en la carne, en nuestra propia fuerza. Después de llegar a ese punto empezaba a hablar sin sentido, realmente diciendo nada, o repitiendo lo mismo una y otra vez.

En ocasiones, terminaba agotada después que los invitados se retiraban. Si hubiera dejado de hablar dos horas antes, cuando el Señor me dijo que lo hiciera, ¡no hubiera estado tan cansada de hablar tanta palabrería vacía, vana y sin sentido!

Una vez les dije a los obreros del altar que se reunieran, porque quería darles una palabra de "instrucción" acerca de unos cambios en la forma en que estábamos manejando las filas de oración. Hablé con ellos casi una hora y compartí lo que tenía que decir. Hasta ahí estuvo bien. Pero después pensé en algo que trataba con la obediencia y se los compartí. Y luego compartí otras cosas más.

Ya me estaba acomodando y preparando para seguir compartiendo otras cosas más cuando Dave se puso de pie y dijo: *"Bueno, ya es hora de irnos a casa"*. Él me salvó de seguir hablando cosas vanas, vacías y sin uso. Lo cierto era que estaba cansada, porque había seguido hablando sin tener la dirección del Señor.

El requerimiento especial del Señor para mí fue que aprendiera a decir lo que Él quería que dijera, y después callar.

> *"...porque: Dios resiste a los soberbios, y da gracia a los humildes".*
>
> —1 PEDRO 5:5

Usualmente culpamos al diablo cuando nos sentimos frustrados. Pero la frustración que sentimos cuando nos esforzamos mas allá de lo que Dios nos pide ocurre porque continuamos en nuestra propia fuerza, Él ya no nos está ayudando. Si la aprobación de Dios está en lo que hacemos, aunque sea ir de compras, limpiar la cocina o hablar con unos amigos, Él nos dará las energías, porque es Él el que está obrando a través de nosotros.

¿Ha estado hablando con alguien acerca de un tema delicado cuando de repente la discusión se torna un poco difícil? Uno puede sentir que las personas están comenzando a perder el control de sus emociones. De pronto, una pequeña voz dentro de uno le dice: "Suficiente, no digas más".

Esa voz, aunque pequeña, es bien fuerte, y usted sabe que no sería sabio si dice algo más. Pero después de pensarlo un poco le da lugar a la carne. Decide insistir en ello y hacer su comentario. Unos minutos después, ¡usted se encuentra en una guerra sin cuartel!

Yo hacía eso cuando discutía con Dave sobre algo, y sin detenerme a pensar, empezaba a emitir comentarios inapropiados. Inmediatamente, el Espíritu Santo me redargüía con una pequeña voz que me decía: "No digas una sola palabra más".

Pensaba: *¿Una sola palabra? Una sola palabra no es tan malo. ¡Seguramente una sola palabra no me va a traer problemas!* Pero, después que decía esa "sola palabra", recordaba la gran importancia de obedecer inmediatamente. La reacción de Dave me dejaba saber que, aunque hubiera tratado, ¡no habría escogido lo peor que hubiera podido decir! También me acordaba de que el Señor me había pedido que dijera solo lo que Él me pidiera, y nada más.

Es interesante ver cómo nos sorprendemos cuando las personas reaccionan mal a las palabras que decimos después que esa pequeña voz nos ha dicho que callemos. Nos quedamos pensando y no entendemos por qué la persona reaccionó negativamente. Le decimos a Dios: "¡No entiendo lo que pasó!" Pues, lo *que pasó* es muy sencillo y fácil de evitar. Dios nos dijo que hiciéramos algo y desobedecimos. En el momento en que desobedecimos, su unción se fue y llegó la frustración. En todos los ejemplos que he dado, si hubiésemos obedecido y mantenido callados, las cosas se hubiesen arreglado en cinco minutos. El Espíritu del Señor nos hubiese revelado cuándo se pudiera continuar con la conversación.

Muchas veces, lo que nos hace falta es un tiempo para que las cosas se alivien. Pero como la voz es tan pequeña, es fácil pensar que *no hay diferencia si digo esto*, y le damos pie a la carne. La voz es tan pequeña que cuando cruzamos el límite, no nos parece que estamos desobedeciendo, pero eso es exactamente lo que estamos haciendo.

Pronto descubrimos las consecuencias de desobedecer ese "silbo apacible y delicado". Necesitamos detenernos en el mismo momento en que el Espíritu nos dice: "Suficiente". Si continuamos, estamos invitando a la frustración y la derrota.

Si Él dice: "No digas otra palabra", Él quiere decir exactamente eso. Hay veces que tenemos nuestra propia versión de la obediencia. Interpretamos el significado de un "silbo apacible y delicado" del Señor como: "¡No digas otra *palabra*, pero si quieres decir tres *oraciones* más, está bien"!

Cuando entendemos que si continuamos un poco más allá del "silbo apacible y delicado" del Señor, estamos en desobediencia, podemos comprender lo que pasó: la unción se fue y, por lo tanto, la frustración entró. También logramos entender por qué es tan importante obedecer la voz del Señor.

## Cinco minutos de obediencia

Recientemente me encontraba estudiando mucho y me estaba cansando mentalmente. Un "silbo apacible y delicado" me dijo: "Deja los estudios a un lado, levántate y camina un poco. Toma unas vacaciones de cinco minutos".

Unos años antes, hubiera continuado estudiando hasta cumplir la meta de estar segura que iba a cubrir todo el material. Pero obedecí la pequeña voz del Espíritu Santo. Me fui a otra parte de mi casa, caminé un poco, hablé con mi hija, comí algo, estiré un poco las piernas y admiré la vista desde la ventana. ¡Cuando regresé a mis estudios estaba relajada!

Cinco minutos de obediencia aliviaron el estrés y la tensión que se estaba acumulando. Si hubiera ignorado la voz del Espíritu Santo y hubiera continuado insistiendo en cumplir mi meta, mis estudios no hubieran dado frutos. ¡Además, hubiera terminado cansada e irritable!

Si continuamos esforzándonos, el trabajo que hacemos desde el punto en que desobedecemos no se podrá comparar con la calidad del trabajo que podemos producir bajo la unción del Espíritu Santo.

# 3

## CREADO PARA BENDECIR

*"Y Samuel dijo: ¿Se complace Jehová tanto en los holocaustos
y víctimas, como en que se obedezca a las palabras de
Jehová? Ciertamente el obedecer es mejor que los sacrificios,
y el prestar atención que la grosura de los carneros".*
• 1 SAMUEL 15:22 •

CUANDO DIOS NOS pide que hagamos una cosa, Él nunca está
tratando de quitarnos algo. Él siempre está tratando de darnos
su bendición.

Aquel día que estaba en el centro comercial, Dios me dijo que me
fuera a casa. El Señor sabía que yo estaba llegando a un punto de
agotamiento extremo donde iba a desplegar todo, ¡menos el fruto del
Espíritu! Si desde un principio hubiera calmado mi mente para escuchar el silbo apacible del Espíritu, quizás Él me hubiera enseñado
las tiendas donde podía encontrar todo lo que necesitaba. ¡Hubiera
terminado mis compras en solo treinta minutos y en *paz*!

Las cosas que el Señor pide que hagamos nos pueden parecer in-
significantes, pero son importantes para Él. Una vez que comprendemos la importancia de escuchar y obedecer inmediatamente la voz
del Señor, nuestra prioridad será hacer todo lo que haga falta para
estar en un estado de paz, listos para escuchar la voz del Señor.

## "PARA QUE LES FUESE BIEN"

Deuteronomio 5:29 nos dice: *"¡Quién diera que tuviesen tal corazón,
que me temiesen y guardasen todos los días todos mis mandamientos,*

*para que a ellos y a sus hijos les fuese bien para siempre!"*. Las cosas nos irían bien si aprendiéramos a *escuchar* al Señor e hiciéramos lo que Él dice. Para obtener el resultado deseado por el Señor, tenemos que poner en acción lo que escuchamos.

Para obtener los resultados que Dios deseaba, nuestro amigo Paul tuvo que poner en acción las instrucciones del Señor de quedarse en su casa por un año. El obedecer al Señor de esta manera fue difícil para Paul. El proceso conllevó tiempo, ¡pero el Señor lo estaba preparando para recibir muchas bendiciones! ¡Paul fue obediente y el resultado fue una transformación total!

A menudo, el Señor quiere que pasemos un poco de tiempo con Él para poder refrescarnos. Mucha gente se sienta por las noches frente a la televisión porque están cansados. Luego, cuando escuchan la voz del Espíritu diciendo: "Apaga la televisión, y ven conmigo", no entienden que el Señor los quiere bendecir.

Estas son las personas que dicen: "Señor, sabes que he trabajado todo el día. Me gustaría relajarme un poco viendo la televisión".

¡Las personas que están en esa condición no se pueden relajar! Usualmente, mientras más ven la televisión, más cansados se sienten. Pero si obedecieran al Señor, solo diez minutos en su presencia es todo lo que necesitan para recibir el refrigerio que buscan en la televisión.

No estoy diciendo que ver televisión para relajarse es malo. Hay veces que me gusta preparar palomitas de maíz, servir un refresco y sentarme a ver una buena película junto a mi familia—solo para relajarme. Mi punto es que es importante obedecer la voz del Señor.

Puede ser que mientras estoy mirando la película, el Espíritu me hable y me diga: "Ven conmigo por media hora". El problema sería si pensara: *Pero Señor, oré está mañana*, ¡y desobedeciera la voz del Espíritu! En otro tiempo, tal vez hubiera pensado: *No habría diferencia si me quedo a ver la película con mi familia y paso tiempo con el Señor más tarde*. Lo cierto es que si continúo viendo la película, usualmente no la disfruto y me voy a dormir frustrada y pensando que malgasté la noche.

Al contrario, lo que haría es responder inmediatamente a la voz del Señor y decirle a mi familia: "Discúlpenme, regreso pronto". Después de pasar media hora con el Señor, regresaría inundada con su paz y habría escuchado fácilmente cualquier instrucción que me hubiera dado de cambiar el canal para ver cierta película, ¡que habríamos disfrutado mucho más!

## Simplemente obedezca a Dios

La mayoría de la gente no tiene idea de lo fácil que es combatir el estrés, y Satanás hace todo lo posible para que aprendan. El enemigo trabaja para complicar las vidas de las personas de muchas maneras, porque sabe el poder y el gozo que trae la simplicidad.

La transformación que muchas personas anhelan en diferentes áreas de sus vidas se logra estableciendo un patrón de obediencia a Dios en todas las áreas de la vida. Tal vez Él le pida que pase un tiempo a solas con Él en vez de ver televisión, ir a una fiesta o hablar por teléfono. La disciplina de estar quietos para escuchar la voz del Señor y después obedecerla, trae la obra necesaria para completar nuestra transformación. Dios usa la obediencia en las cosas pequeñas para transformar nuestra vida.

No importa cuál sea la situación, debemos escuchar y obedecer al Señor. Como observamos antes, Proverbios 3:6 dice: *"Reconócelo en todos tus caminos, y Él enderezará tus veredas"*. Tal vez no entienda las razones por las cuales el Señor le pide que haga ciertas cosas, o tal vez no vea ningún cambio o resultado, pero siga obedeciendo al Señor, ¡y todas las cosas le irán bien consigo mismo y sus hijos!

## La obediencia es mejor que el sacrificio

En el primer libro de Samuel 15:22 señala que *"el obedecer es mejor que los sacrificios…"*. Hay ocasiones en las cuales tenemos que sacrificarnos en una obediencia verdadera al Señor, pero los sacrificios que hacemos en la carne causarán estrés en nosotros. Tal vez "trabajamos duro para el Señor", de acuerdo a *nuestras* ideas acerca de lo que debemos hacer, y no tomamos el tiempo para estar quietos y escuchar lo que *Él* quiere que nosotros hagamos.

Cuando "trabajamos para Él" en la carne, sacrificamos el tiempo que Él desea que usemos de otra manera, y como antes observamos, muchas veces sacrificamos nuestra salud, nuestra paz y la calidad de nuestras relaciones.

Si continuamos haciendo las cosas aún después que el Espíritu Santo ha dicho que nos detengamos, vamos a sufrir, porque hacer su obra sin su unción ¡no es nada fácil! Sin embargo, Dios nunca nos abandona (ver Hebreos 13:5), y Él continúa obrando en nosotros a pesar de los errores que cometemos.

Aunque cometamos errores y funcionemos en nuestra propia fuerza, podemos lograr cosas para el Señor. De acuerdo a Romanos 8:28: "...a los que aman a Dios, todas las cosas les ayudan a bien, esto es, a los que conforme a su propósito son llamados".

Tenemos que recordar que no somos perfectos. No siempre tomaremos la decisión correcta u obedeceremos perfectamente. Todos cometemos errores, y cuando los cometamos, lo único que podemos hacer es pedirle perdón al Señor y seguir adelante.

Pero si obedecemos a Dios, vamos a lograr *específicamente* lo que Él quiere que hagamos, al tiempo y a la manera que Él quiere, y eso promueve la paz en vez del estrés. A través de la obediencia, nos colocamos en la posición correcta para que Él nos pueda bendecir en la forma que anhela y de acuerdo a sus planes.

El Príncipe de paz, Jesús, quien vive dentro de aquellos que le hemos recibido, conoce y revelará las acciones específicas que necesitamos tomar para encontrar la paz que necesitamos. Él también sabe lo que necesitamos hacer para recibir las bendiciones que tiene preparadas para nosotros.

¡Puede ser que los requisitos que Él establece en cada una de nuestras vidas, en el momento no le hagan sentido a otras personas o aún a nosotros! Pero una vez que entendamos cuánto Él nos ama y comprendamos simplemente que todo lo que Él nos pide es para darnos una bendición más grande, entonces vamos a confiar en Él completamente. Nuestra prioridad debe ser mantenernos en un lugar de paz donde podemos escuchar la voz del Señor y responder a ella inmediatamente.

Tal vez Él le pida regresar a casa antes de terminar sus compras para ayudarle a evitar el cansancio y agotamiento. Tal vez Él nos diga que cerremos la boca, porque sabe que estamos a punto de decir algo indebido. Tal vez Él le pida que deje de hacer lo que estaba haciendo, y se tome unas vacaciones de cinco o diez minutos para aliviar el estrés que está sintiendo. O tal vez Él le pida que se retire por media hora a disfrutar de su presencia.

## Exaltar a Jesús

Aliviar el estrés, llevar una vida pacífica y feliz, libre del cansancio y la fatiga, no tiene que ser algo complicado.

Es beneficioso tener un entendimiento básico de los efectos físicos que causa el estrés. Además, es importante tener un entendimiento espiritual de las causas del estrés y las cosas que podemos hacer, con la ayuda de Jesús, para aliviarlo. Pero no tenemos que convertirnos en expertos de medicina o teólogos para lograr la victoria en la batalla contra el estrés.

El Señor me enseñó que cuando exaltamos a Jesús, el agotamiento y el estrés comienzan a desaparecer. Podemos decirle adiós al estrés si aprendemos a exaltar a Jesús y a darle el primer lugar en nuestras vidas diarias, un lugar de preeminencia donde lo escuchamos, le obedecemos y hacemos las cosas que nos pide.

Podemos levantar nuestras manos y decir: "*Señor, te exalto*", pero verdaderamente exaltamos al Señor cuando le obedecemos en todo.

El apóstol Pablo menciona "la sencillez y pureza de la devoción a Cristo" (2 Corintios 11:3, LBLA). Hay una sencillez maravillosa que está disponible a través de Jesús. Aliviar la tensión nerviosa y el estrés es sencillo: obedezca la voz del Espíritu Santo. Obedezca inmediatamente. Haga exactamente lo que el Señor le pida.

Probablemente pueda pensar en varias áreas en su vida donde el obedecer a Dios le puede ayudar a aliviar gran parte del estrés que está sintiendo. Creo que usted se sorprenderá cuando comience a aplicar el principio de obedecer inmediatamente al Espíritu Santo. En menos de una semana va a poder decir que está experimentando menos estrés que la semana anterior.

Cuando se sienta como una liga estirada, anudada y a punto de romperse otra vez, respire profundo y recuerde que Jesús le ha dado su paz. Él nos dio el poder de estar por encima del estrés. Podemos vivir en el mundo pero no ser de él, si aprendemos a usar el poder del Príncipe de paz, escuchar su voz y responder a cada silbo apacible. Debemos obedecer con exactitud para poder vivir apaciblemente, feliz y libre del cansancio y el estrés.

## SEGUNDA PARTE

# ESCRITURAS PARA
# VENCER EL ESTRÉS

E N ESTA SECCIÓN, agrupamos los versículos según la aplicación práctica para nuestra vida cotidiana.

## PARA ALIVIAR EL ESTRÉS

### Reciba poder y fuerzas del Señor

Cuando estamos cansados, el Señor nos puede refrescar y dar fuerzas. Él refrescará nuestro cuerpo y alma.

Hay veces que cuando estoy ministrándole a una fila bastante larga de personas que necesitan oración, me siento como si fuera a tener un colapso físico y mental. Me detengo por un segundo y digo: "Señor, necesito que me ayudes y me refresques". Él aumenta y multiplica mis fuerzas en abundancia, tal y como lo promete la Biblia.

El Señor lo puede refrescar aunque usted haya estado sentado todo el día en un escritorio, o haya limpiado su casa; o haya trabajado todo el día y necesita completar otro número de tareas. Descanse por un minuto y permita que Él le dé ese poder.

*"¿No has sabido, no has oído que el Dios eterno es Jehová, el cual creó los confines de la tierra? No desfallece, ni se fatiga con cansancio, y su entendimiento no hay quien lo alcance. El da esfuerzo al cansado, y multiplica las fuerzas al que no tiene ninguna".*

—Isaías 40:28–29

El Señor puede renovar sus fuerzas.

*"Pero los que esperan a Jehová tendrán nuevas fuerzas; levantarán alas como las águilas; correrán, y no se cansarán; caminarán, y no se fatigarán".*

—ISAÍAS 40:31

## Venid a mí, todos ustedes los... "¡que están agotados!"

La respuesta al cansancio es pasar tiempo con Dios. No importa cuánto usted lea o cuántos seminarios escuche acerca del estrés, encontrará que el alivio que desea solo lo puede lograr permitiendo que Dios refresque su alma.

El Señor le quiere dar descanso de sus cargas. En otras palabras, ¡el Señor le va a dar descanso al extenuado!

*"Venid a mí todos los que estáis trabajados y cargados, y yo os haré descansar".*

—MATEO 11:28

*"Jehová es mi pastor; nada me faltará. En lugares de delicados pastos me hará descansar; junto a aguas de reposo me pastoreará. Confortará mi alma; me guiará por sendas de justicia por amor de su nombre".*

—SALMO 23:1–3

El yugo del Señor es ligero y fácil para cargar. Llevamos su yugo con nosotros cuando le obedecemos.

*"Llevad mi yugo sobre vosotros, y aprended de mí, que soy manso y humilde de corazón; y hallaréis descanso para vuestras almas; porque mi yugo es fácil, y ligera mi carga".*

—MATEO 11:29–30

Entra en el descanso del Señor creyendo, confiando y dependiendo de Él.

*"Pero los que hemos creído entramos en el reposo, de la manera que dijo: por tanto, juré en mi ira, no entrarán en mi reposo aunque las obras suyas fueron completadas desde la fundación del mundo".*

—HEBREOS 4:3

## Disfrute de su vida

*"El ladrón no viene sino para hurtar y matar y destruir; yo he venido para que tengan vida, y para que la tengan en abundancia".*

—JUAN 10:10

*"Pero ahora voy a ti; y hablo esto en el mundo, para que tengan mi gozo cumplido en sí mismos".*

—JUAN 17:13

# PARA PREVENIR EL ESTRÉS

## Utilice la sabiduría

Su cuerpo es el templo del Espíritu Santo.

*"¿O ignoráis que vuestro cuerpo es templo del Espíritu Santo, el cual está en vosotros, el cual tenéis de Dios, y que no sois vuestros? Porque habéis sido comprados por precio; glorificad, pues, a Dios en vuestro cuerpo y en vuestro espíritu, los cuales son de Dios".*

—1 CORINTIOS 6:19–20

El Señor le da poder al cansado y cargado; pero recuerde que usted necesita descanso si está cansado constantemente y excediendo sus limitaciones físicas. El Señor le dará energías sobrenaturales para enfrentarse a circunstancias especiales, pero usted está en desobediencia cuando abusa de su cuerpo, el templo del Espíritu Santo. Como hemos visto, la unción se pierde cuando hacemos las cosas fuera de la voluntad del Señor.

Si su deseo es que el Señor fluya y trabaje a través de usted, debe cuidar su cuerpo para que el Señor lo pueda usar. Si gastamos o abusamos del cuerpo que tenemos, no tenemos otro en reserva.

## El descanso del "sábado"

Es importante descansar el sábado y no hacer nada de lo que usualmente hacemos. Necesitamos pasar tiempo con Dios para restaurar nuestras energías y dejarlo a Él a que restaure nuestra alma.

Tal vez no descanse el sábado o el domingo. Tal vez descanse el viernes o el martes. El asunto no es el día que separe para descansar, pero sí debe separar cierto período de tiempo en el cual pueda descansar y relajarse.

*"Seis días trabajarás, y al séptimo día reposarás, para que descanse tu buey y tu asno, y tome refrigerio el hijo de tu sierva, y el extranjero".*

—ÉXODO 23:12

## Obedezca a Dios al hacer compromisos

Comprométase solo a esas cosas que el Señor le pide que haga; al resto, dígale que no. Usted solo tiene cierto nivel de energía. Si no usa sus energías haciendo las cosas que el Señor le pidió, las va a gastar y no le quedará nada para hacer las cosas que debe hacer.

Para desatar la unción de Dios en su vida, averigüe lo que Él quiere que haga, y entonces deje que su "sí" sea sí y su "no" sea no. En otras palabras, haga las cosas que usted entiende en su corazón que son las correctas.

*"Pero sea vuestro hablar: Sí, sí; no, no; porque lo que es más de esto, de mal procede".*

—MATEO 5:37

Sea una persona que procura agradar a Dios y no a los hombres.

*"Pues, ¿busco ahora el favor de los hombres, o el de Dios? ¿O trato de agradar a los hombres? Pues si todavía agradara a los hombres, no sería siervo de Cristo".*

—GÁLATAS 1:10

## Mantenga la calma

*"Regocíjese el campo, y todo lo que en él está; entonces todos los árboles del bosque rebosarán de contento, delante de Jehová que vino; porque vino a juzgar la tierra. Juzgará al mundo con justicia, y a los pueblos con su verdad".*

—SALMO 94:12–13

*"Por nada estéis afanosos, sino sean conocidas vuestras peticiones delante de Dios en toda oración y ruego, con acción de gracias. Y la paz de Dios, que sobrepasa todo entendimiento, guardará vuestros corazones y vuestros pensamientos en Cristo Jesús".*

—FILIPENSES 4:6–7

*"...echando toda vuestra ansiedad sobre él, porque él tiene cuidado de vosotros".*

—1 PEDRO 5:7

## Promueva la paz en su manera de vivir

*"Porque el siervo del Señor no debe ser contencioso, sino amable para con todos, apto para enseñar, sufrido; que con mansedumbre corrija a los que se oponen, por si quizá Dios les conceda que se arrepientan para conocer la verdad".*

—2 TIMOTEO 2:24–25

*"Unánimes entre vosotros; no altivos, sino asociándoos con los humildes. No seáis sabios en vuestra propia opinión".*

—ROMANOS 12:16

*"Padres, no exasperéis a vuestros hijos, para que no se desalienten".*

—COLOSENSES 3:21

## Confíe en el Señor

*"El que habita al abrigo del Altísimo morará bajo la sombra del Omnipotente. Diré yo a Jehová: esperanza mía, y castillo mío; mi Dios, en quien confiaré".*

—SALMO 91:1–2

*"Confía en Jehová, y haz el bien; Y habitarás en la tierra, y te apacentarás de la verdad".*

—SALMO 37:3

# ORACIÓN PARA VENCER EL ESTRÉS

Padre,

Pongo como prioridad en mi vida el pasar tiempo contigo para poder oír tu voz claramente y obedecerte. Ayúdame a poner mis prioridades en orden.

Entiendo que si primeramente paso tiempo contigo, tú me vas a ayudar sobrenaturalmente a completar y terminar todas las cosas que tengo que hacer.

*Entiendo que tú deseas que yo tenga paz en cada área de mi vida y que tú hayas hecho que esa paz esté disponible para mí. Te agradezco que cuando pedimos tu sabiduría, tú la das. Te pido que me guíes y me des sabiduría para saber qué compromisos puedo llevar a cabo.*

*Te doy gracias, Señor, por usar mis energías de la manera en que tú quieres que las use. Te pido esto en el nombre de Jesús. Amén.*

# ¡HABLEMOS CLARO SOBRE LA SOLEDAD!

# INTRODUCCIÓN

UN PROBLEMA MAYOR al que se enfrenta la gente de hoy en día es el pesar y la soledad. Los dos van juntos, porque muchas personas se afligen por su situación de soledad.

La soledad es más prevalente hoy que en el pasado. En mi ministerio, un creciente número de personas piden oración para controlar la soledad.

En su Palabra, Dios nos dice que no estamos solos. Él quiere liberar, consolar y sanar. Pero cuando las personas se encuentran con mayores y dolorosas pérdidas en su vida, tristemente, muchas no pueden sobreponerse. Cuando ocurre la tragedia y la pérdida parece ser insoportable, Satanás lo ve como una oportunidad para atentar contra una familia o un individuo llevándole a una esclavitud permanente.

La muerte de un ser querido, el divorcio o la ruptura de una relación cercana puede traer un proceso de aflicción. La llave para la victoria es entender la diferencia entre el "proceso de aflicción" normal y balanceado y el "espíritu de aflicción". Uno ayuda al afligido a recuperarse de la pérdida con el paso del tiempo; el otro causa que se empeore y se hunda más en desesperación.

Yo creo que una de las razones por las cuales las personas, especialmente los cristianos, están atados por la aflicción y la soledad después de una pérdida es porque hay falta de entendimiento sobre el "proceso de aflicción". A veces, cuando Dios sana, el resultado es instantáneo. Pero más a menudo, especialmente al recuperarse de una pérdida, la sanidad es un proceso a través del cual el Señor asiste a sus hijos en su caminar, paso a paso. Obviamente, no todos responden a una pérdida de la misma manera o al mismo grado, pero todos tenemos emociones que se lastiman y necesitan ser sanadas.

¡Jesús vino a la tierra para deshacer las obras del enemigo y para darnos vida en abundancia (ver 1 Juan 3:8 y Juan 10:10)! Si aprendemos a recibir lo que Él ha hecho disponible para nosotros, entonces experimentaremos la vida abundante, es decir libre de la aflicción y la soledad.

¡Dios me liberó de la esclavitud, la soledad y la aflicción, y creo que Él usará el proceso paso por paso de este libro para que usted encuentre liberación también!

# PRIMERA PARTE
## NUNCA SERÁ ABANDONADO

# 1

## NO ESTÁ SOLO

*"Y Jesús se acercó y les habló, diciendo:...he aquí yo estoy con vosotros todos los días, hasta el fin del mundo".*
• MATEO 28:18, 20 •

*"Por cuanto en mí ha puesto su amor, y yo también lo libraré; le pondré en alto, por cuanto ha conocido mi nombre. Me invocará, y yo le responderé; con él estaré yo en la angustia; lo libraré y le glorificaré. Lo saciaré de larga vida, y le mostraré mi salvación".*
• SALMO 91:14–16 •

DIOS QUIERE QUE usted sepa que no está solo. Satanás quiere que usted crea que se encuentra solo, pero no lo está. Él quiere convencerle de que nadie entiende cómo usted se siente, pero esto no es cierto.

En adición a que Dios está con usted, muchos creyentes saben cómo se siente y entienden lo que está experimentando mental y emocionalmente. El Salmo 34:19 nos dice: *"Muchas son las aflicciones del justo, pero de todas ellas le librará Jehová".* Hay muchos relatos en la Biblia de las "aflicciones de los justos" y la liberación de Dios de todas ellas.

### DIOS ES EL LIBERTADOR

Dios libró a Pablo y Silas de la cárcel (ver Hechos 16:23–26).

En 1 Samuel 17:37 leemos que Dios liberó a David de las aflicciones: *"Añadió David: Jehová, que me ha librado de las garras del león y de las garras del oso, él también me librará de la mano de este filisteo. Y dijo Saúl a David: Ve, y Jehová sea contigo"*. Cuando está progresando, Satanás a menudo trae aflicción para desalentarle y tratar de hacerle sentir solo. Pero lo que Satanás pretende para nuestro mal, Dios lo tornará para nuestro bien (ver Génesis 50:20). Puede hacer como David hizo en la escritura mencionada, él se animó a sí mismo acordándose de las victorias pasadas.

Sadrac, Mesac y Abed-nego experimentaron aflicción cuando se mantuvieron firmes en su compromiso al único verdadero Dios (ver Daniel 3:10–30). Cuando rehusaron el mandato del malvado rey Nabucodonosor de adorar la imagen de oro que había levantado, ¡Nabucodonosor los echó al horno ardiente que había calentado siete veces más de lo normal!

Nabucodonosor quedó "atónito" (v. 24) al ver que Sadrac, Mesac y Abed-nego encontraron a un cuarto hombre en el horno ardiente, uno que era "como el Hijo de Dios" (v. 25). No solo salieron tres del horno ilesos, ¡sino que ni a humo olían! (v. 27).

El versículo 30 nos dice que el rey ascendió a Sadrac, Mesac y Abed-nego. Dios no solo le saca de la aflicción, pero también le asciende.

Daniel también estaba afligido. Como castigo por su integridad y compromiso con Dios, lo echaron en el foso de los leones. Pero Daniel escogió confiar en Dios, y Dios lo liberó enviándole un ángel para cerrarles la boca a los leones. ¡Daniel salió sin daño alguno!

Todas estas personas experimentaron que Dios es fiel. Yo también he experimentado su fidelidad y bondad. Fui abusada sexual, mental y emocionalmente cuando niña. He estado enferma con varios padecimientos durante mi vida, incluyendo diez años con migrañas, un ataque de cáncer, además de algunas otras condiciones menores, pero sin duda, dolorosas y aflictivas.

En cada caso, Dios me liberó y me dio las respuestas. Pero hubo un tiempo de espera en Dios.

Primera carta de Pedro 5:8–9 señala:

> *"Sed sobrios, y velad; porque vuestro adversario el diablo, como león rugiente, anda alrededor buscando a quien devorar; al cual*

*resistid firmes en la fe, sabiendo que los mismos padecimientos*
*se van cumpliendo en vuestros hermanos en todo el mundo".*

Como hemos visto, las aflicciones nos sobrevienen a todos. Todos experimentamos una cierta cantidad de soledad y aflicción en nuestra vida en ocasiones, pero no estamos solos. La Biblia nos dice que resistamos al diablo: "resistirlo", "firmes en la fe" (v. 9). Pero también podemos cobrar fuerza en saber lo que otros sienten.

## DIOS ESTÁ OBRANDO
## PARA NUESTRO BIEN

Dios es bueno y fiel. Hace unos años me encontré en un estado emocional tan terrible que me separó de la gente y de las cosas más preciadas para mí. Dios quería que yo siguiera adelante, pero no lo estaba obedeciendo. Dios estaba obrando para mi bien, aunque yo no lo podía ver al momento. Cuando yo no me movía, Dios me movía a mí y algunas personas en mi vida. Ahora entiendo que era una de las mejores cosas que me podía haber sucedido, pero en ese momento me parecía que el mundo se me caía encima. No estaba segura de que me recuperaría jamás.

La muerte y el divorcio no son las únicas pérdidas devastadoras que la gente enfrenta. Perder amistades de muchos años o una carrera que ha sido importante en su vida puede ser traumático. Heridas y accidentes que impiden jugar un deporte o pasatiempo puede ser difícil emocionalmente. En realidad, perder a alguien o algo importante para nosotros es difícil.

Mi recuperación completa tomó casi tres años, pero durante ese tiempo progresé constantemente. Algo que me ayudó finalmente a ser sana fue la revelación de los "lazos del alma".

## "LAZOS DEL ALMA"

Pasar una gran cantidad de tiempo con una persona o algo nos lleva a tener una relación fuerte con esa persona o cosa.

Como seres humanos, somos espíritu, tenemos un alma y vivimos en un cuerpo. El alma se compone de la mente, la voluntad y las emociones.

Envolvimiento va a requerir tomar tiempo mental, pensar y hacer planes. Generalmente hablamos de aquello en lo cual estamos más envueltos con nuestra mente, nuestra voluntad y nuestras emociones. Al darle un poco de pensamiento, podemos ver cuán envuelta está nuestra "alma" en las personas y en las cosas en las cuales invertimos más de nuestro tiempo y nuestra energía.

Si mi mano estuviera atada a mi lado y mantenida ahí, inmóvil, por años, el efecto sería devastador. Si de repente se soltara, no tan solo la encontraría débil e inútil, pero también inválida. Sería imposible utilizar esa mano apropiadamente hasta que gane su fuerza y movilidad. Tendría que encontrar nuevas formas de funcionar y desarrollar los músculos que se han atrofiado por el desuso.

Lo mismo es cierto con nuestra alma. Cuando hemos estado envueltos con una persona por mucho tiempo, desarrollamos lo que se llama "lazos del alma". Cuando esa persona o cosa es removida, reaccionamos como si todavía estuviéramos envueltos con la persona o cosa. Como una mano que estaba atada a nuestro lado, aunque después es soltada, todavía se siente como si estuviera atada. No funciona apropiadamente hasta que ha pasado tiempo y ha tomado algunas fuerzas para restaurarla.

Aun cuando decidimos voluntariamente dejar a alguien o algo, nuestra alma todavía quiere permanecer ahí. Los sentimientos son bien fuertes y nos pueden causar mucho dolor y angustia. Tenemos que entender que debemos usar nuestra voluntad para decidir qué hacer o no hacer. Una decisión sólida y deliberada superará las emociones momentáneas y de ira.

Hay "lazos del alma" correctos e incorrectos. Los correctos se balancean al pasar el tiempo, los incorrectos tienen que ser superados. No importa qué situación usted tenga ahora, si no la maneja correctamente le puede dejar inválido. Sin embargo, ¡Dios sabe cómo manejar esa situación!

Si ha sufrido heridas en un accidente, tal vez tenga que aprender a caminar de nuevo.

Si ha perdido a su cónyuge por muerte o divorcio, tal vez tenga que aprender a funcionar como un individuo. Tendrá que aprender a hacer cosas que se le han olvidado o que nunca ha hecho. Tal vez tenga que buscar empleo, o aprender a cocinar, cuidar niños o tomar decisiones que no está acostumbrado a tomar en áreas de las cuales no sabe nada.

Si ha perdido su trabajo, tendrá que aprender a mercadearse de nuevo hasta llegar a un ambiente nuevo y extraño.

Mientras está haciendo estas cosas nuevas, todavía puede estar sintiendo dolor, pero puede sentir satisfacción al saber que está moviéndose hacia adelante. Cada día está progresando. Dios promete estar con usted en el tiempo de angustia. Mientras está esperando que Él le libere puede consolarle en saber que Él está con usted y está a su favor, aunque no siempre pueda ver lo que Él está haciendo en el mundo natural. Mateo 28:20 dice: *"...he aquí, yo estoy con vosotros siempre, todos los días hasta el fin del mundo"*.

# 2

# LA SOLEDAD ES CURABLE

*"... Y cambiaré su lloro en gozo, y los
consolaré, y los alegraré de su dolor".*
• JEREMÍAS 31:13 •

LA SOLEDAD NO es pecado. Así es que si está solo, no le añada el
sentimiento de culpabilidad a su lista de heridas.

La soledad es curable, no importa la causa. Algunas de las personas que sufren de soledad, la cual es una forma de aflicción, son
los tímidos y reservados; los que se sienten malentendidos; aquellos
en liderazgo; el divorciado o el soltero; el viudo; el anciano; aquellos
que se sienten rechazados; los que se sienten "raros" o diferentes; el
abusado; aquellos que no mantienen relaciones saludables, especialmente con el sexo opuesto; aquellos que tienen que cambiar de empleo, y la lista sigue y sigue.

Hay muchas causas para la soledad, pero muchas personas no entienden que ellos no necesitan vivir con ella. Pueden confrontarla y
tratar con ella.

La palabra viene de la raíz *solo*, la cual el diccionario *Webster* define como: "sin compañía: aislado..., localizado o parado solo".[1] Las
formas adjetivas son *solo*, que significa: "solitario...desolado...aba-
tido por estar solo",[2] y *solitario*, que significa: "solo debido a la falta
de compañía...abandonado".[3]

La soledad muchas veces se manifiesta como un dolor interno, un
vacío, o un deseo por afecto. Sus efectos secundarios incluyen sen-
tidos de vacío, inutilidad y falta de propósito. Un efecto secundario

más severo es la depresión que, en algunos casos, puede llegar al suicidio.

Es triste decirlo, pero un sinnúmero de personas cometen suicidio porque no saben manejar la soledad, o porque no quieren enfrentarse apropiadamente o de una manera realista. Aún cristianos están cayendo víctimas de este enemigo formidable.

## SOLEDAD NO ES
## LO MISMO QUE ESTAR SOLO

El diccionario define la palabra *solo* como "solitario…sin nada que añadir…separado de los demás".[4] De acuerdo al diccionario *Webster*, palabras como, *solo* y *soledad* conllevan un sentido de aislamiento como resultado de falta de compañerismo.

¿Está solo (independiente, solitario, por cuenta propia)? ¿O se siente solo (desolado, abandonado, abatido debido a falta de compañerismo)? Hay una gran diferencia.

Es importante entender que el hecho de estar solo no significa que deba estar solitario o en soledad. Aunque el encontrarse en compañerismo con otra persona no garantiza la ausencia de la soledad.

Las condiciones que crean soledad a veces son situaciones pasadas. Una persona que deja sus compañeros atrás y se muda a una nueva ciudad puede experimentar un sentido temporero de soledad, pero eventualmente encontrará nuevos amigos.

Sin embargo, muchas de las situaciones que crean un sentimiento de soledad son más permanentes, y estos son los asuntos que se pueden resolver.

Aunque no siempre resulte posible el evitar estar solo, ¡siempre hay respuestas para la soledad!

## LA SOLEDAD CAUSADA
## POR CRISIS O TRAUMA

Muchas veces, la soledad surge como resultado de trauma o crisis a causa de la muerte de un ser querido (cónyuge, hijo, padre, madre, amigo cercano o pariente), un divorcio o una separación.

Cuando sucede algo que nos hace entender que las cosas no

regresarán a su forma anterior, ello crea crisis o trauma en nuestra vida que nos lleva a un sentimiento de soledad o desesperación.

Dada su naturaleza, toda situación de crisis requiere que nos movamos en una dirección u otra, para ser mejor o peor, para superarnos o devastarnos. Todos nosotros hemos visto películas que muestran una enfermedad seria o una persona accidentada. El doctor llama a la familia y le dice: "He hecho todo lo posible. El paciente ha llegado a un momento crucial. Lo que suceda ahora está fuera de mis manos". Lo que el doctor está diciendo es que dentro de un corto tiempo la persona comenzará a mejorar o morirá.

La crisis siempre provoca cambio, y el cambio de esta índole es difícil para todos los involucrados.

## El proceso de aflicción
## contra el espíritu de aflicción

La palabra *aflicción* se refiere a "una angustia mental profunda, tal como una pérdida: pena".[5] El *afligirse* es "sentir aflicción",[6] es la experiencia de angustia mental, estar apenado, lamentar, estar afligido.

El *proceso* de aflicción es necesario y saludable mental, emocional y aún físicamente. Una persona que rehúsa afligirse muchas veces no se está enfrentando a la realidad, lo cual eventualmente tendrá un efecto devastador en todo su ser.

Un *espíritu* de aflicción es otra cosa enteramente diferente. Si este espíritu no es resistido tomará y destruirá la vida de la persona que ha sufrido una pérdida. Si no es confrontado y controlado, le robará la salud, la fuerza y la vitalidad, hasta la vida misma. Déjenme darles un ejemplo.

Una amiga mía perdió su hijo tras una batalla extensa contra la leucemia. Cuando murió el niño, naturalmente fue sumamente difícil para todos en la familia. En definitivo y legítimamente, todos atravesaron el proceso de aflicción.

Pero esta amiga me relata un incidente en el cual descubrió al espíritu de aflicción. Ella me dijo que un día estaba lavando la ropa sucia y comenzó a pensar en su hijo, cuando de repente sintió algo que la envolvió. La sobrecogió una oscuridad y profunda tristeza, y se sintió como si comenzara a "hundirse".

Dios le dio discernimiento de que era un espíritu de aflicción tratando de oprimirla. Ella tomó una de las camisas de su hijo, se envolvió en ella y le dijo al diablo que la estaba usando como "manto de alegría" (Isaías 61:3). Entonces ella comenzó a danzar y cantar alabanzas a Dios. Al hacer esto, sintió que la opresión se fue.

De no haber confrontado agresivamente y hacerle frente a este espíritu de opresión y aflicción, esta mujer muy bien pudo haber abierto la puerta a un problema grande y prolongado.

## El lamento se torna en gozo

*"Bienaventurados los que lloran, porque ellos recibirán consolación".*

—Mateo 5:4

La Biblia hace ciertas referencias para aquellos que están en lamento. En Jeremías 31:13, el Señor dice a través de los profetas: *"Entonces la virgen se alegrará en la danza, los jóvenes y los viejos juntamente; y cambiaré su lloro en gozo, y los consolaré, y los alegraré de su dolor...".*

En este versículo vemos que es la voluntad de Dios consolar a quienes están angustiados; por lo tanto, podemos determinar que el consuelo viene después del luto. Si el consuelo nunca llega, entonces hay un problema.

En Isaías 61:1–3 leemos estas palabras que inspiran seguridad:

*"El Espíritu de Jehová el Señor está sobre mí, porque me ungió y me cualificó Jehová; me ha enviado a predicar buenas nuevas a los abatidos, a vendar los quebrantados de corazón, a publicar libertad a los cautivos, y a los presos apertura de la cárcel; a proclamar el año de la buena voluntad de Jehová, y el día de venganza del Dios nuestro; a consolar a todos los enlutados; a ordenar que a los afligidos de Sión se les dé gloria en lugar de ceniza, óleo de gozo en lugar de luto, manto de alegría en lugar del espíritu angustiado; y serán llamados árboles de justicia, plantío de Jehová, para gloria suya".*

Es obvio que el principio establecido en las Escrituras es que Dios restaura completamente. Él está interesado especialmente en los que están heridos, para restaurar su gozo.

Tal vez usted se encuentra en aflicción debido a una pérdida, pero no tiene que permanecer en esta situación el resto de su vida. Dios ha prometido cambiar su luto en gozo. Tiene que aferrarse a esta promesa mientras atraviesa por el proceso de aflicción. El hacer esto le dará esperanza para el futuro.

## LA ESPERANZA PUESTA ANTE NOSOTROS

*"La esperanza que se demora es tormento del corazón: pero el árbol de vida es el deseo cumplido".*
—PROVERBIOS 13:12

El afligirse por una pérdida es muchas veces un proceso necesario y aún saludable, no obstante, hay que tener mucho cuidado de no sucumbir al desespero y a la falta de esperanza, que son cargas difíciles de soportar.

En lugar de caer en desesperación, esté atento a las palabras de David en el Salmo 27:13–14:

*"Hubiera yo desmayado, si no creyese que veré la bondad de Jehová en la tierra de los vivientes. Aguarda a Jehová; esfuérzate, y aliéntese tu corazón; sí, espera a Jehová".*

No importa lo que nos suceda en la tierra, siempre hay esperanza en Dios.

En Hebreos 6:17–18, la Biblia nos dice que Dios nos asegura su voluntad de bendecirnos al respaldar sus promesas mediante juramento:

*"…por lo cual, queriendo Dios mostrar más abundantemente a los herederos de la promesa la inmutabilidad de su consejo, interpuso juramento para que por dos cosas inmutables, en las cuales es imposible que Dios mienta, tengamos un fortísimo consuelo los que hemos acudido para asirnos de la esperanza puesta delante de nosotros".*

El versículo 19 sigue diciendo:

*"La cual tenemos como segura y firme ancla del alma, y que penetra hasta dentro del velo".*

El ancla de una nave evita que se desvíe en una tormenta. La esperanza hace lo mismo para nuestras almas. La esperanza es como el ancla que nos mantiene en curso cuando nos sentimos sacudidos de un lado para otro, de aquí para allá, por las tormentas de la vida.

Tal vez no entienda mucho cuando sufre una herida y el dolor de la pérdida desgarra su alma, pero ampárese en esta verdad: Dios le ama y tiene un futuro para usted. Espere en Él y confíe que Él cambiará su luto en gozo y le dará belleza en lugar de cenizas, aún mientras atraviesa las diversas etapas de la aflicción.

# 3

## LAS SIETE ETAPAS DE LA AFLICCIÓN

*"Fíate de Jehová de todo tu corazón, y no te apoyes
en tu propia prudencia. Reconócelo en todos tus
caminos, y él enderezará tus veredas".*
• PROVERBIOS 3:5–6 •

DESPUÉS DE EXPERIMENTAR una tragedia o pérdida, casi todos nosotros atravesamos cierto tipo de aflicción. Generalmente, hay siete etapas básicas o aspectos de este proceso. Mirémosle individualmente para tratar de ganar un mejor entendimiento de lo que nos está sucediendo en el proceso y mirar qué podemos hacer para obtener el mejor beneficio de él.

### ETAPA 1:
### CONMOCIÓN Y NEGACIÓN

Usualmente estas son las primeras dos cosas que enfrentamos cuando sufrimos una pérdida o tragedia. Dios utiliza esto para protegernos de una devastación completa.

**La conmoción o shock**

Una conmoción o shock es algo que sacude la mente o las emociones con un golpe inesperado y violento. El shock es en verdad una protección interna. Nos da tiempo para ajustarnos gradualmente al cambio que acaba de suceder. La conmoción evita el enfrentamiento a la realidad de un solo golpe.

Antes de proseguir hacia adelante, tenemos que tener una nueva predisposición. La conmoción nos da tiempo para pensar cómo desarrollar nuevas estrategias para nuestra vida futura.

Para ilustrar, considere los amortiguadores de un auto. Están diseñados para acojinar el vehículo de estorbos inesperados en el camino. Sin ellos, el auto se rompería como resultado de los estorbos que encuentra en el camino.

Esto tiene un paralelismo con nuestra vida. Estamos viajando en el camino de la vida y muchos de nosotros no esperamos encontrar lomos ni baches. Por lo tanto, no estamos preparados para estos cuando se presentan. Nuestro "amortiguador" instalado por el Espíritu Santo acojina el golpe mientras reajustamos y adaptamos nuestro pensamiento al cambio inesperado en el camino.

Las etapas de aflicción pueden durar desde unos minutos hasta varias semanas. Pero si persiste por más tiempo, algo está mal.

El shock saludable es como una anestesia temporera, sin embargo, no podemos mantenernos permanentemente bajo anestesia. Tenemos que seguir hacia adelante. La conmoción es un escape temporero de la realidad, pero si no es temporera puede ser un problema serio.

Recuerdo acompañar a mi tía cuando mi tío murió. Él estuvo enfermo por mucho tiempo, y aunque era inevitable su muerte, mi tía decía una y otra vez: "No lo puedo creer; no puedo creer que se ha ido". Ella estaba en la etapa inicial de conmoción que muchas veces viene con una pérdida.

Al atravesar esta etapa de conmoción, no es bueno mantenernos en inactividad por mucho tiempo. Una mujer de mi equipo de trabajo experimentó una crisis devastadora y repentina. Recuerdo oírla decir: "Dios me dijo que continuara moviéndome, así que vendré a trabajar".

Ella me compartió que no sabría cuál sería la calidad de su trabajo, pero ella sabía que sería desastroso para ella si se rendía a la apatía que buscaba dominarla y deprimirla. En un día perdió lo que para ella era lo más importante de su vida. Su sentir era: "¿Cuál es el propósito? ¿Por qué tratar de hacer algo?". Ella sabía que si iba a sobrevivir tendría que contrarrestar esos sentimientos con acciones positivas.

Cuando esté atravesando la conmoción o el shock causado por una pérdida trágica, como creyente, tiene que reconocer la división entre el alma y el espíritu. Aun en tiempo de tragedia o pérdida tiene que discernir la diferencia entre sus emociones humanas y la guía verdadera del Espíritu Santo.

## La negación

La negación es el rechazo a confrontar la realidad, lo que muchas veces causa enfermedades emocionales y mentales en diversos grados.

Dios nos ha equipado con el Espíritu Santo concediéndonos autoridad para enfrentarnos a la realidad, para andar tomado de su mano a través del valle oscuro, y para superar los obstáculos que la vida nos trae.

Con el Espíritu de Dios que mora en nosotros y que vela por nosotros, podemos decir como el rey David: *"Aunque, ande en valle de sombra de muerte, no temeré mal alguno, porque tú estarás conmigo; tu vara y tu cayado me infundirán aliento"* (Salmo 23:4).

Aún cuando la muerte trae una sombra sobre nuestra vida, podemos vivir en esperanza.

Al hablar de esperanza, piense de nuevo en Sadrac, Mesac y Abed-nego en el horno ardiente. (Daniel 3:8–27). Aunque tuvieron la experiencia de ser echados en el horno que había sido calentado siete veces más de lo normal, el Señor estuvo con ellos en ese infierno abrasador.

Podemos ver sucesos bíblicos como éste que nos animan cuando nos encontramos en momentos difíciles. Tal como Dios estuvo con los jóvenes en el horno ardiente, y salieron libres sin ninguna herida permanente en ellos, así también Él estará con nosotros en cualquier situación que enfrentemos en la vida.

Es la voluntad de Dios que nosotros enfrentemos la realidad, y que salgamos victoriosos en cualquier situación. Enfrentar la realidad es difícil, pero huir de la realidad es aún más difícil.

## ETAPA 2: ENOJO

La segunda etapa es marcada por el enojo: enojo contra Dios, enojo contra el enemigo, enojo contra sí mismo, y enojo contra la persona que causó el dolor o la pérdida, más aún si la persona murió.

### Enojo contra Dios

Creemos que Dios es intrínsecamente bueno, y que Él está en control de nuestra vida. De modo que, cuando la tragedia nos ataca o nos suceden pérdidas, no entendemos por qué Dios no evita que estas cosas nos sucedan y nos duelan tan profundamente. Cuando enfrentamos una pérdida trágica, muchas veces nos enojamos y preguntamos: "¿Si Dios es bueno y todopoderoso, por qué permite que cosas malas le sucedan a personas buenas?". Esta pregunta se convierte en un asunto mayor cuando somos nosotros, los hijos de Dios, quienes estamos sufriendo.

En esos momentos, la razón quiere gritar: *"¡Esto no tiene ningún sentido!"*. Una y otra vez, la pregunta *"¿por qué, Dios, por qué?"* atormenta a quienes están en aflicción por una pérdida, como también tortura al abatido y a quien está en soledad.

En 1 Corintios 13:12, el apóstol Pablo indica que siempre habrá preguntas sin resolver mientras estamos en esta vida:

> *"Ahora vemos por espejo, en oscuramente; mas entonces veremos cara a cara. Ahora conozco en parte; pero entonces conoceré como fui conocido".*

Nos atormentamos con razonamientos excesivos, tratando de entender las cosas, confundiéndonos en la búsqueda de respuestas, pero Proverbios 3:5–6 nos dice que confiar en Dios nos trae seguridad y dirección:

> *"Fíate de Jehová de todo tu corazón, y no te apoyes en tu propia prudencia. Reconócelo en todos tus caminos, y él enderezará tus veredas".*

Cuando nos enfrentamos a un tiempo de crisis en la vida, necesitamos dirección. Estas escrituras nos dicen que confiando en Dios es la manera de hallar dirección.

*¡La confianza requiere permitir algunas preguntas sin respuestas en su vida!*

Esta verdad es difícil para nosotros, porque nuestra naturaleza humana quiere entenderlo todo. En Romanos 8:6 se nos dice que *"...la intención de la carne es muerte; mas la intención del espíritu, es vida y paz".*

Queremos que las cosas tengan sentido, pero el Espíritu Santo puede causar que tengamos gozo en nuestro corazón sobre algo que para nuestra mente natural no tiene sentido.

No importa cuán intenso es su dolor por una pérdida o tragedia, el Espíritu Santo le puede dar una paz profunda y confianza de que, de alguna manera, todo saldrá bien.

Estar enojado con Dios es inútil, pues Él es el único que le puede ayudar. Únicamente Él puede traerle el consuelo duradero y la sanidad necesaria. Le animo a continuar creyendo que Dios es bueno y a reconocer que lo que ha sucedido no cambia ese hecho. Aun cuando no pueda entender sus circunstancias, siga creyendo y diciendo que Dios es bueno, ¡porque Él lo es!

En el Salmo 34:8, el salmista nos alienta: *"Gustad, y ved que es bueno Jehová: dichoso el hombre que confía en Él".*

Luego, en el Salmo 86:5, él dice de Dios: *"Porque tú, Señor, eres bueno y perdonador, y grande en misericordia para con todos los que te invocan".*

Finalmente, en el Salmo 136:1, se nos dice: *"Alabad a Jehová, porque él es bueno; porque para siempre es su misericordia".*

Dios es bueno, pero el diablo quiere que creamos que no debemos confiar en Dios, y que Él no nos cuida ni nos ama. Si tiene duda acerca del amor de Dios y su cuidado fiel, por favor considere las palabras del apóstol Pablo sobre este tema en Romanos 8:35–39:

*"¿Quién nos separará del amor de Cristo? ¿Tribulación, o angustia, o persecución, o hambre, o desnudez, o peligro, o espada? Como está escrito: Por causa de ti somos muertos todo el tiempo; somos contados como ovejas de matadero. Antes, en todas estas cosas somos más que vencedores por medio de aquel que nos amó. Por lo cual estoy seguro que ni la muerte, ni la*

*vida, ni ángeles, ni principados, ni potestades, ni lo presente, ni lo por venir, ni lo alto, ni lo profundo, ni ninguna otra cosa creada nos podrá separar del amor de Dios, que es en Cristo Jesús Señor nuestro".*

No se enoje con Dios. Reciba el ministerio del Espíritu Santo. Escuche las palabras de Jesús en este pasaje:

*"No se turbe vuestro corazón; creéis en Dios, creed también en mí. [...] Y yo rogaré al Padre, y os dará otro Consolador para que esté con vosotros para siempre. [...] No os dejaré huérfanos; vendré a vosotros".*

—JUAN 14:1, 16, 18

Consuélese con estas palabras y resista al diablo, quien tratará de convencerle de tomar su enojo y frustración contra Dios.

## Enojo contra el diablo

La Biblia nos dice que debemos aborrecer el pecado (ver Amós 5:15). Como el diablo es la fuente de toda maldad, entonces estar enojado contra él puede ser saludable, siempre que el enojo sea expresado de manera bíblica.

En Efesios 6:12 se nos dice: *"Porque no tenemos lucha contra sangre y carne; sino contra principados, contra potestades, gobernadores de estas tinieblas de este siglo, contra huestes espirituales de maldad en las regiones celestes...".* La versión inglesa *Amplified Bible* dice que batallamos en contra de "...los líderes mundiales de esta oscuridad presente, en contra de las fuerzas espirituales del mal...".

Definitivamente, nuestra lucha no es contra Dios o su pueblo, sino contra el enemigo de nuestra alma. ¿Cómo se puede efectivamente expresar nuestro enojo contra el enemigo? Déjeme darle un ejemplo de mi propia vida.

Por mucho tiempo estuve enojada con Satanás por los quince años de abuso que soporté durante mi niñez, pero estaba ventilando mi enojo de manera equivocada. Me torné dura de corazón y áspera en mi manera de proceder con otras personas. Sin embargo, he aprendido que derrotamos y vencemos la maldad con el bien (vea Romanos 12:21).

Estaba enojada contra el enemigo, porque me había robado la niñez, pero al actuar como él (como el diablo) no estaba reparando mi pérdida. Ahora predico el evangelio, ayudando a personas que están en dolor, viendo un sinnúmero de vidas restauradas, y al hacer esto, estoy venciendo el mal que Satanás me hizo. Estoy haciendo el bien al prójimo y trayendo las buenas nuevas de Dios a otros.

¡Esa es la manera de cobrarle al enemigo!

Cuando haya sido herido, su estado mejorará en la medida en que comience a ayudar a otros. Alcanzando a otras personas heridas le hará olvidar su propio dolor.

La única manera de desquitarse contra el enemigo por el dolor y la devastación en su propia vida personal es haciendo las obras de Jesús con vehemencia y agresivamente.

## Enojo contra sí mismo

Cuando ocurre una tragedia, surge muchas veces la pregunta: "¿Pude haber hecho algo para prevenir que esto sucediera?".

Una mujer con la que yo hablé me mencionó que cuando su esposo murió de repente de un ataque al corazón, ella se pasaba acordándose de que él se pasaba diciendo que se sentía mal. Ella se culpaba por no insistir que él fuera a un doctor.

Después de una tragedia, especialmente la pérdida de un ser querido, muchos piensan en cosas que hubieran dicho o hecho, o cosas que no hubieran dicho ni hecho.

Podemos encontrar muchas cosas en nuestras vidas por las cuales lamentarnos, pero el lamentarnos únicamente produce más agonía de la que ya estamos experimentando.

A veces, Satanás toma ventaja de la situación con sentimientos de culpa. Su táctica es la de lanzarnos a una vida de culpabilidad, condenación y odio hacia uno mismo.

En Filipenses 3:13–14, el apóstol Pablo indica: *"Hermanos, yo mismo no pretendo haberlo ya alcanzado; pero una cosa hago: olvidando ciertamente lo que queda atrás, y extendiéndome a lo que está delante, prosigo a la meta, al premio del supremo llamamiento de Dios en Cristo Jesús".*

Me gusta la palabra "extendiéndome". Me dice que enfrentado

tales situaciones yo tengo que "continuar hacia adelante" y habrá oposición del enemigo para vencer.

La finalidad de algo siempre puede traer un nuevo comienzo.

Satanás trata de mantenernos alejados del nuevo lugar que Dios tiene para nosotros. Él quiere atraparnos en el pasado y causar que vivamos en una miseria permanente. El enojo y la culpabilidad contra nosotros mismos no harán nada para alcanzar el propósito del diablo en nuestras vidas.

Le animo a que deje de atormentarse con lamentos. Satanás siempre tratará de atacarle cuando esté en su momento débil. La culpa, el lamento y el remordimiento son sus armas favoritas. Medite en las cosas que le animan, no en las que le causen desánimo.

Recuerde: No se enoje con Dios ni se enoje consigo mismo. Enójese con el diablo, y exprese esa ira en una forma apropiada, venciendo el mal con el bien.

### Enojo contra otros

Es normal experimentar enojo contra alguien que es la causa del dolor o el sufrimiento, aun cuando esa persona haya muerto.

Mi tía me decía que después que murió mi tío, a veces ella golpeaba la almohada de noche y gritaba: *"¿Porqué me dejaste?"*. Obviamente, su intelecto sabía que él no la había dejado a propósito, pero sus emociones estaban hablando.

Tenemos que entender que nuestras emociones tienen una voz y cuando están heridas reaccionan como un animal herido. Los animales heridos pueden ser muy peligrosos. De la misma forma, las emociones heridas pueden ser malignas si les damos rienda suelta.

Cuando sufrimos una pérdida es importante no permitir que las emociones heridas se conviertan en resentimiento o amargura. Cuando el divorcio es la causa de la pérdida, es muy tentador odiar a la persona que causó la separación o aún procurar venganza.

No malgaste su vida sintiendo amargura. Al contrario, confíe en Dios para que lo que ha sucedido le haga una persona mejor. Esto es algo que afecta por igual a multitudes de personas. Pídale a Dios que tome sus "cenizas" y le dé "belleza" en lugar de ellas. Pídale a Él que a la larga le permita ayudar a otros que estén atravesando por la soledad y la aflicción.

Aun cuando un ser querido muere, puede haber un tiempo durante el cual sienta enojo contra la persona que le abandonó. Puede usted tener pensamientos como: *"Pudiera haber vivido si hubiera tratado más...",* o *"¿cómo me dejaste criar los hijos y manejar estas responsabilidades sola?".*

Aunque esta forma de pensar suene ridícula a una persona estable en tiempos ordinarios, lo cierto es que al sobrevivir una tragedia, muchas veces hay una tendencia a "culpar" a alguien por el dolor que se siente. Los pensamientos y los sentimientos pueden ser erráticos, lanzándose en enojo contra Dios, enojo contra sí mismo, enojo contra el diablo, o en enojo contra la persona que causó el dolor. Este ciclo se puede repetir varias veces hasta hacerse confuso.

Cuando estamos heridos, la tendencia natural es a enojarnos y tratar de defendernos del terrible dolor que estamos experimentando.

Por eso es importante entender el proceso de aflicción y estar consciente de algunas de las emociones que le acompañan. En el pasado nos han enseñado a conceder poco o ningún valor a nuestros pensamientos, o a descartarlos como si no fueran importantes.

Justo después de experimentar una pérdida mayor en su vida no es tiempo oportuno para negar sus sentimientos o hacer frente con argumentos que producen ansiedad o que son emocionalmente pesados. Al cambiar, debe confrontar sus emociones y resolverlas.

La respuesta no es sofocar las emociones, sino reconocerlas por lo que son y expresarlas en una manera apropiada.

## ETAPA 3:
## EMOCIONES DESENFRENADAS

Muchas veces, las personas que experimentan tragedias atraviesan etapas emocionales, las cuales incluyen sollozos e histeria. Estas vienen y van cuando menos lo esperamos. En un minuto la persona se siente bien, y una hora más tarde, la tristeza la abruma.

Aun aquellos que no son emotivos pueden mostrar emociones muy fuertes durante un tiempo de pérdida. Un hombre que nunca llora puede tener sollozos incontrolables en varios intervalos de tiempo.

En términos generales, las personas tienen temor de las emociones, y una demostración pública de una emoción incontrolable puede causar mucho temor.

Si está atravesando un momento emocional difícil ahora, yo le exhorto a que "no tema", porque lo que está experimentando ahora pasará. Un buen entendimiento y la ayuda del Espíritu Santo le ayudarán a atravesar por esos momentos difíciles.

Algunas personas rehúsan llorar o hacer demostración de sus emociones, pero eso no es saludable. Las emociones reprimidas son poderosas y necesitan ser descargadas. Si no desata sus emociones durante momentos de tensión fuerte, como la pérdida de un ser querido, esas emociones le causarán una erosión interna, y a la larga, tienen el potencial de destruir su salud mental, emocional y física.

Dios nos ha dado las glándulas lagrimales, lo cual quiere decir que habrá ocasiones en nuestra vida en que necesitamos llorar.

La Biblia hace varias referencias a las lágrimas. Por ejemplo, en el Salmo 56:8, la Biblia hace referencia a un envase donde Dios guarda nuestras lágrimas: *"Pon mis lágrimas en tu redoma"*. En Apocalipsis 21:4, donde habla de un cielo nuevo y una tierra nueva, leemos que *"Dios enjugará toda lágrima de sus ojos, y no habrá más muerte, ni habrá más angustia ni dolor ni pesar, porque las condiciones antiguas y las cosas del ayer cesarán de ser"*.

Hay un llanto que es saludable y otro que no lo es. La liberación apropiada de emociones heridas es saludable, pero tenga cuidado de no caer en la autocompasión. Si deja ese sentimiento sin confrontar, se puede convertir en un monstruo que se tornará en su contra para hacerle daño.

La compasión es un don que Dios ha puesto en todos nosotros para que podamos ver al herido. La autocompasión como lástima a uno mismo tiene un efecto paralizador.

La autocompasión es adictiva. Tal vez piense que es una manera de ministrarse a sí mismo, pero en realidad es la manera que Satanás usa para impedirle que progrese durante su recuperación.

Tiene que tener cuidado de no usar las lágrimas para controlar a otros. Cuando se encuentre herido, necesita que otros le enseñen amor y bondad.

No importa cuán fuerte e independientes seamos, en ocasiones, todos necesitamos la ayuda de otros. Tenemos que tener presente que, aunque habrá ocasiones cuando necesitemos atención especial, otras personas no pueden resolver nuestros problemas. Cometemos errores cuando buscamos a otros, esperando que ellos hagan que nuestro dolor desaparezca.

En primer lugar, la gente no nos puede dar todo lo que necesitamos. En segundo lugar, presionamos innecesariamente a otros, cuando esperamos de ellos. Muchas veces, esto tiene un efecto negativo sobre nuestras relaciones, especialmente si este comportamiento de dependencia continúa por un tiempo extendido.

Es muy natural que una mujer que pierde a su esposo, se torne hacia sus hijos para llenar el vacío en su vida. Esto es algo positivo únicamente si la mujer verdaderamente desea "darse" a sus hijos ahora que tiene el tiempo y la habilidad para hacerlo. Pero si la intención de la mujer es de forzar a sus hijos a asumir responsabilidades que le corresponden a ella, entonces los hijos se resentirán.

Básicamente, cada persona tiene su propia vida para vivir, y no importa cuánto amor exista entre dos individuos, nadie quiere ser manipulado por razones egoístas.

Si está experimentando dolor o sufrimiento hoy día, le exhorto a confiar en Dios y permitirle que ajuste sus relaciones según Él crea necesario. Él conoce que usted tiene diferentes necesidades. Él conoce el vacío que necesita ser llenado en su vida. Dios llenará ese vacío si esperamos en Él y rehusamos usar nuestras emociones para controlar a otras personas.

Usualmente las personas no actúan intencionalmente de esa manera. Simplemente tenemos dolor, y a veces estamos buscando algo que alivie el sufrimiento. Dios no alivia el dolor de una persona dándole carga o dolor a otra.

La tragedia nos deja en un estado débil, y Satanás siempre tratará de tomar ventaja de nosotros en nuestros momentos débiles. El diablo no es tímido para atacarnos cuando estamos caídos. Él ve esos momentos de dolor y soledad como una buena oportunidad para llevarnos a la miseria y a un estado de esclavitud permanente.

El *equilibrio* le cierra las puertas al enemigo.

A través de los años he llegado a comprender que tenemos que atravesar muchas cosas en privado. Ello no significa que no necesitamos a la gente, sí las necesitamos. Otras personas definitivamente son usadas por Dios para traernos consuelo cuando estamos heridos. Pero, si nuestra "necesidad" de la gente se sale de equilibrio, puede impedir la intervención de Dios en nuestra vida.

Durante varios años y como resultado del abuso en mi niñez, mis emociones sufrieron terriblemente. Durante ese tiempo, yo esperaba que mi esposo me ayudara a llenar mis necesidades emocionales, y a llenar el vacío que había en mi vida como resultado de tener la relación equivocada con mi padre. Verdaderamente el Señor usó a mi esposo para traer sanidad emocional a mi vida, pero aprendí que tenía que atravesar muchos de mis problemas a solas con Dios.

Uno de los beneficios de no tener a nadie en quien depender es que establecemos nuestras raíces firmes "en Él". Él es la Roca, el fundamento sólido inconmovible. No importa lo que está sucediendo a nuestro alrededor, Él es siempre el mismo.

Si tiene o siente aflicción y soledad debido a una tragedia en su vida, use esa situación para entrar en una profunda relación personal con el Padre, el Hijo y el Espíritu Santo.

Recuerde: Satanás quiere usar estas circunstancias para destruirle, pero lo que él quiere para su mal, Dios lo usará para su bien, mientras confía en que Él lo hará (ver Génesis 50:20 y Romanos 8:28).

## ETAPA 4: DEPRESIÓN

Si se siente deprimido, no se sienta mal acerca de sí mismo. Todos hemos experimentado depresión en algún momento en nuestras vidas.

Cuando la tristeza inunda nuestra vida, el sentimiento de depresión es muy común, aún entre aquellos que conocen y aman al Señor. En los Salmos, el rey David, quien se dice era un hombre conforme al corazón de Dios, hablaba de sentirse deprimido. Si tal hombre de Dios como David tuvo que enfrentarse a la depresión, es de esperarse que muchos de nosotros también lo hagamos.

La depresión temporera es otra de las emociones humanas que todos tenemos como experiencia durante el proceso de aflicción normal. Pero, como las otras emociones que vienen con la aflicción, la depresión sin refrenar puede convertirse en un gran problema.

La palabra *depresión* se refiere a estar bajo un estado de o debajo de niveles normales.[7] La manera simple de pensar en esto es así: Jesús es nuestra gloria y el *que levanta* nuestras cabezas (ver Salmo 3:3). Pero mientras Jesús nos levanta y nos lleva al otro lado, Satanás viene a *deprimirnos* y enterrarnos en nuestras heridas, dolores y problemas.

La depresión le roba a la persona su energía; se vuelve apático y letárgico, no desea hacer nada. Si el estado depresivo continúa y se hace más fuerte, cada movimiento se convierte en un esfuerzo. Las personas deprimidas duermen mucho más de lo necesario para escaparse de la vida.

La depresión se puede convertir en una manera de correr y esconderse en algunos casos. Se puede usar como una manera de evitar tener que hacer frente a la vida y sus problemas. *El enfrentarse a situaciones es* siempre *mucho más difícil que huir de ellas.*

En mi propio caso, yo huía de los problemas en mi vida causados por el abuso hasta que tuve treinta y dos años. Cuando fui llena del Espíritu Santo, una de las cosas que Él comenzó a hacer era dirigirme a la verdad, como Jesús prometió que Él haría (ver Juan 16:13). Jesús también dijo que la verdad es la que nos hace libre (ver Juan 8:32), pero la verdad tendría que ser enfrentada para que pueda tener algún efecto positivo en nuestra vida.

Miremos las Escrituras para ver cómo el rey David respondió a este problema de la depresión. En el Salmo 42:5–11, él habla de la triste condición de su estado emocional:

*"¿Porqué te abates, oh alma mía, y te turbas dentro de mí? Espera en Dios; porque aún he de alabarle, salvación mía y Dios mío. Dios mío, mi alma está abatida en mí; me acordaré, por tanto, de ti desde la tierra del Jordán, y de los hermonitas,*

desde el monte de Mizar. Un abismo llama a otro a la voz de tus cascadas: todas tus ondas y tus olas han pasado sobre mí. Pero de día mandará Jehová su misericordia, y de noche su cántico estará conmigo, y mi oración al Dios de mi vida. Diré a Dios: Roca mía, ¿por qué te has olvidado de mí? ¿Por qué andaré yo enlutado por la opresión del enemigo? Como quien hiere mis huesos, mis enemigos me afrentan, diciéndome cada día: ¿Dónde está tu Dios? ¿Por qué te abates, oh alma mía, y por qué te turbas dentro de mí? Espera en Dios; porque aún he de alabarle; Salvación mía y Dios mío".

Amo estas escrituras, porque muestran cómo el rey David se sintió atacado por la depresión e inundado en su propia alma, aunque pudo resistirla. En otras palabras, aunque experimentó depresión, no se rindió. Él se habla a sí mismo desde su situación, y también nosotros tenemos que hablarnos a nosotros mismos durante esas temporadas.

David se acordó de los buenos tiempos a propósito, para que su alma no se llenara de pensamientos e influencias negativas.

Para nuestra propia protección, es importante que resistamos una depresión de largo plazo. Es importante trabajar a través del proceso de aflicción saludablemente sin sentir períodos de tristeza, pérdidas y depresión. Pero de nuevo, mi deseo es traer una palabra de precaución con respecto a una situación que esté desequilibrada, que ha pasado de lo normal y ha trascendido la línea a la categoría destructiva.

Es saludable descargar las emociones normales. Pero cuando dejamos que las emociones nos controlen, esto puede ser destructivo. No reprima sus emociones, pero no les dé rienda suelta en su vida.

Cualquier persona que rehúsa practicar el dominio propio, dejando que sus emociones se descontrolen, a la larga vivirá una vida de autodestrucción.

Las emociones son un regalo de Dios. Son vitales para la existencia humana. Nadie querrá vivir sin emociones. Pero a la misma vez, no podemos vivir nuestra vida basada en nuestras emociones. Por un lado, ellas son muy inestables. Podemos sentirnos de diversas maneras durante el transcurso de un mes con respecto a una misma situación.

Las personas experimentan esta falta de estabilidad en sus

emociones durante momentos de crisis y tragedia, lo cual las llevan a la próxima etapa del proceso normal de aflicción.

## Etapa 5:
## Olas de emociones abrumadoras

Cuando está atravesando por un proceso de aflicción habrá temporadas cuando sentirá que ha progresado en la recuperación del trauma emocional.

Es perfectamente natural el sentirse ansioso por apaciguar todos sus sentimientos de dolor y tratar de que desaparezcan. Sin embargo, no es usualmente así como sucede. Muy a menudo, los momentos de calma son invariablemente seguidos por emociones abrumadoras.

Una buena manera de pensar en este altibajo es de imaginar el océano con sus fuertes olas que golpean la orilla con intervalos suaves y apacibles entre ellos.

Inicialmente parece no haber reducción en las olas que vienen sobre usted y que amenazan arrastrarle hacia abajo. Esto es una emoción universal que ha sido común a toda persona a través de la historia. Si recuerda, el Salmo 42:6–7 nos muestra cómo David escribió sobre su desesperación:

> *"Dios mío, mi alma está abatida en mí; me acordaré, por tanto, de ti desde la tierra del Jordán, y de los hermonitas, desde el monte de Mizar. Un abismo llama a otro a la voz de tus cascadas: Todas tus ondas y tus olas han pasado sobre mí".*

Al transcurrir el tiempo, comienzan a venir momentos tolerables entre las olas arrebatadoras. En esos momentos, puede ser tentado a pensar que el dolor jamás volverá. Entonces, cuando menos lo espere, el dolor arremeterá con toda su fuerza. Puede ser que algo suceda que provoque nuestra memoria y, de repente, todas las emociones viejas regresan con venganza. El aniversario de la muerte, pérdida o separación de una persona y especialmente los días especiales como días de fiesta y cumpleaños, son extremadamente difíciles de sobrellevar.

Sabemos que los suicidios aumentan rápidamente durante los días de Navidad. Imagínese cuán difícil es para una persona sobrellevar la muerte repentina de un ser querido, u otra tragedia similar, si no conocen al Señor y su presencia sustentadora.

Aquellos que creen en Jesucristo reciben la fortaleza del Espíritu Santo, y aún estos tiempos son difíciles para ellos. Así es que solo podemos imaginar cuánto dolor soportan aquellos que están vacíos por dentro cuando sufren una pérdida de algo o alguien querido.

En esos momentos difíciles, yo estoy segura que es fácil para Satanás convencerles que no hay razón para vivir, que el dolor que están experimentando es muy difícil de manejar.

Algunas veces, oigo a personas decir por adelantado: "Me da pánico el aniversario de ese evento; siempre me deprimo en ese día".

El pánico es el precursor del temor y nunca trae bendición. Cuando comienzo a tener pánico sobre algo, el Espíritu Santo me comienza a recordar que me estoy preparando para un tiempo miserable. Cuando sienta que comienza a tener emociones de pánico, le recomiendo que ore y le pida al Señor que le dé fuerzas en contra de esas emociones abrumadoras. Algunas veces, tenemos pánico de ciertas cosas sin darnos cuenta. Pedirle la ayuda al Señor traerá a la conciencia lo que está sucediendo, y nos equipará mejor para no hundirnos en confusión, desorientación y temor.

## ETAPA 6:
## CONFUSIÓN, DESORIENTACIÓN Y TEMOR

Uno de los tiempos de mayor dificultad emocional lo constituye el confrontarnos con cambios en nuestras vidas. Aún cuando el cambio sea por nuestra propia decisión resulta difícil manejarlo.

Si ese cambio viene como resultado de tragedia, pérdida o crisis, entonces la confusión, la desorientación y el temor resultan ser normales. De repente, nuestros planes para el futuro se han quebrado. Se desploman las vacaciones, una compra de casa, un plan de retiro de la compañía u otros planes.

Toma tiempo buscar una nueva dirección. En tales momentos, muchas preguntas se agolpan en nuestra mente, todas a la vez, y muchos insisten en obtener respuestas inmediatas.

Aun amigos y familiares bien intencionados, nos preguntan: "¿Qué vas a hacer ahora?"; "¿Dónde vivirás?"; "¿Regresarás al trabajo pronto o tomarás un tiempo libre?".

Todas estas preguntas son válidas y necesitan ser contestadas.

Si ha experimentado una tragedia repentina que conlleva un cambio imprevisto, sabe que tiene que hacer una serie de decisiones sobre el futuro. Pero tal vez siente que no está preparado al momento para tomar decisiones.

En tiempos así, su mente no está clara. Tal vez piensa en un tipo de decisión y, de repente, cambia de parecer. Sus emociones comienzan a jugarle trucos fluctuando de un lado para el otro, haciendo las decisiones aun más difíciles que en tiempos normales.

Junto con la confusión y la desorientación, el temor se activa. Tal vez comienza a hacerse preguntas como: "¿Qué haré financieramente?"; "¿Quién se encargará de estas cosas que yo no estoy acostumbrado a manejar?".

Cuando se enfrenta a preguntas difíciles, sugiero que medite en este siguiente versículo. Siempre me da gran consuelo y esperanza; creo que le dará ánimo a usted también:

> *"...porque él dijo: No te desampararé, ni te dejaré;...".*
> —Hebreos 13:5

Cuando no sabemos qué hacer o dudamos del futuro, es conveniente saber de alguien que sí conoce el futuro. En el Salmo 139:15–17, el escritor nos asegura que nuestro Padre celestial conoce nuestro pasado, presente y futuro:

> *"No fue encubierto de ti mi cuerpo, bien que en oculto fui formado, y entretejido en lo más profundo de la tierra. Mi embrión vieron tus ojos, y en tu libro estaban escritas todas aquellas cosas que fueron luego formadas, sin faltar una de ellas. ¡Cuán preciosos me son, oh Dios, tus pensamientos! ¡Cuán grande es la suma de ellas!"*

Dios es el Alfa y el Omega, el principio y el fin. Siendo éste el caso, Él es también todo lo que encontramos en el medio. Él conoce nuestra situación, nos guiará y nos llevará de principio a fin, si confiamos en que Él lo hará.

Nuestro Padre celestial nos da diariamente todo lo que necesitamos. La gracia para cada día viene con cada mañana. Por esta razón, se nos hace difícil mirar hacia el futuro sin sentir miedo.

Mientras miramos al futuro, nos sentimos que no podemos atravesar los problemas que vienen. Pero los estamos mirando sin la gracia de Dios sobre nosotros.

*Cuando llegamos al lugar, encontraremos la gracia.*

Por miles de años, el Salmo 23 ha ministrado consuelo a millones de personas solas y en aflicción. Úselo como ancla para su alma en tiempos de confusión, desorientación y temor:

> *"Jehová es mi pastor; nada me faltará. En lugares de delicados pastos me hará descansar; junto a aguas de reposo me pastoreará. Confortará mi alma; me guiará por sendas de justicia por amor de su nombre. Aunque ande en valle de sombra de muerte, no temeré mal alguno; porque tú estarás conmigo; tu vara y tu cayado me infundirán aliento. Aderezas mesa delante de mí en presencia de mis angustiadores; unges mi cabeza con aceite; mi copa está rebosando. Ciertamente el bien y la misericordia me seguirán todos los días de mi vida, en la casa de Jehová moraré por largos días".*

## Etapa 7:
## Síntomas físicos

Muchas veces ocurre que las personas que están afligidas por la muerte de un ser querido u otra pérdida traumática comienzan a experimentar síntomas físicos. Parece que el sentirse mal mental, emocional y físicamente enferma su cuerpo.

Los trastornos emocionales sobrecargan el cuerpo con tensión. Las debilidades preexistentes a la crisis son presionadas más allá de sus límites. Muchas veces, el resultado es dolor físico, enfermedades y males.

No es poco común el observar distintos dolores en la cabeza, el cuello, la espalda o el estómago cuando estamos bajo tensión extrema. Algo que aliviará la tensión es el ejercicio físico.

Durante períodos de aflicción, muchas veces la tendencia es a sentarse y "pensar" demasiado (obsesionarse). Aunque es perfectamente natural, una acción fuerte y positiva puede vencer esta tendencia.

Si está atravesando por un proceso de aflicción, le recomiendo que por lo menos tome largas caminatas. Y si puede, debe practicar ejercicios físicos vigorosos.

*Recuerde: Ya usted está bajo tensión, por lo tanto, no se sobrecargue a sí mismo.*

Está comprobado que el ejercicio tiende a disminuir el estrés mental, emocional y físico, y produce un relajamiento en los músculos tensos.

Además, la pérdida de apetito es común cuando estamos afligidos, lo cual es comprensible. No obstante, puede ser perjudicial a su salud si deja de comer por mucho tiempo. Si usted es incapaz de comer bastante, trate al menos de comer algo con alto valor nutritivo.

Aunque puede ser difícil, también trate de dormir la cantidad apropiada que su cuerpo necesita. Un cuerpo cansado, débil, mal nutrido y con tensión es una invitación segura para la enfermedad. Por eso es importante trabajar, lo más posible, con el ejercicio físico, la nutrición y el descanso para que la mente y el cuerpo se mantengan saludables durante estos tiempos de tensión emocional.

Creo que es importante que cuando esté afligido y solo, entienda que las cosas que siente y las varias etapas de aflicción que está experimentando son normales y necesarias para recobrar la estabilidad y sanidad emocional.

Como hemos notado, las emociones y los sentimientos reprimidos son factores muy fuertes para nuestro sistema; de no ser apropiadamente expuestos, pueden causar mucho daño.

*Recuerde: Cuando las emociones negativas son reprimidas, al final se manifiestan de otra manera.*

Muchas veces pensamos que hemos logrado esconder nuestros sentimientos, pero estos se manifiestan en nuestra actitud o conversación y aún en nuestros cuerpos físicos.

La palabra clave durante el proceso de aflicción es *equilibrio*.

# 4

# CÓMO RECUPERARSE DE LA TRAGEDIA Y LA PÉRDIDA

*"El Espíritu del Señor está sobre mí, por cuanto me ha ungido para dar buenas nuevas a los pobres; me ha enviado para sanar a los quebrantados de corazón; a pregonar libertad a los cautivos, y vista a los ciegos; a poner en libertad a los oprimidos..."*
• LUCAS 4:18 •

PUEDE ESTAR SEGURO de que el Señor ha de dirigirle en su proceso de recuperación. Él definitivamente le dirá cuando se está excediendo o saliendo fuera de equilibrio, si está dispuesto a escuchar su Espíritu.

Es imposible señalar un cierto plazo de tiempo que tomará atravesar por el proceso y la recuperación de la aflicción. Esto varía con cada persona y situación individual. Pero a pasar del tiempo que tome, eventualmente llegará el momento cuando el Señor le dirá: *"Es el tiempo de levantarte y proseguir adelante. Tienes que dejar el pasado y terminar la carrera que te he puesto por delante. No te dejaré ni te desampararé; sé valiente y fuerte, y camina hacia delante".*

## CADA CASO ES DIFERENTE

Generalmente, los primeros seis meses del proceso de aflicción son los más difíciles. Puede ser más largo o más corto dependiendo de las circunstancias. Hay muchos factores envueltos que son únicos para cualquier situación.

- *Lo repentino de la pérdida.* Si una persona está enferma por un período de tiempo extendido, la familia tiene más tiempo para prepararse para la muerte de su ser querido. Si la pérdida es inesperada o repentina, la pérdida es más traumática y más difícil.

- *La presencia o ausencia de personas que apoyen.* Si se muere un cónyuge, por ejemplo, hace una diferencia si hay hijos que pueden consolar al pariente sobreviviente. Si perdemos un hijo, entonces los otros hijos pueden ayudar a llenar el vacío dejado en la casa por la partida del hijo.

- *La calidad de relación entre el enlutado y el fallecido.* Si la relación era una relación amorosa y fuerte, el proceso de aflicción será más largo y más difícil que si la relación no era de gran satisfacción.

- *La personalidad del sobreviviente.* Esto es cierto especialmente con la muerte de un cónyuge. Algunas personas son más dependientes que otras y toma un mayor esfuerzo para ellos asumir el rol de liderazgo y proseguir con su vida.

- *La profundidad de la relación entre el afligido y el Señor Jesucristo.* Esto es un factor *importante*. La tragedia o la pérdida provoca a las personas a buscar una relación con el Señor, que por supuesto, trae consuelo. Pero la persona que ya le conoce "y el poder de su resurrección" (Filipenses 3:10) usualmente se recupera más rápido que aquel que no ha tenido una relación personal previa de conocimiento con el Señor o que tiene únicamente una relación superficial con Él.

Como una ilustración de mi punto acerca de los períodos de tiempo requerido para recuperarse de la tragedia y la pérdida, quisiera compartir con usted dos casos actuales de los cuales estoy consciente.

## El primer caso

Conozco el caso de una mujer cristiana fuerte en la fe, quien ha estado envuelta con las cosas del Señor por muchos años. Ella y su esposo estuvieron casados por aproximadamente veinticinco años o más. Aunque él era un cristiano, no estaba exhibiendo los frutos de su relación con el Señor. Definitivamente no trataba a su esposa correctamente, ni lo había hecho por muchos años.

Este hombre anteponía su negocio antes que cualquier otra cosa en su vida. Él era egoísta, egocéntrico y hasta cruel en su actitud con su esposa y sus necesidades. Mientras la mujer continuaba en su caminar con Dios, el Señor le dio una misión de oración especial por su esposo, advirtiéndole que si no se sometía a los tratos de Dios, dentro de seis meses moriría.

La mujer oró y todavía el hombre se resistía a los tratos del Señor. Por su desobediencia, él le abrió una puerta a Satanás para que terminara con su vida. Como resultado, el hombre murió de un ataque al corazón imprevisto.

Aunque la pérdida fue fuerte para la esposa, no hubiera sido tan fuerte para alguien que habría gozado de una relación maravillosa con su esposo. Dios le había advertido, y estaba preparada anticipadamente. Observé que su tiempo de recuperación fue sumamente corto. Había asuntos en su vida que tenían que ser resueltos, como asuntos financieros y otros; pero en un período corto de tiempo, ella pudo ajustarse y seguir adelante con su vida.

## El segundo caso

Este involucró a mi tía. Ella y mi tío se habían conocido desde su niñez y se casaron cuando ella tenía quince años y él unos pocos más. Nunca había tenido otro novio, ni tampoco había salido con otra persona.

Nunca pudieron tener hijos, así que estaban muy unidos. Trabajaron juntos en la misma panadería por más de treinta años. Lo hacían todo juntos, como socios en la obra del Señor.

Ambos habían experimentado muchas enfermedades en sus vidas y habían tomado mucho tiempo cuidándose el uno al otro. A veces lo más que las personas hacen el uno por el otro, es lo que nos recuerda más de ellos.

Ellos dos estaban *profundamente* envueltos en la vida de cada uno. Ambos eran el uno para el otro, y tenían momentos placenteros pescando, cocinando, visitando la iglesia, y así sucesivamente.

Aunque él había estado enfermo por muchos años, cuando murió, su pérdida fue extremadamente difícil para mi tía. Durante ese tiempo, ella estaba paralizada con artritis en sus rodillas, pero no podía operarse a causa de una condición de corazón que tenía. Por lo tanto, ella se mantuvo casi confinada a estar en la casa luego de varios años de la muerte de mi tío, lo cual solo aumentó su trauma.

Debido a estas circunstancias extenuantes, su tiempo para recuperarse le tomó varios años.

## La aflicción es normal, pero vivir afligido no lo es

En estos dos casos podemos ver cómo la misma clase de evento puede afectar a diferentes personas en diferentes maneras. Aunque es imposible hacer una predicción exacta de cuán largo será el proceso de aflicción, se debe entender que sí es un proceso progresivo.

Este progreso debe ser gradual y casi imperceptible, pero *definitivamente* debe de ser observable.

Así como una herida que sana, el dolor se puede sentir por un buen tiempo, pero la recuperación completa requiere una mejoría a diario. Cuando una herida física rehúsa sanar, es una indicación de que hay una infección. Creo que lo mismo ocurre en las heridas emocionales.

Nuestras emociones deben sanar al igual que nuestro cuerpo físico. Dios nos dio emociones y nos dio cuerpos. Él ha provisto para nuestra restauración emocional en Cristo Jesús, al igual que ha provisto para nuestra sanidad física en Él. Ambas son nuestra herencia como creyentes.

No crea a las mentiras de Satanás. Él tratará de decirle que nunca se sobrepondrá al dolor, que nunca más será sano. Aunque es verdad que le hará falta la persona o lo que haya perdido, eso no quiere decir que tiene que sufrir aflicción y soledad permanentemente.

Al trascurrir el tiempo apropiado, la aflicción debe disiparse, y deberá lograr una transición a una nueva etapa de su vida. Si esta transición no ocurre a través de un tiempo razonable, es una indicación de que en algún lugar hay un problema: una actitud mental inapropiada, negación a fijarse en la realidad o la presencia de temor irrazonable y anormal.

Cualquiera que sea la raíz del problema, Dios se lo revelará si toma tiempo leyendo su Palabra y buscándolo en meditación y oración.

*Recuerde que la aflicción es normal, pero el vivir con un espíritu afligido no lo es.*

## Cómo superar
## la aflicción y la soledad

Quiero compartir con usted dos puntos vitales para ayudarle a superar la aflicción y la soledad, y ganar una recuperación emocional completa:

### 1. Entienda que Dios está con usted todo el tiempo.

En Mateo 28:20, Jesús dice: *"He aquí que yo estoy con vosotros siempre, aún hasta el fin del mundo"*. Además, en Hebreos 13:5 leemos que Dios ha prometido que Él nunca nos dejará, ni nos desamparará.

A menudo, la aflicción y la soledad nos llevan al temor, que a su vez provoca todo tipo de preguntas sin respuestas, como: "¿Qué si me enfermo y no puedo trabajar?"; "¿Quién va a proveer para mí?"; "¿Y si estoy solo el resto de mi vida?"; "¿Y si este dolor que siento no desaparece?"; "¿Y si se presentan problemas que no puedo manejar solo?".

"¿Y si…?, ¿y si…?, ¿y si…?". Las preguntas continúan, y siguen sin fin.

Usted no puede contestar todos los "¿y si?" de la vida. Pero sabemos que Jesús está con nosotros y que Él tiene todas las respuestas que necesitamos.

Considere los pasajes bíblicos y deje que le traigan consuelo:

*"Padre de huérfanos y defensor de viudas, es Dios en su santa la morada. Dios hace habitar en familia a los desamparados; saca a los cautivos a prosperidad; mas los rebeldes habitan en tierra seca".*

—Salmo 68:5–6

*"Aunque mi padre y mi madre me dejaran, con todo, Jehová me recogerá".*

—Salmo 27:10

*"No temas, que no serás confundida; y no te avergüences, que no serás afrentada, sino que te olvidarás de la vergüenza de tu juventud, y de la afrenta de tu viudez no tendrás más memoria. Porque tu marido es tu Hacedor; Jehová de los ejércitos es su nombre; y tu Redentor, el Santo de Israel; Dios de toda la tierra será llamado".*

—Isaías 54:4–5

*"Despreciado y desechado entre los hombres, varón de dolores, experimentado en quebranto: y como que escondimos de él el rostro, fue menospreciado, y no lo estimamos. Ciertamente llevó él nuestras enfermedades, y sufrió nuestros dolores; y nosotros le tuvimos por azotado, por herido de Dios y abatido. Mas él herido fue por nuestras rebeliones, molido por nuestros pecados: el castigo de nuestra paz sobre él; y por su llagas fuimos nosotros curados".*

—Isaías 53:3–5

La enfermedad también trae aflicción y soledad. Cuando estamos adoloridos y el dolor está inundando nuestro cuerpo, queremos que alguien entienda cuán mal nos sentimos. Aunque nuestros amigos y familiares tratarán de hacer lo mejor para nosotros, todavía nos podemos encontrar solos en nuestro sufrimiento.

Las enfermedades prolongadas aún son peores, porque después de un tiempo nos encontramos que otros no quieren constantemente escuchar cuán enfermos nos sentimos. No tan solo no los edifica a ellos, pero no ayuda a nuestro progreso mantener hablando de cuán miserables estamos.

Cuando estamos enfermos, enfrentamos las mismas preguntas que cuando tenemos una pérdida o tragedia: "Y si nunca me mejoro,

¿quién me cuidará?"; "¿Y si más nunca puedo hacer las cosas que solía hacer?"; "Y si no puedo regresar al trabajo, ¿quién proveerá para mí y mi familia?"; "¿Y si tengo que vivir con este dolor el resto de mi vida?".

Con la enfermedad tenemos que aplicar los mismos principios que hemos hablado sobre la aflicción y la soledad. Tiene que saber que Dios es su sanador y creer que su poder está trabajando en su cuerpo para sanarle y restaurarle.

Recuerde que: *"Sorbida es la muerte en victoria"* (1 Corintios 15:54), y que Dios ha dicho: *"Yo soy Jehová tu sanador"* (Éxodo 15:26).

Dedique un buen tiempo de comunión con el Señor y permita que su resurrección, que está en usted como creyente, le ministre a sus necesidades físicas. Mientras hace esto, medite en estos pasajes bíblicos:

> *"¿No has sabido, no has oído que el Dios eterno es Jehová, el cual creó los confines de la tierra? No desfallece, ni se fatiga con cansancio, y su entendimiento no hay quien lo alcance. Él da esfuerzo al cansado, y multiplica las fuerzas al que no tiene ningunas. Los muchachos se fatigan y se cansan, los jóvenes flaquean y caen; pero los que esperan a Jehová tendrán nuevas fuerzas; levantarán alas como las águilas; correrán, y no se cansarán, caminarán y no se fatigarán".*
> —Isaías 40:28–31

> *"Bendice, alma mía a Jehová; y bendiga todo mi ser su santo nombre. Bendice, alma mía, a Jehová, y no olvides ninguno de sus beneficios. Él es quien perdona todas tus iniquidades, el que sana todas tus dolencias; el que rescata del hoyo tu vida, el que te corona de favores y misericordias; el que sacia de bien tu boca de modo que te rejuvenezcas como el águila".*
> —Salmo 103:1–5

Nuevamente sepa que no está solo. El Señor está con usted. Él entiende lo que está atravesando y ha prometido estar con usted en cada prueba de su vida. Cuando se "sienta" solo y desamparado, abra su boca en fe y diga enfáticamente: "¡Yo *no* estoy solo, porque Dios está conmigo!".

Mientras esté esperando que la sanidad se manifieste, confiese esto en voz alta: "El poder sanador de Dios está obrando en mí ahora mismo".

También, lea y confiese estos versículos bíblicos que le aseguran la presencia del Señor y su poder:

> *"He aquí, la hora viene, y ha venido ya, que seréis esparcidos cada uno por su lado, y me dejaréis solo: mas no estoy solo, porque el Padre está conmigo. Estas cosas os he hablado, para que en mí tengáis paz. En el mundo tendréis aflicción: mas confiad, yo he vencido al mundo".*
>
> —JUAN 16:32–33

## 2. "Persiga agresivamente" una nueva vida.

No todo en la vida ha terminado; únicamente una parte. Una temporada ha pasado; otra ahora puede comenzar si está listo a tomar acción.

No se siente con pasividad a esperar que algo suceda o que alguien le salga al paso. Ore y dé un paso de fe.

Anteriormente le conté de mi tía y cuán difícil fue para ella comenzar una nueva vida después de la muerte de mi tío. Sin embargo, a pesar de lo difícil que fue esa transición ella lo pudo lograr. Ahora ella viaja con mi esposo y conmigo, y nos ayuda en nuestro ministerio. En nuestras reuniones, ella vende los materiales de nuestros seminarios. En casa, ella nos cocina, y cuando puede cuida nuestros nietos.

Todo esto es de gran beneficio para nosotros y para el reino de Dios. Ella ha "buscado agresivamente" un nuevo estilo de vida, y en el proceso se ha convertido en una bendición para muchos.

Si está solo, no espere a encontrar otras personas. *¡Salga y haga nuevos amigos!* Encuentre a otras personas que también estén solas, tal vez más solas que usted, y conviértase en un amigo para esa persona. Cosechará lo que siembre. Dios le devolverá esa amistad, multiplicada muchas veces.

Nuestra hija Sandra atravesó momentos de soledad durante sus años de joven adulta. Parece ser que muchos de sus amigos se habían ido a la universidad o se habían casado, así que estaba pasando muchos días sola en casa.

En vez de sentir autocompasión, ella comenzó a buscar agresivamente su futuro y visitaba lugares por su propia cuenta. Asistía sola a funciones de la iglesia o visitaba un grupo de solteros de otras iglesias. No era fácil para ella, pero tenía que hacer algo en lugar de estar sentada y esperar a tener compañerismo.

Usted puede decir: "Bueno, Joyce, yo no estoy deseando, estoy creyendo". Pero le recuerdo que la Biblia enseña que la fe nos mueve a tomar acción inspirada por Dios (Santiago 2:17). No estoy sugiriéndole que practique las obras de la carne o sencillamente un celo carnal, pero me refiero a que tenga la audacia de salir como el Señor le dirija.

Sandra está ahora casada con Steve, un hombre a quien ella conoció en una función a la cual asistió sola. Sus acciones le dieron dirección y meta a su fe.

De la misma manera, ponga "manos y pies" a sus oraciones. ¡Deje que de su soledad nazca compasión dentro de sí por otras personas en soledad, y *decida hacer algo sobre esto!*

## Conclusión

Prosiga agresivamente adelante a la próxima etapa de su vida. Las cosas tal vez no serán como eran antes, pero no pierda el resto de su vida viviendo en el pasado.

Ha llegado el momento de dejar de pensar en el pasado. Usted tiene un futuro. El Espíritu Santo está a su lado para ayudarle, consolarle y asistirle de manera que pueda seguir el plan maravilloso que Dios tiene para su vida.

Recuerde: ¡Dios todavía no ha terminado con usted!

### Los finales siempre ofrecen nuevos comienzos

En Juan 10:10, Jesús dijo: *"El ladrón no viene sino para hurtar, y matar, y destruir: yo he venido para que tengan vida, y para que la tengan en abundancia"*.

No importa cuán buena o mala era su vida antes de la pérdida, usted no puede disfrutar la vida en el presente ni en el futuro mientras se mantenga viviendo en el pasado.

Lo que sea que haya perdido, determine que no va a perder lo que reste de su futuro.

Recuerde: Dios es bueno.

Él le ama mucho.

Él tiene un buen plan para su vida.

Lea y medite en los pasajes bíblicos en la próxima sección, permitiéndole al Señor que le hable en su situación presente.

# SEGUNDA PARTE

## ESCRITURAS PARA VENCER LA SOLEDAD

### Dios siempre está con usted

*Sea vuestro carácter sin avaricia, contentos con lo que tenéis, porque El mismo ha dicho: Nunca te dejaré ni te desamparare...*
—HEBREOS 13:5 (LBLA)

*No te desampararé, ni te dejaré...*
—HEBREOS 13:5

*Por cuanto en mí ha puesto su amor, yo también lo libraré: le pondré en alto, por cuanto ha conocido mi nombre. Me invocará, y yo le responderé; con él estaré yo en la angustia; lo libraré y le glorificaré. Lo saciaré de larga vida, y le mostraré mi salvación.*
—SALMO 91:14–16

### Usted no puede ser separado del amor de Dios

*¿Quién nos apartará del amor de Cristo? [...] Por lo cual estoy cierto que ni la muerte, ni la vida, ni ángeles, ni principados, ni potestades, ni lo presente, ni lo por venir, ni lo alto, ni lo bajo, ni ninguna criatura nos podrá apartar del amor de Dios, que es en Cristo Jesús Señor nuestro.*
—ROMANOS 8:35, 38–39

### El Señor cuidará de usted

*Jehová es mi pastor; nada me faltará.*
—SALMO 23:1

*Padre de huérfanos y defensor de viudas es Dios en su santa morada. Dios hace habitar en familia a los desamparados; saca a los aprisionados con grillos; mas los rebeldes habitan en tierra seca.*

—SALMO 68:5–6

*Aunque mi padre y mi madre me dejaran, Jehová con todo me recogerá.*

—SALMO 27:10

*No temas, pues no serás confundida; y no te avergüences, porque no serás afrentada, sino que te olvidarás de la vergüenza de tu juventud, y de la afrenta de tu viudez no tendrás más memoria. Porque tu marido es tu Hacedor; Jehová de los ejércitos es su nombre: y tu Redentor, el Santo de Israel; Dios de toda la tierra será llamado.*

—ISAÍAS 54:4–5

## Dios hará cosa nueva

*No os acordéis de las cosas pasadas, ni traigáis a memoria las cosas antiguas. He aquí que yo hago cosa nueva: pronto saldrá a luz; ¿no la conoceréis? Otra vez abriré camino en el desierto, y ríos en la soledad.*

—ISAÍAS 43:18–19

*He aquí se cumplieron las cosas primeras, y yo anuncio nuevas cosas; antes que salgan a luz, yo os las haré notorias.*

—ISAÍAS 42:9

## Siga adelante

*Hermanos, yo mismo no pretendo haberlo ya alcanzado; pero una cosa hago: olvidando ciertamente lo que queda atrás, y extendiéndome a lo que está delante, prosigo a la meta, al premio del supremo llamamiento de Dios en Cristo Jesús.*

—FILIPENSES 3:13–14

No se rinda, ni se dé por vencido. Al contrario, siga adelante, agresivamente.

**¡Dios no ha terminado con usted!**

*Porque yo sé los pensamientos que tengo acerca de vosotros, dice Jehová, pensamientos de paz, y no de mal, para daros el fin que esperáis.*

—Jeremías 29:11

## Oración para
## vencer la soledad

Ahora quiero orar por usted y darle una palabra final de aliento:

*Padre, vengo a ti en el nombre de Jesús, presentándote todo lo que Él es y pidiendo tu misericordia y tu gracia.*

*Esta persona preciosa por la cual estoy orando está herida. Te pido el consuelo del Espíritu Santo que fluya hacia este individuo comenzando ahora. Tu Palabra dice que tú eres el sanador del corazón quebrantado. Tú has prometido vendar sus heridas y sanar nuestros dolores.*

*Te miramos a ti, porque verdaderamente tú eres nuestra ayuda en tiempos de necesidad. Tú has prometido establecer al solitario, solo, en familias. Yo te pido, Señor, que obres de acuerdo a tú Palabra y le des a este hijo o hija amigos y familia que le cuidarán.*

*Espíritu Santo, ayuda a esta persona mientras esta persona toma pasos de fe para reconstruir una nueva vida. Te pido que prosperes a esta persona mental, física, espiritual, financiera y socialmente. Amén.*

Hijo e hija de Dios, creo que la unción del Espíritu Santo está fluyendo en usted ahora mismo. Le recomiendo que permanezca en su presencia por un tiempo, permitiéndole que le ministre. Deje que Él tome la Palabra que he compartido con usted y mientras espera, confíe que Él obrará en usted.

Creo que un viento fresco del Espíritu Santo está soplando sobre usted para prepararle para una nueva etapa en su vida. Pido que el amor de Dios, la gracia del Señor Jesucristo y la comunión del Espíritu Santo sea con usted.

# ¡HABLEMOS CLARO SOBRE EL TEMOR!

# INTRODUCCIÓN

UNO DE LOS muchos beneficios que recibimos los creyentes en Jesucristo como herencia espiritual es la libertad que tenemos sobre el temor. Aunque tengamos miedo, sabemos que podemos proceder, porque Dios estará con nosotros para protegernos. Él nos ayudará e irá delante de nosotros para pelear la batalla y librarnos, dándonos la victoria mientras le obedecemos.

Si siente que no ha disfrutado de algunas cosas en su vida a causa del temor, usted puede aprender a controlar y vencer el temor, y comenzar a experimentar la vida abundante que Dios le tiene preparada.

# PRIMERA PARTE
## LIBRE DEL TEMOR

# 1

## CONFRONTAR EL TEMOR

*"Esforzaos y cobrad ánimo; no temáis, ni tengáis
miedo de ellos, porque Jehová tu Dios es el que va
contigo; no te dejará, ni te desamparará".*
• Deuteronomio 31:6 •

El mensaje que dice: "No temas, porque yo, tu Dios, estoy contigo", se expresa de muchas maneras a través de la Biblia. Dios no quiere que temamos, porque el temor nos impide recibir y hacer todas las cosas que Él ha planificado para nosotros. Él nos ama, Él quiere bendecirnos, y Él ha provisto maneras para que no sintamos temor.

Podemos ver en el siguiente pasaje bíblico que nosotros, los que creemos en Jesucristo, no debemos de temerle a las cosas que los incrédulos, los que no creen, le temen. Dios no quiere que le temamos a estas cosas.

> *Porque Jehová me dijo de esta manera con mano fuerte, y me enseñó que no caminase por el camino de este pueblo, diciendo: no llaméis conspiración a todas las cosas que este pueblo llama conspiración; ni temáis lo que ellos temen, ni tengáis miedo. A Jehová de los ejércitos, a Él santificad; sea Él vuestro temor, y Él sea vuestro miedo.*
> —Isaías 8:11–13

En su Palabra, Dios nos dice que podemos vivir victoriosos, fuertes en Él y en el poder de su fuerza. Él nos ha prometido que nunca nos dejará ni nos desamparará, sin importar lo que suceda.

# ¡No tenga miedo!

Todos hemos experimentado el dar un paso de fe, y solamente de pensar en eso, sentimos que el temor empieza a surgir. Tenemos que entender que la fuente del temor es Satanás. Primera de Juan 4:18 dice: *"En el amor no hay temor, sino que el perfecto amor echa fuera el temor; porque el temor lleva en sí castigo. De donde el que teme, no ha sido perfeccionado en el amor"*.

Satanás envía el temor para tratar de atormentarnos, hacernos dudar y sentir miserables, hasta el punto de frenar la obra que el Señor quiere que hagamos, y dejar de recibir todas las cosas que Dios tiene para nosotros.

Podemos vivir sin temor cuando desarrollamos nuestra fe en lo que Dios ya ha dicho en su Palabra. Por ejemplo:

> *"Porque no nos ha dado Dios espíritu de cobardía, sino de poder, de amor y de dominio propio"*.
>
> —2 Timoteo 1:7

> *"Esforzaos y cobrad ánimo; no temáis, ni tengáis miedo de ellos, porque Jehová tu Dios es el que va contigo; no te dejará, ni te desamparará"*.
>
> —Deuteronomio 31:6

> *"Así que la fe es por el oír, y el oír, por la palabra de Dios"*.
>
> —Romanos 10:17

Necesitamos aprender y confesar en voz alta versículos como los que mencionamos previamente y los que están al final. Debemos beber la Palabra como se bebe un vaso de agua cuando tenemos sed. Cuando abrimos nuestra boca y confesamos lo que el Señor dice acerca de nosotros, la Palabra de Dios nos dará poder para vencer el temor que nos atormenta y nos paraliza.

> *"Y esta es la confianza que tenemos en Él, que si pedimos alguna cosa conforme a su voluntad, Él nos oye. Y si sabemos que Él nos oye en cualquiera cosa que pidamos, sabemos que tenemos las peticiones que le hayamos hecho"*.
>
> —1 Juan 5:14–15

Hay poder en la oración y la confesión de la Palabra de Dios, la cual es su voluntad revelada. Estoy convencida que una de las cosas que debemos hacer mientras oramos es confesar la Palabra de Dios.

Cuando el miedo o la duda nos hacen evitar la confrontación de algún asunto en nuestra vida, lo que debemos hacer es orar y pedirle a Dios que haga por nosotros lo que Él ha prometido en su Palabra: ir delante de nosotros y preparar el camino. Santiago nos enseña que no tenemos porque no pedimos (Santiago 4:2). Jesús nos dice que pidamos y llamemos (Mateo 7:7).

Por ejemplo, cuando nos enfrentemos a una entrevista de trabajo, en vez de atemorizarnos de que vamos a dar una mala impresión, le debemos pedir al Señor que esté con nosotros y que prepare el camino para que nos podamos presentar de la mejor manera posible. Entonces podemos confiar que, no importa lo que pase, va a ser para nuestro bien, de acuerdo con la perfecta voluntad de Dios para nuestra vida.

## ¡HÁGALO CON MIEDO!

*"Pero Jehová había dicho a Abram: Vete de tu tierra y de tu parentela, y de la casa de tu padre, a la tierra que te mostraré".*
—GÉNESIS 12:1

¿Cómo se sentiría si Dios le hubiera dicho que dejara su casa, su parentela y todo lo que es familiar y cómodo para usted, y saliera hacia un lugar incierto? ¿Tendría temor?

Eso es precisamente el reto que Abram confrontó en este pasaje bíblico y le dio temor. Por eso, el Señor le decía constantemente: "No temas".

Ese es el mismo mensaje que Él le dio a Josué cuando lo llamó para que dirigiera al pueblo de Israel a ocupar la tierra prometida la cual le iba a dar como herencia (Josué 1:6–7, 9).

Aquel que va a hacer algo para Dios va a oír al Señor decir repetidamente: "No temas".

Elisabeth Elliot, cuyo esposo fue asesinado junto con otros cuatro misioneros en Ecuador, cuenta que su vida estaba controlada por el temor. Cada vez que empezaba a dar un paso de fe, el temor la detenía. Una amiga le dijo algo que la liberó del temor. Ella le dijo: "¿Por qué no lo haces con miedo?". Elisabeth Elliot y Rachel Saint, hermana de uno de los misioneros asesinados, fueron a evangelizar a las tribus indígenas, incluyendo al pueblo que asesinó al esposo y hermano de ellas respectivamente.

En muchas ocasiones pensamos que debemos esperar para hacer algo hasta que no tengamos temor. Si hacemos eso, posiblemente sean pocas las cosas que lograremos para Dios, para los demás o para nosotros mismos. Tanto Abram como Josué tuvieron que dar un paso de fe, con miedo, y obedecer a Dios haciendo lo que Él les había ordenado.

El Señor me recordó la historia de "¿Por qué no lo hacemos con miedo?", y comenzó a enseñarme algunas cosas acerca del temor.

## "¡NO TEMAS!" SIGNIFICA "¡NO CORRAS!"

*"…No temáis; estad firmes, y ved la salvación que Jehová hará hoy con vosotros…"*
—ÉXODO 14:13

Lo que percibí que Dios me estaba diciendo es que la frase *"No temas"* simplemente significa *"No corras"*. La solución al temor es igualmente sencilla. Cuando enfrentamos el temor, en vez de postrar nuestras rodillas ante él, deberíamos enfrentarnos firmemente en su contra y hacer aquello que tememos.

Eso es precisamente lo que Dios dice en su Palabra que hagamos. Aun cuando nuestras rodillas estén temblando, nuestra boca se seque y sintamos que vamos a desmayarnos, tenemos que seguir diciendo: "Señor fortaléceme. Esto es lo que me dijiste que hiciera, y con tu ayuda lo voy a hacer porque es tu voluntad para mí. Quiero que mi vida sea dirigida tu Palabra y no por el temor".

### Enfrente el temor con la Palabra de Dios

El temor no es algo que podemos hacer desaparecer como un acto de magia. El temor debe ser enfrentado y tratado con y de acuerdo a la Palabra de Dios.

Hay ocasiones en que la gente es liberada maravillosamente del temor a través de la oración. No hay duda sobre eso, porque servimos a un Dios de milagros. He orado por personas que desean ser liberadas del temor, y luego regresan para decirme: "Después que usted oró por mí, no he tenido más problemas con el miedo". Pero la mayoría del tiempo, el temor se enfrenta y conquista cuando meditamos y confesamos la Palabra de Dios, y resistimos el temor con el poder del Espíritu.

En mi caso, tenía grandes problemas como resultado del abuso que sufrí de niña. Había muchas cosas en mi vida de las cuales necesitaba liberación. Pero, a excepción de algo insignificante, Dios me liberó de los problemas a través de la aplicación de la Palabra. He aprendido que Dios no siempre nos libera de cosas; a menudo, nos atraviesa por ellas.

## EL MIEDO ES UNA FALSEDAD

*"…el diablo […] El ha sido homicida desde el principio, y no ha permanecido en la verdad, porque no hay verdad en él. Cuando habla mentira, de suyo habla; porque es mentiroso, y padre de mentira".*
—JUAN 8:44

La Biblia no nos dice que "no temblemos" o que "no sudemos" o que "no nos agitemos". La Biblia nos dice que "no temamos".

Hay una diferencia entre esas cosas.

En este contexto, *temer* se refiere a huir o correr de algo. La amiga de Elisabeth Elliot le sugirió que hiciera aquello que temía, en lugar de correr del mismo. En inglés, la palabra temor es *fear* y se dice que las letras de la palabra F-E-A-R son siglas para "Falsa Evidencia que Aparenta ser Real".

Jesús dijo que el diablo es un mentiroso y padre de toda mentira. La verdad no está en él. El diablo usa la falsedad para engañar con temor al pueblo de Dios para que no seamos lo suficientemente audaces para ser obedientes a Dios y cosechar las bendiciones que Él tiene para nosotros.

La mayoría de las veces, el temor a algo es peor que eso que tememos. Usualmente, si mostramos suficiente coraje y determinación para hacer aquello que tememos, vamos a descubrir que no es tan malo como pensamos.

A través de la Palabra encontramos a Dios diciéndole a su pueblo una y otra vez: "No teman". Creo que la razón que Dios los animaba frecuentemente era para que no permitieran que Satanás les robara la bendición.

De la misma forma, Él entiende que somos temerosos, y por eso el Señor continúa exhortándonos y animándonos a que sigamos hacia adelante y que hagamos lo que Él nos exhortó a hacer. ¿Por qué? Porque Él conoce las grandes bendiciones que nos esperan en el otro lado.

Podemos ver un ejemplo de esto en la vida de Abram.

## El coraje y la obediencia producen grandes recompensas

*"Después de estas cosas vino la palabra de Jehová a Abram en visión, diciendo: No temas, Abram; yo soy tu escudo, y tu galardón será sobremanera grande".*
—Génesis 15:1

Como observamos anteriormente, en Génesis 12:1, Dios le dio a Abram una orden. Le dijo algo parecido a esto: "Prepara tu equipaje, dile adiós a todas las personas que conoces y a todo lo que te hace sentir cómodo, y ve al lugar que te mostraré".

Si Abram hubiera doblado sus rodillas al temor, el resto de la historia nunca se hubiera convertido en pasado. Él nunca hubiera experimentado a Dios como su escudo y gran galardón. Abram nunca hubiera recibido su gran recompensa.

De la misma manera, si Josué no hubiera vencido su temor y sido obediente a la orden de Dios de dirigir al pueblo a la tierra prometida, ni él ni ellos hubieran disfrutado todo lo que Dios había preparado para ellos.

Hay poder en la Palabra de Dios que nos equipa para no rendirnos ante los deseos del diablo. Nosotros podemos hacer lo que Dios quiere que hagamos, aun cuando lo tengamos que hacer con temor.

# 2

# ¡ORE POR TODO Y NO LE TEMA A NADA!

*"La oración eficaz del justo puede mucho".*
• SANTIAGO 5:16 •

HACE UN TIEMPO atrás, el Señor me dijo estas palabras: "Ora por todo y no le temas a nada". Se va a reír, pero Él me dijo esto en una ocasión que fui a la peluquería con una estilista nueva, y yo estaba preocupada del trabajo que haría en mi pelo.

El Espíritu Santo me habló: "No temas, ora. Ora para que el Señor unja a esta mujer para que sea capaz de hacer lo que necesitas".

Luego, durante las dos semanas siguientes, Él continuó enseñándome diferentes cosas acerca de la oración y el temor. Muchas de esas cosas tenían que ver con pequeñas áreas de mi vida por donde el temor trataba de aferrarse y causarme problemas. El Espíritu Santo me mostró que en cada caso, no importa cuán grande o cuán importante o cuán pequeño o insignificante, la solución era orar.

> *"No temas, porque yo estoy contigo; no desmayes, porque yo soy tu Dios que te esfuerzo; siempre te ayudaré, siempre te sustentaré con la diestra de mi justicia. Porque yo Jehová soy tu Dios, quien te sostiene de tu mano derecha, y te dice: No temas, yo te ayudo".*
> —ISAÍAS 41:10, 13

En este pasaje, el Señor le dice a su pueblo que no tema, ni desmaye, porque Él es su Dios.

Algunas veces nos atemorizamos solamente al observar nuestras circunstancias. Eso siempre es un error. Mientras más enfoquemos nuestros ojos y bocas en el problema, más temor vendrá sobre nosotros. Por lo tanto, debemos mantener nuestros ojos y bocas enfocados en Dios. Él es capaz de manejar todo a lo que nos podemos enfrentar en esta vida.

Dios ha prometido fortalecernos, hacernos resistentes contra las dificultades, sostenernos y mantenernos firmes con su diestra de victoria. También Él nos ordena a no tener miedo. Pero recuerden, Él no nos pide que nunca sintamos temor, pero sí nos pide que nunca le demos al temor el control de nuestras vidas.

El Señor nos está diciendo, a usted y a mí: "No temas, yo te ayudaré". Pero nunca experimentamos la ayuda de Dios hasta que lo arriesgamos todo, hasta que somos lo suficientemente obedientes para caminar en fe.

¿Sabe cuándo experimento la unción de Dios para predicar? Cuando he caminado a la plataforma y empezado a hablar, no antes; pero sí *cuando* doy el primer paso de fe sobre la plataforma.

Dios nos dice hoy: "No dejes que el temor controle tu vida. Comienza a hacer lo que te digo que hagas, porque lo que te digo es para tu beneficio. Yo conozco las bendiciones que están en el otro lado, y también el diablo las conoce. Es por eso que él viene contra ti con temor, y por eso te lo digo: ¡No temas!".

## "¡NO TEMAS, MÍO ERES TÚ!"

*"Ahora, así dice Jehová, creador tuyo, oh Jacob, y formador tuyo, Oh Israel: No temas, porque yo te redimí; te puse nombre, mío eres tú. Cuando pases por las aguas, yo estaré contigo; y si por los ríos, no te anegarán. Cuando pases por el fuego, no te quemarás, ni la llama arderá en ti".*
—ISAÍAS 43:1–2

Aquí el Señor nos dice que no temamos cuando pasemos por diferentes tipos de pruebas. Eso quiere decir que experimentaremos victoria en nuestras vidas, pero solo mientras atravesamos las pruebas. Si es así, entonces nunca debemos huir de ellas.

El Señor ha prometido estar con nosotros y mantenernos seguros cuando pasemos por las aguas, las cuales no nos abnegarán, ni por el fuego, el cual no nos quemará. ¿Recuerda la historia de los tres jóvenes hebreos llamados Sadrac, Mesac y Abed-nego? Ellos fueron lanzados en un horno ardiente, pero salieron sin quemaduras, ni tan siquiera con olor a humo (ver Daniel 3:1–30).

Hay temores grandes, como ser lanzados a una prueba similar al horno ardiente, y hay también temores pequeños, ¡como temer que nuestro cabello no luzca bien!

Nosotros podemos temer a algo grande como el cáncer, un ataque al corazón o la muerte de un ser querido, o podemos temer algo pequeño como que llueva el día de nuestra boda o que no encontremos estacionamiento.

Pero no importa cuál sea su magnitud o su razón, el temor es el mismo y debemos lidiar con él de la misma manera. Como podemos ver, el temor tiene que ser confrontado a través de la Palabra de Dios. Y cuando oramos, debemos creer. El temor es un enemigo y debemos tratarlo como tal.

## Fe: El antídoto para el temor

*"Y si alguno de vosotros tiene falta de sabiduría, pídala a Dios, el cual da a todos abundantemente y sin reproche, y le será dada. Pero pida con fe, no dudando nada; porque el que duda es semejante a la onda del mar, que es arrastrada por el viento y echada de una parte a otra. No piense, pues, quien tal haga, que recibirá cosa alguna del Señor".*
—Santiago 1:5–7

*La fe es el único antídoto para el temor.*

Si usted o yo bebemos algún tipo de veneno, tendremos que tomar el antídoto o el veneno causará daños severos o peor aún, la muerte. Lo mismo es cierto acerca de la toxina letal del temor. Tiene que haber un antídoto para el temor, y el único antídoto es la fe.

Cuando el temor toca a la puerta, debemos responderle con fe, porque nada es más efectivo en contra del temor. Y la oración es el vehículo más grande que lleva la fe.

La fe debe ser llevada al problema y liberada de cierta manera. Es posible orar sin fe (lo hacemos todo el tiempo), pero es imposible tener una fe real y no orar.

Santiago nos dice que cuando nos encontramos en necesidad de algo, debemos orar con *sencillez* y *creyendo* en la oración. Esas dos palabras son muy importantes. La forma de hacer eso es sencillamente orando y teniendo fe, creyendo que recibiremos lo que le hemos pedido a Dios, de acuerdo a su voluntad y plan divino.

Así que la clave para vencer el temor es orar con sencillez, con fe y *continuamente*.

## ¡ORANDO EN TODO TIEMPO!

*"Orando en todo tiempo con toda oración y súplica en el Espíritu, y velando en ello con toda perseverancia y súplica por todos los santos".*

—EFESIOS 6:18

En Efesios 6:10–17, el apóstol Pablo habla de la armadura de Dios y cómo debemos usarla, y sobre el arma de la Palabra que se usa para hacer guerra espiritual. Luego de que cada parte de la armadura ha sido listada, en el verso 18, Pablo resume su mensaje al decir: "Orando en todo tiempo".

¿Cuán frecuente debemos orar?

Todo el tiempo.

¿Cómo debemos orar?

En el espíritu, con todo tipo de oración.

En el próximo capítulo examinaremos los diferentes tipos de oración, pero ahora mismo consideremos lo que significa orar "en todo tiempo".

¿Qué quiere decir eso? ¿Significa que cuando estemos de compras y Dios nos pida que oremos, debemos ponernos de rodillas en medio de los pasillos del supermercado?

Yo me arrodillo frecuentemente al lado de mi cama para orar. Hay otros momentos cuando siento que Dios me dirige a caer postrada al suelo, y con mi cara en el piso, me pongo a orar y a disfrutar de su presencia. Tenemos que tener cuidado de no confundir la postura con la oración. También podemos orar silenciosamente en el supermercado, según vamos caminando por los pasillos.

En diferentes estaciones de la vida, podemos orar de diferentes maneras. Por ejemplo, una madre con tres o cuatro niños pequeños tendrá que organizar su vida de oración de forma diferente a una abuela cuya familia es ya toda adulta y está fuera de la casa.

Si nos convertimos en "religiosos" acerca de la oración, pensando que debemos orar de una forma u otra porque de esa forma es la correcta, traeremos condenación a nosotros mismos. Lo importante acerca de la oración no es la postura o el tiempo o el lugar. Lo importante es orar con fe, todo el tiempo, sin cesar. En cualquier momento que el deseo o la necesidad de orar surjan…¡ore!

## ORAD SIN CESAR

*"Orad sin cesar".*

—1 TESALONICENSES 5:17

Solía leer esas palabras y pensar: *¿Señor, cómo puedo llegar ese nivel espiritual de poder orar sin cesar?* Para mí, la frase "sin cesar" significaba sin parar, jamás rendirse.

Yo no podía ver cómo esto era posible.

Ahora tengo un mejor entendimiento acerca de lo que Pablo decía. Él quería decir que la oración debe ser como la respiración, algo que hacemos continuamente, pero de forma inconsciente, sin estar alerta de lo que hacemos.

Usted y yo vivimos porque respiramos. Nuestros cuerpos físicos lo requieren. De la misma manera, nuestros cuerpos espirituales están diseñados para ser nutridos y sostenidos por la oración.

El problema es que se nos ha enseñado un principio religioso el cual nos ha dado la idea errónea de que, si no tenemos una hora establecida para la oración, no estamos llegando a la meta. Nos hemos vuelto demasiado orientados al reloj con respecto a la oración.

El Señor me dio este ejemplo para ilustrar cómo debemos orar. Así como respiramos todo el día, pero nunca pasamos tiempo contando las respiraciones, así debemos orar todo el día, sin llevar cuenta de lo que oramos.

Nunca llevo un reloj conmigo que me acuerde respirar cada cierta cantidad de segundos. Nunca he regresado del trabajo en la noche y escrito en un diario cuántas veces respiré durante ese día. Solo respiro cuando lo necesito, continua y constantemente, sin pensar en ello.

Esa es la forma que debemos ser con respecto a la oración.

No sé cuántas veces oro al día, porque oro todo el día. Comienzo a orar cuando me levanto en la mañana y sigo orando hasta que me acuesto en la noche. Además de orar todo el día, también disfruto de momentos separados especialmente para orar.

¿Quiere decir esto que no tengo tiempo para hacer nada más? No, hay periodos en que tengo que hacer otras cosas. Pero al considerar los diferentes tipos de oración, podrá ver que sí podemos orar en todo tiempo, en cada ocasión, en todo lugar, y que Dios escuchará esas oraciones, las cuales son tan espirituales y poderosas como cualquier otra.

¿Sabe por qué Satanás quiere hacernos sentir mal acerca de nuestra vida de oración? Porque él sabe que cuando sentimos que no sabemos orar, terminamos orando por obligación y sin fe alguna, por lo tanto no nos servirá para mucho.

## Principios de oración

*"Pedro y Juan subían juntos al templo a la hora novena, la de la oración".*

—Hechos 3:1

Mucha gente se siente levemente culpable cuando piensan en su vida de oración. No necesitamos sentirnos de esa forma, porque cada persona debe tener su propio estilo de vida y no tiene que ser como la de otra persona.

Sí, hay principios de oración que necesitamos seguir. Por ejemplo, es bueno tener una hora y un lugar específico para orar.

Aun en el Nuevo Testamento, como observamos arriba en el libro de los Hechos, los primeros discípulos ponían al lado ciertas horas del día para orar e iban a cierto lugar para hacerlo. Eso es una buena disciplina, y no hay nada malo con ello. Pero eso debe ser el punto inicial de la oración y no el final.

La clave es que debemos tener la disciplina para establecer un programa de oración adecuado para nuestra vida, y debemos seguir ese programa fielmente hasta que se convierta en parte de nuestro estilo de vida y lo hagamos sin pensar.

Hubo un momento en mi vida donde tuve que ejercer la disciplina de lavarme los dientes. Pero después de mucho tiempo ya ni lo pienso, solamente lo hago. Me lavo los dientes antes de acostarme en la noche, cuando me levanto en la mañana y después de cada comida. Lavarme los dientes es parte de mi vida cotidiana.

El mismo principio aplica cuando empezamos a caminar con el Señor. Al principio, tenemos que ejercer disciplina en las áreas donde somos indisciplinados. Pero después de un tiempo, estas acciones se deben convertir en parte de nuestra vida cotidiana.

Creo que si dejamos al Señor obrar, el Espíritu Santo nos guiará a orar sin cesar hasta que esta sea como la respiración. Cuando esto sucede, podemos orar continuamente.

Podemos levantarnos y decir: "Buenos días, Señor, te amo". Podemos desayunar y en la mesa decir: "Padre, tú eres tan bueno conmigo". Podemos ir camino al trabajo y decir: "Gracias, Señor, por todas las cosas que tú estás haciendo hoy por mí".

A través del día y la noche, nos podemos comunicar con el Señor continuamente, alabándole y adorándole, dándole gracias por su presencia y pidiéndole su ayuda en todos nuestros problemas. Entonces, antes de acostarnos por la noche, podemos ofrecerle una oración final de gratitud por las bendiciones del día y pedirle una noche de descanso.

Satanás nos puede tratar de decir que esto no es orar, porque no estamos en la postura correcta y no estamos orando con el "lenguaje religioso". ¡Ese es el momento de romperle los dientes al diablo! La oración no tiene que ver con el cuerpo ni con la boca; sino que sale del espíritu, la mente y el corazón.

¡Y donde hay oración, hay poder!

## ¡LA ORACIÓN ES PODER!

*"La oración eficaz del justo puede mucho".*
—SANTIAGO 5:16

¡Simplemente crea que la oración es poderosa! ¡Verdaderamente, no hay nada más poderoso que una oración fervorosa y continua!

La razón por la cual el diablo nos atormenta acerca de nuestra vida de oración y trata de prevenirnos de ser fieles es que él nos quiere ver débiles. El diablo sabe que la oración continua de fe es la que destruye sus obras y trae la voluntad de Dios sobre la tierra.

En el momento en que usted y yo empezamos a sentirnos culpables por nuestra vida de oración, empezaremos a perder la habilidad de desatar nuestra fe.

Para que podamos cumplir lo que Dios nos ha llamado a hacer, necesitamos saber que Él oye nuestras oraciones y las contesta. Eso es lo que hace que sean poderosas y efectivas.

Por eso necesitamos frenar al temor y empezar a orar continuamente, en fe, ¡con todo tipo de oración!

# 3

## ESTILOS DE ORACIÓN

*"Exhorto ante todo, a que se hagan rogativas, oraciones, peticiones y acciones de gracias, por todos los hombres; por los reyes y por todos los que están en eminencia, para que vivamos quieta y reposadamente en toda piedad y honestidad. Porque esto es bueno y agradable delante de Dios nuestro Salvador".*
• 1 Timoteo 2:1–3 •

Como vemos en este pasaje, tenemos que orar todo tipo de oración por nosotros y por otros.

Repasemos algunos estilos de oración que debemos practicar mientras establecemos un estilo de vida de oración fervorosa y continua.

### LAS ORACIONES DE COMPROMISO

*"Encomienda a Jehová tu camino, y confía en Él; y Él hará".*
—Salmo 37:5

*Primero, hay una oración de compromiso en la cual comprometemos nuestra vida al Señor. Hacemos esto cuando echamos nuestras cargas de ansiedad sobre Él. Primera de Pedro 5:7 dice: "...echando toda vuestra ansiedad sobre Él, porque Él tiene cuidado de vosotros".*

Cuando enfrentamos temores y problemas que amenazan con abrumarnos y destruirnos, necesitamos orar: "Señor, no voy a llevar esta carga de ansiedad conmigo y dejar que me atormente y me impida servirte. Estoy orando ahora, Padre, para que tú me des fuerza para poder responder a mi llamado, aunque tenga miedo. Te doy esta situación, Señor. Cualquier cosa mala, malvada y pervertida que el diablo me está diciendo que va a pasar, es tu problema, y no mío, porque voy a hacer lo que tú me has pedido, y voy a dejar que tú hagas el resto".

En el momento que el temor venga sobre su vida, si usted y yo oramos, tarde o temprano vamos a ver al temor vencido por el poder de Dios.

La ironía es que, en muchas ocasiones, no son los grandes temores los que causan los grandes problemas. Como las zorras pequeñas, que echan a perder las viñas (Cantares 2:15), muchas veces son esos pequeños temores los que nos atacan de día y de noche, nos vacían la vida y nos roban el gozo.

Por eso, a la primera señal de temor, no importa cuán leve sea, necesitamos confrontarlo y decir: "Señor, no voy a vivir en temor. Te entrego mis caminos y te pido que derrotes este temor que está tratando de atormentarme y evitar que disfrute de la vida abundante que tú anhelas para mí. Quiero cumplir tu perfecto plan para mi vida".

Si hace esta oración de todo corazón y continuamente, el Señor honrará su petición y compromiso, y hará su parte para mantenerle libre.

## LA ORACIÓN DE CONSAGRACIÓN Y DEDICACIÓN

*"Así que, hermanos, os ruego por las misericordias de Dios, que presentéis vuestros cuerpos en sacrificio vivo, santo, agradable a Dios, que es vuestro culto racional".*
—ROMANOS 12:1

Cuando le damos algo a Dios en oración, eso es una oración de consagración o dedicación. Básicamente le estamos diciendo al Señor: "Aquí está, te doy mi dinero, mi tiempo, mi mente, te doy todo lo que tengo".

El apóstol Pablo nos dice en este pasaje que debemos dedicar y consagrar todo el cuerpo y la mente para su uso, lo cual es nuestro sacrificio vivo, santo y agradable.

También oramos la oración de consagración o dedicación cuando le dedicamos nuestros hijos al Señor, prometiendo que los vamos a "criar en disciplina y amonestación del Señor" (Efesios 6:4).

Así como le dedicamos a Dios nuestras vidas, nuestro dinero, nuestras posesiones, nuestra mente, nuestro cuerpo y nuestros hijos, también debemos dedicar y consagrar nuestras bocas, lo que nos dirige al próximo estilo de oración.

## La oración de
## Alabanza y adoración

*"Así que, ofrezcamos siempre a Dios, por medio de él, sacrificio de alabanza, es decir, fruto de labios que confiesan su nombre".*
—Hebreos 13:15

Creo que todos entendemos lo que es la alabanza y la adoración.

La alabanza es verdaderamente contar la grandeza de Dios. Ella cuenta la historia de todas las cosas buenas que Él ha hecho por nosotros.

La adoración es simplemente rendirle exaltación al Señor. Es reconocer que Dios es digno de adoración.

Por eso, el autor de Hebreos nos dice que debemos alabar y adorar constantemente, todo el tiempo.

Como hemos observado, la oración de alabanza y adoración debe ser como la respiración, para dentro y para fuera, de día y de noche, de momento a momento.

Debemos darle gracias a Dios en todo momento y reconocerlo continuamente, confesando y glorificando su santo y bendito nombre en devota alabanza y oración.

## La oración de
## Acción de gracias

*"Dad gracias en todo, porque esta es la voluntad de Dios para con vosotros en Cristo Jesús".*
—1 Tesalonicenses 5:18

Inmediatamente después de decirnos en 1 Tesalonicenses 5:17 que oremos sin cesar, el apóstol Pablo nos dirige al versículo 18 para que le demos gracias a Dios por todo, no importando las circunstancias, declarando que esta es la voluntad de Dios para nuestra vida.

Así como la oración debe ser un estilo de vida para nosotros, también el dar gracias debe ser parte de nuestra vida cotidiana.

Darle gracias a Dios no debe de ser algo que hacemos solo una vez al día cuando nos sentamos en algún lugar a tratar de pensar en todas las cosas que Él ha hecho por nosotros y solamente decir: "Gracias, Señor".

Eso es un acto religioso, algo que hacemos simplemente porque pensamos que Dios lo requiere.

La verdadera acción de gracias fluye continuamente de un corazón que está lleno de gratitud y alabanza a Dios, por quien es Él y por lo que Él hace por nosotros. No es algo que se hace simplemente porque alguien lo requiere, o porque queremos ganar gracia, victoria, o recibir una bendición.

La clase de gratitud que Dios, el Padre, desea es aquella que es provocada por la presencia del Espíritu Santo dentro de nosotros. El mismo Espíritu que se mueve en nosotros para expresarle a Dios verbalmente lo que estamos sintiendo y experimentando.

## La oración en el Espíritu

*"Pero vosotros, amados, edificándoos sobre vuestra santísima fe, orando en el Espíritu Santo".*

—Judas 20

Ya hemos observado en Efesios 6:18 que no solo tenemos que orar en todo tiempo con toda oración y súplica, pero además se nos dice en Judas 20 que nuestras oraciones deben ser "en el Espíritu Santo".

Es el Espíritu Santo de Dios dentro de nosotros quien nos motiva y nos dirige a la oración. En lugar de dilatarlo, necesitamos aprender a rendirnos a las instrucciones del Espíritu tan pronto las percibamos. Eso es parte de aprender a orar en todo tiempo, con toda oración y súplica, sin importar donde estemos o lo que estemos haciendo.

Nuestro lema debe ser como el de ese antiguo himno (en inglés): "Cada vez que siento al Espíritu moviéndose en mí, yo oraré".

Si entendemos que podemos orar a cualquier hora y en cualquier lugar, no vamos a querer esperar a que llegue el momento o lugar perfecto.

## LA ORACIÓN DE ACUERDO

*"Otra vez os digo, que si dos de vosotros se pusieren de acuerdo en la tierra acerca de cualquiera cosa que pidieren, les será hecho por mi Padre que está en los cielos. Porque donde están dos o tres congregados en mi nombre, allí estoy yo en medio de ellos".*

—MATEO 18:19–20

Hay poder en el acuerdo.

La Biblia nos enseña que si el Señor está con nosotros, uno puede perseguir a mil y dos hacen huir a diez mil (Deuteronomio 32:30). Pero ese poder está disponible solamente para los que están de acuerdo entre ellos, y con Dios.

Obviamente, no podemos discutir y pelear todo el tiempo, y después orar en acuerdo por alguna necesidad y esperar que la oración sea efectiva, como dice 1 Pedro 3:7:

*"Vosotros, maridos, igualmente, vivid con ellas sabiamente dando honor a la mujer como a vaso más frágil, y como a coherederas de la gracia de la vida, para que vuestras oraciones no tengan estorbo.*

De la misma manera, no podemos murmurar y quejarnos del pastor toda la semana, y después ir donde él para que ore acerca de un problema personal serio y esperar que él ore la oración de acuerdo con nosotros.

¿Por qué no? Porque ya estamos fuera del acuerdo, entre nosotros y con Dios.

¿Sabe usted por qué Dios honra la oración de acuerdo? Porque Él sabe el reto de vivir y caminar en armonía. Él considera a la persona que pueda hacer eso.

Si usted y yo nos ponemos de acuerdo entre nosotros mismos y con Dios, entonces va a haber una fuerza adicional detrás de nuestras oraciones para que estas sean más poderosas y efectivas.

## La oración
## unánime o corporativa

*"Todos éstos perseveraban unánimes en oración y ruego".*
—Hechos 1:14

Hay una fuerza poderosa en la oración unánime y corporativa. Como podemos ver en este verso es una forma de la oración de acuerdo.

A través del libro de los Hechos, leemos que el pueblo de Dios estaba "unánime juntos" (Hechos 2:1, 46; 4:24; 5:12; 15:25).

En Filipenses 2:2, el apóstol Pablo nos dice: *"...completad mi gozo, sintiendo lo mismo, teniendo el mismo amor, unánimes, sintiendo una misma cosa".*

Si acatamos estas palabras y venimos unánimes, juntos, en armonía, vamos a experimentar la misma clase de resultados poderosos que los discípulos del primer siglo disfrutaron en el libro de los Hechos.

## La oración de intercesión

*"Exhorto ante todo, a que se hagan rogativas, oraciones, peticiones y acciones de gracias, por todos los hombres".*
—1 Timoteo 2:1

El interceder por una persona es "pararse en la brecha" y abogar su caso ante el trono de Dios.

En Romanos 8:26–27, la Biblia nos dice que el Espíritu mismo intercede por nosotros con gemidos indecibles de acuerdo con la voluntad de Dios.

En Hebreos 7:25, leemos: *"...por lo cual puede también salvar perpetuamente a los que por él se acercan a Dios, viviendo siempre para interceder por ellos".*

Finalmente, Pablo nos exhorta en Timoteo 2:1 a que intercedamos por "todos los hombres". Esto quiere decir que debemos orar por todas las personas, dondequiera que se encuentren.

La intercesión es una de las maneras más importantes para continuar el ministerio que Jesucristo comenzó en esta tierra.

# La oración en silencio

*"Mas Jehová está en su santo templo; calle delante de él toda la tierra".*

—Habacuc 2:20

A esta oración también le llamo "esperando en el Señor".

David sabía lo que era esperar en el Señor, como vemos en el Salmo 27:4, donde escribió: *"Una cosa he demandado a Jehová, ésta buscaré; que esté yo en la casa de Jehová todos los días de mi vida, para contemplar la hermosura de Jehová, y para inquirir en su templo".*

Es muy importante aprender a esperar en el Señor, porque la mayoría de las personas no entiende que esperar es una parte vital de la oración.

La oración no envuelve solo el hacer, también es una actitud de espera. La oración no es hablar con el Señor todo el tiempo, es también escucharlo.

# La oración de petición

*"Por nada estéis afanosos, sino sean conocidas vuestras peticiones delante de Dios en toda oración y ruego, con acción de gracias".*

—Filipenses 4:6

Una petición es simplemente hacer una solicitud, pidiéndole a Dios que supla nuestras necesidades.

Siempre he dicho que la oración más grande que cualquier persona puede hacer es la que llamo la oración de "ayúdame": *"¡Ayúdame, Señor, ayúdame, ayúdame! ¡Oh Dios, ayúdame!".*

He hecho esa oración muchas veces.

Hay veces que me levanto a medianoche para ir al baño, y aunque no me siento mal, me encuentro diciendo: *"¡Oh Dios, ayúdame!".*

Yo creo que el Espíritu Santo me dirige a orar de esa manera.

*"¡Ayúdame, Dios!"* es una oración poderosa. Si usted y yo no podemos hacer nada más, siempre podemos orar de esa manera.

Otra oración importante de petición es simplemente decir: *"Te necesito, Dios".*

Usted y yo comenzaremos a ver cambios grandes en nuestras vidas si dejamos de tratar de resolverlo todo.

Proverbios 3:5–7 nos dice: *"Fíate de Jehová de todo tu corazón, y no te apoyes en tu propia prudencia. Reconócelo en todos tus caminos, y Él enderezará tus veredas. No seas sabio en tu propia opinión".*

No espere para correr a Dios hasta después de tener un colapso y haber comprobado que no puede hacer las cosas por sí solo. Reconozca desde el principio que no puede hacer nada sin Dios. Aprenda a depender de Dios totalmente.

Aprenda a orar: "Señor, yo no puedo, pero tú puedes. Haz esto a través de mí. Estoy apoyándome y confiando en ti con todo mi corazón y toda mi mente. Ayúdame, Señor, porque te necesito".

Con solo esta simple oración puede atravesar las peores circunstancias de su vida.

Reconocer a Dios solo toma unos minutos, pero puede ayudarle a evitar muchos fracasos en su vida diaria, especialmente cuando entendemos que sin Dios no podemos hacer nada.

Cuando decimos: *"Señor, dependo de ti…, por favor, ayúdame",* hemos orado la oración de petición, y ella es poderosa.

Las oraciones de petición son también solicitudes por las cosas que queremos, por nuestras necesidades y por nuestros deseos. Debemos sentirnos cómodos hablando con Dios acerca de las cosas que nos inquietan.

Recuerde: Él nos ama mucho y le inquieta las cosas que nos inquietan a nosotros.

## ¡PONGA LO PRIMERO EN PRIMER LUGAR!

*"Aconteció que yendo de camino, entró en una aldea; y una mujer llamada Marta le recibió en su casa. Esta tenía una hermana que se llamaba María, la cual, sentándose a los pies de Jesús, oía su palabra. Pero Marta se preocupaba con muchos quehaceres, y acercándose, dijo: Señor, ¿no te da cuidado que mi hermana me deje servir sola? Dile, pues, que me ayude. Respondiendo Jesús, le dijo: Marta, Marta, afanada y turbada estás*

*con muchas cosas. Pero sólo una cosa es necesaria; y María ha
escogido la buena parte, la cual no le será quitada".*

—LUCAS 10:38–42

Ya debe de haber comprendido que usted tiene una vida de oración
mejor de la que se imaginaba. Ha visto que aunque es bueno tomar
un tiempo y un lugar específico para orar y tener comunión con el
Señor, especialmente al comienzo del día, hay gran poder al mantenernos en oración continuamente.

La forma en la cual desarrollamos una vida de oración poderosa
y efectiva es simplemente pasando tiempo en la presencia del Señor.
Como seguidores de Cristo, eso debe ser el centro de nuestra vida.

Si usted y yo nos sentamos en la presencia del Señor por un periodo
de tiempo antes de comenzar el día, y después nos "mantenemos" en
su presencia a través del resto del día, vamos a ver resultados maravillosos en nuestra vida cotidiana.

Si usted cree que no tiene tiempo, recuerde esta regla: "Mientras
más ocupado, más tiempo necesito pasar con el Señor". Después de
todo, mientras más tengo que hacer, más necesito de su ayuda.

Si como Marta, usted está muy ocupado para pasar tiempo con el
Señor, entonces usted está demasiado ocupado. Usted tiene que ser
más como María y aprender a dejar de hacer algunas cosas para que
pueda sentarse a los pies del Señor y aprender de Él.

¡Si usted hace esto, recibirá de Él las mismas llaves del reino!

# 4

## LAS LLAVES DEL REINO

*"Viniendo Jesús a la región de Cesárea de Filipo, preguntó a sus discípulos, diciendo: ¿Quién dicen los hombres que es el Hijo del Hombre? Ellos dijeron: Unos, Juan el Bautista; otros, Elías; y otros, Jeremías, o alguno de los profetas. Él les dijo: Y vosotros, ¿quién decís que soy yo? Respondiendo Simón Pedro, dijo: Tú eres el Cristo, el Hijo del Dios viviente".*
• Mateo 16:13–16 •

Cuando Pedro hizo esa confesión de que Jesús era el Cristo, el Hijo del Dios viviente, él estaba desatando con su boca la fe que estaba en su corazón.

Debemos de entender que la fe que está en nuestros corazones se revela a través de las palabras que salen de nuestras bocas, como leemos en Romanos 10:10: *"Porque con el corazón se cree para justicia, pero con la boca se confiesa para salvación".*

Por eso es que la oración es tan importante. Porque al expresar nuestras oraciones vocalmente establecemos las cosas que creemos internamente.

También es importante el confesar las Escrituras cuando oramos. Eventualmente lo que es establecido en el reino espiritual será manifestado en el reino físico.

Usted y yo debemos confesar continuamente la Palabra de Dios. Debemos decir cosas como:

"Padre, yo creo en ti. Creo que me amas tanto que enviaste a tu hijo Jesús a morir en la cruz por mí.

"Creo que me bautizaste con el Espíritu Santo. Creo que tienes un buen plan para mi vida, y que me das el poder para cumplirlo.

"Creo que tu unción está sobre mí para que pueda imponer mis manos en los enfermos y que ellos se recuperen, para que pueda echar fuera a los demonios y huyan.

"Creo de acuerdo con tu Palabra, que a todo lo que yo le imponga mis manos prosperará y será exitoso".

Así debemos continuar, creyendo en nuestro corazón y confesando con nuestra boca, lo que el Señor ha dicho en su Palabra.

Y una cosa que Él ha dicho acerca de nosotros es que Él no nos ha dado espíritu de temor, sino espíritu de poder, amor y dominio propio. Así que debemos confesar continuamente: "¡No temeré!".

## LA FE PREVALECERÁ

*"Entonces le respondió Jesús: Bienaventurado eres, Simón, hijo de Jonás, porque no te lo reveló carne ni sangre, sino mi Padre que está en los cielos. Y yo también te digo, que tú eres Pedro, y sobre esta roca edificaré mi iglesia; y las puertas del Hades no prevalecerán contra ella".*

—MATEO 16:17–18

¿De qué roca está hablando Jesús en este pasaje? Él está hablando acerca de la roca de la fe. Él le está diciendo a Simón Pedro que sobre esa fe que él estaba desplegando, Él iba a edificar su Iglesia, y *"...la puertas del Hades no prevalecerán contra ella"* (v. 18).

Eso quiere decir que las puertas del infierno no prevalecerán contra la persona que camina en fe y con fe.

El temor proviene del infierno. Por eso es que Juan nos dice que *"...el temor lleva en sí castigo"* (1 Juan 4:18). Pero cuando confrontamos el temor con la fe, el infierno no prevalecerá contra ella.

## LAS LLAVES DEL REINO

*"Y a ti te daré las llaves del reino de los cielos; y todo lo que atares en la tierra será atado en los cielos; y todo lo que desatares en la tierra será desatado en los cielos".*

—MATEO 16:19

Lo que Jesús quería decir es: "Cualquier cosa que esté pasando en el cielo, yo te estoy dando poder y autoridad para que pase en la tierra".

Esto es el cumplimiento de la oración al Padre que Jesús le había enseñado a los discípulos en Mateo 6:10: *"Venga tu reino. Hágase tu voluntad, como en el cielo, así también en la tierra".*

Después en Mateo 18:18, Jesús le dio el mismo poder para atar y desatar a todos los discípulos cuando les dijo: *"De cierto os digo que todo lo que atéis en la tierra, será atado en el cielo; y todo lo que desatéis en la tierra, será desatado en el cielo".*

Lo que Jesús les estaba diciendo era que Él les otorgaba el poder y la autoridad para usar las llaves que Él les había dado para que prevaleciera la voluntad de Dios en la tierra, así como prevalece en los cielos.

Creo que las llaves que Él le entregó a Pedro y a los otros discípulos, y también a nosotros, tal vez es una referencia a los diferentes tipos y estilos de oración que hemos estudiado.

## LA ORACIÓN
### EFICAZ ES EFECTIVA

*"Confesaos vuestras ofensas unos a otros, y orad unos por otros, para que seáis sanados. La oración eficaz del justo puede mucho. Elías era hombre sujeto a pasiones semejantes a las nuestras, y oró fervientemente para que no lloviese, y no llovió sobre la tierra por tres años y seis meses. Y otra vez oró, y el cielo dio lluvia, y la tierra produjo su fruto".*
—SANTIAGO 5:16–18

En cualquier organización, ¿quién tiene el poder y la autoridad? ¿No es la persona que controla las llaves? ¿Qué hacen las llaves? Ellas cierran y abren. Eso es atar y desatar, cerrar y abrir.

Por ejemplo, cuando usted y yo intercedemos por alguna persona, estamos desatando bendiciones sobre la vida de esa persona. Nosotros abrimos las puertas del infierno que estaban sujetando en esclavitud a la persona por quien oramos.

De la misma manera, cuando ofrecemos una oración de gratitud a Dios, estamos desatando la bendición de Dios sobre nuestra vida.

A usted y a mí se nos han dado las llaves del reino de Dios. Con esas llaves tenemos la autoridad y el poder para hacer que prevalezca la voluntad de Dios en la tierra como lo es en el cielo.

¡Qué privilegio!

No debe sorprendernos que el diablo quiera engañarnos para que pensemos que nuestra vida de oración es ineficaz, para que nos rindamos en vez de continuar usando el llavero de oraciones para vencer su reino de tinieblas.

No deje que el diablo lo menosprecie acerca de su vida de oración. Empiece a reconocer a Dios, buscándolo en oración, con todo tipo de oración, confiando que sus oraciones fervorosas y sinceras son eficaces, porque su fe está en Él y no en su propia habilidad para vivir una vida santa o para orar elocuentemente.

## LA ORACIÓN
## COMO REQUISICIÓN

*"Por nada estéis afanosos, sino sean conocidas vuestras peticiones delante de Dios en toda oración y ruego, con acción de gracias".*

—FILIPENSES 4:6

Estudiamos este pasaje cuando mencionamos la oración de petición.

¿Qué es una petición? De acuerdo con la *Amplified Bible*, la palabra *petición* aquí significa una solicitud definitiva. Otra palabra para una solicitud definitiva es una requisición.

¿Qué es una requisición? Es una demanda o reclamación hecha acerca de algo a lo cual alguien tiene derecho legalmente, pero todavía no tiene posesión de ello. Por ejemplo, como cuando una persona en el ejército hace un requerimiento de equipo o provisiones para sus hombres. Como oficial del ejército de los Estados Unidos, él tiene derecho a ese material; pero para recibirlo tiene que someter una solicitud definitiva o requisición.

El Señor me ha enseñado que cuando oramos, estamos requiriendo las provisiones que Él ya ha puesto a un lado para nuestra necesidad.

Déjeme darle un ejemplo de la vida diaria. Tal vez usted y yo tenemos dinero en el banco, pero para que este dinero sea de beneficio, tenemos que solicitarlo escribiendo un cheque. Ese cheque es nuestra solicitud al banco para que emita a nosotros, o la persona que designemos, cierta cantidad de dinero para cierto propósito.

Lo mismo ocurre cuando los gerentes hablan con mi esposo, quien es el oficial financiero de nuestro ministerio, para solicitar dinero para sus departamentos. Antes de que él les remita los fondos, aunque el dinero está disponible, ellos tienen que someter una requisición por escrito con la cantidad y el propósito para el cual el dinero será usado.

Así mismo es la oración; es una requisición celestial que le presentamos a Dios, donde le pedimos lo que necesitamos para proseguir con nuestra vida cotidiana y ministerio.

## PÍDALO EN EL
## NOMBRE DE JESÚS

*"También vosotros ahora tenéis tristeza; pero os volveré a ver, y se gozará vuestro corazón, y nadie os quitará vuestro gozo. En aquel día no me preguntaréis nada. De cierto, de cierto os digo, que todo cuanto pidiereis al Padre en mi nombre, os lo dará".*

—JUAN 16:22–23

La Biblia nos enseña que Dios conoce todo acerca de nosotros (ver Salmo 139:1–6). Él conoce nuestras necesidades antes de que se las pidamos (ver Mateo 6:8, 32). Él nos ordena que pidamos (ver Mateo 7:7).

Usted y yo no recibimos las cosas simplemente porque las deseamos. El decir muchas veces cosas como: "me gustaría tener más dinero", o "me gustaría que este dolor de cabeza se fuera", o "me gustaría vivir sin miedo", no es una requisición divina.

De acuerdo a lo que leemos en Santiago 1:58, tenemos que pedir lo que necesitamos en fe, creyendo que hemos sometido una requisición a los almacenes de bendiciones del Señor.

En este pasaje de Juan 16, dicho por Jesús a sus discípulos antes de que fuera crucificado, Él claramente dice que no solamente tenemos que pedir creyendo, sino que lo tenemos que pedir en su nombre.

Eso no significa que debemos decir: "en el nombre de Jesús", al final de cada cosa que digamos. Si no tenemos cuidado, nos podemos convertir en unos religiosos que al abrir la boca solo sabemos decir: "Aleluya", "Alaba a Dios" o "En el nombre de Jesús". Cuando esto pasa las palabras pierden su significado.

De eso no era lo que Jesús estaba hablando. Él estaba hablando acerca de usar la autoridad de su nombre, como Él nos manda, para que se haga la voluntad de Dios en la tierra así como es hecha en los cielos. Él estaba hablando de presentarle a Dios, el Padre, una requisición firmada por su Hijo para recibir lo que necesitamos para establecer su reino.

En nuestro ministerio, nuestros empleados ganan días de vacaciones. Es su derecho legal. Pero aunque legalmente les pertenece, ellos no pueden recibir sus vacaciones si no someten una requisición de vacaciones.

Usted y yo tenemos una herencia en los cielos, comprada y pagada por la sangre de Jesucristo, (ver Efesios 1:11–12). Es nuestro derecho legal. Pero el problema es que no hemos sometido suficientes requisiciones.

Si un empleado de nuestro ministerio le entrega una requisición a Dave, el director de finanzas, y esa persona no recibe la autorización para tomar sus vacaciones, ella va a venir donde Dave y le va a preguntar: "¿Perdiste mi solicitud? ¿Cuándo me van a otorgar lo que me pertenece legalmente?".

Cuando usted y yo sometemos una requisición a Dios en el nombre de Jesús, y no recibimos lo que le pedimos en fe, entonces tenemos el derecho de preguntarle al Señor: "Padre, ¿te has olvidado de mi requisición?". Eso no es un atrevimiento, es fe. Es más, eso honra al Señor, porque le deja saber que esperamos que Él sea fiel a su Palabra.

## USE EL
## NOMBRE DE JESÚS

*"Hasta ahora nada habéis pedido en mi nombre; pedid, y recibiréis, para que vuestro gozo sea cumplido".*
—JUAN 16:24

Jesús nos mandó a que le pidiéramos en su nombre para poder recibir y que nuestro gozo sea cumplido.

Estoy convencida que una de las razones primordiales por las cuales no tenemos gozo en nuestras vidas es porque los creyentes de hoy en día no oran lo suficiente. Y una de las razones por la cual hay falta de oración es que el pueblo de Dios está tratando de hacer en la carne las cosas por las cuales deben de orar, suplicándole a Dios para que lo haga a través de ellos y por ellos.

Jesús les dijo a sus discípulos que después que Él fuera resucitado de entre los muertos, las cosas serían diferentes. Él les dijo que ellos tendrían un nuevo poder y una nueva autoridad, las cuales no habían disfrutado antes de su muerte y resurrección.

"Cuando el tiempo llegue", les dijo, "ustedes no tendrán que pedirme nada, pero pueden ir directamente al Padre, y Él les concederá cualquier cosa que pidan en mi nombre".

¿Qué quiere decir que pidamos algo en el nombre de Jesús?

De acuerdo con Juan 16:24, orar en el nombre de Jesús es presentarle al Padre todo lo que Jesús es.

Una de las razones primordiales por lo cual somos débiles en la oración es porque nos presentamos ante Dios tratando de presentar lo que somos. El problema es que si le fallamos de alguna manera, pensamos que no tenemos nada para presentarle que pueda influenciarle a actuar a nuestro favor.

La Biblia dice que Dios ve todas nuestras justicias como trapo de inmundicia (ver Isaías 64:6). Así que no hay nada que usted y yo podamos presentarle, excepto la sangre de Jesús.

Usted y yo podemos esperar respuesta a las peticiones que están delante de Él, siempre y cuando nos presentemos ante el trono de la gracia de Dios, cubiertos con la sangre de Jesús, pidiendo de acuerdo a su Palabra y en el nombre de Jesucristo. No porque somos perfectos o somos dignos o porque Dios nos debe nada, pero porque Él nos ama y desea darnos lo que necesitamos para hacer el trabajo que Él nos ha llamado a hacer.

Hay poder en el nombre de Jesús. Con solo mencionar su nombre, toda rodilla se dobla de los que están en los cielos, y en la tierra, y debajo de la tierra (ver Filipenses 2:10). A través del poder en el nombre de Jesús, usted y yo podemos imponer manos sobre los enfermos, echar fuera demonios y hacer las mismas obras que hizo Jesús, y aún hasta mayores que esas, para la gloria de Dios (ver Marcos 16:17–18; Juan 14:12).

Jesús compró nuestra gloriosa herencia al derramar su sangre. Nosotros somos coherederos con Él (ver Romanos 8:17). Todo lo que Él ha ganado con su sacrificio está almacenado en los cielos para nosotros. Tenemos la llave de ese almacén, y la oración es la llave.

No tenemos que vivir en temor y escasez. Empecemos a usar esa llave para abrir las puertas de bendiciones celestiales para que sean derramadas sobre nosotros para la gloria de Dios, para que su voluntad divina sea hecha en la tierra así como en el cielo, para que nuestro gozo sea cumplido.

## Conclusión

El temor no es de Dios. El temor es de Satanás. La única actitud y confesión aceptable que un cristiano puede tener hacia el temor es: "¡No es de Dios, y no voy a dejar que controle mi vida! Voy a *confrontar el temor*, pues es un espíritu que fue enviado del infierno para atormentarme".

Muchas veces digo que el temor es el espíritu que Satanás usa para evitar que el pueblo de Dios se someta al liderazgo del verdadero Maestro: Jesucristo.

Creo que Dios obra con gentileza con nosotros para sacarnos de la esclavitud y libertarnos. La Biblia está llena de instrucciones que dicen: "No temas". Como mencioné antes, ciertos eventos en mi vida me han dirigido a entender que "no temas" significa "no huyas".

Le animo a que siga adelante, y si tiene que hacer, "hágalo con miedo". No le huya al temor; al contrario, enfréntelo con oración y fe.

Recuerde, Dios quiere liberarnos de *todos* nuestros temores. Aprenda lo que nos dicen las siglas de la palabra *fear* (*temor* en inglés): **F**alsa **E**videncia que **A**parenta ser **R**eal.

# SEGUNDA PARTE

# ESCRITURAS PARA
# VENCER EL TEMOR

*"No temáis; estad firmes, y ved la salvación que Jehová hará hoy con vosotros".*

—ÉXODO 14:13

*"Mira, Jehová tu Dios te ha entregado la tierra; sube y toma posesión de ella, como Jehová el Dios de tus padres te ha dicho; no temas ni desmayes".*

—DEUTERONOMIO 1:21

*"Esforzaos y cobrad ánimo; no temáis, ni tengáis miedo de ellos, porque Jehová tu Dios es el que va contigo; no te dejará, ni te desamparará".*

—DEUTERONOMIO 31:6

*"Mira que te mando que te esfuerces y seas valiente; no temas ni desmayes, porque Jehová tu Dios estará contigo en dondequiera que vayas".*

—JOSUÉ 1:9

*"No temas, porque yo estoy contigo; no desmayes, porque yo soy tu Dios que te esfuerzo; siempre te ayudaré, siempre te sustentaré con la diestra de mi justicia [...] Porque yo Jehová soy tu Dios, quien te sostiene de tu mano derecha, y te dice: ¡No temas, yo te ayudo!".*

—ISAÍAS 41:10, 13

*"...así dice Jehová, Creador tuyo, oh Jacob, y Formador tuyo, oh Israel: No temas, porque yo te redimí; te puse nombre, mío eres tú. Cuando pases por las aguas, yo estaré contigo; y si por los*

ríos, no te anegarán. Cuando pases por el fuego, no te quemarás, ni la llama arderá en ti".

—Isaías 43:1–2

"Pues no habéis recibido el espíritu de esclavitud para estar otra vez en temor, sino que habéis recibido el espíritu de adopción, por el cual clamamos: ¡Abba, Padre!".

—Romanos 8:15

"Y en nada intimidados por los que se oponen, que para ellos ciertamente es indicio de perdición, mas para vosotros de salvación; y esto de Dios".

—Filipenses 1:28

"Por nada estéis afanosos, sino sean conocidas vuestras peticiones delante de Dios en toda oración y ruego, con acción de gracias. Y la paz de Dios, que sobrepasa todo entendimiento, guardará vuestros corazones y vuestros pensamientos en Cristo Jesús".

—Filipenses 4:6–7

"Porque no nos ha dado Dios espíritu de cobardía, sino de poder, de amor y de dominio propio".

—2 Timoteo 1:7

"Sean vuestras costumbres sin avaricia, contentos con lo que tenéis ahora; porque él dijo: No te desampararé, ni te dejaré; de manera que podemos decir confiadamente: El Señor es mi ayudador; no temeré lo que me pueda hacer el hombre".

—Hebreos 13:5–6

"En el amor no hay temor, sino que el perfecto amor echa fuera el temor; porque el temor lleva en sí castigo. De donde el que teme, no ha sido perfeccionado en el amor".

—1 Juan 4:18

# ORACIÓN PARA
## VENCER EL TEMOR

*Oh Dios, líbrame del temor. Ayúdame a ser valiente y a tener audacia santa.*

*Ayúdame a no temer y a poder poseer todo lo que tú deseas que yo tenga.*

*Ayúdame a entender cuánto tú me amas, porque tu perfecto amor (tu amor por mí) echa fuera todo temor. En el nombre de Jesús. Amén.*

# ¡HABLEMOS CLARO SOBRE LA DEPRESIÓN!

# INTRODUCCIÓN

SON MUCHAS LAS personas que tienen episodios con la depresión. La depresión tiene muchas causas subyacentes para las cuales se ofrecen una variedad de tratamientos. Algunos tratamientos son eficaces, pero hay muchos que no lo son. Algunos tratamientos ayudan temporeramente, pero nunca pueden eliminar permanentemente el tormento de la depresión. ¡Hay buenas noticias! Jesús puede sanar la depresión y liberarnos de ella, de la misma manera que Él puede curar cualquier otra enfermedad o problema.

En cierta ocasión, mientras me preparaba para hablar sobre la depresión, entendí claramente que Dios nos ha dado su gozo para luchar contra la depresión. Tuve una visión tan clara que me parecía como si estuviera mirando una película en la pantalla de cine.

Si usted es un creyente de Jesucristo, el gozo del Señor está dentro de usted. Muchos creyentes saben eso, pero no tienen la más leve idea de cómo desatar este recurso que nos da el Señor. Necesitamos experimentar lo que es nuestro a causa de nuestra fe en Jesucristo. *¡Es la voluntad de Dios que experimentemos su gozo!*

Muchas personas, incluyendo cristianos llenos del Espíritu Santo, no solamente han librado batallas contra la depresión, sino que confrontan grandes dificultades a causa de la depresión. Yo tuve problemas con la depresión por mucho tiempo. Pero, gracias a Dios, aprendí a no permitir que me gobernara la emoción negativa de la depresión. ¡Aprendí a cómo desatar el gozo del Señor en mi vida!

El mensaje de esta sección del libro es bien sencillo, pero muy poderoso. ¡No importa lo que usted haya atravesado en su vida o lo que esté atravesado ahora, si usted es un creyente en Jesucristo, usted puede desatar el gozo del Señor y triunfar sobre la depresión!

# PRIMERA PARTE

## DESATAR EL GOZO DEL SEÑOR

# 1

## LAS ETAPAS DE LA DEPRESIÓN

*"Pacientemente esperé a Jehová, y se inclinó a mí, y oyó mi clamor, y me hizo sacar del pozo de la desesperación, del lodo cenagoso; puso mis pies sobre peña y enderezó mis pasos".*
• SALMO 40:1–2 •

En EL DICCIONARIO *Webster*, la palabra *depresión* es definida como "el acto de empujar hacia abajo…un estado bajo; un decaimiento del espíritu; desaliento; [o] un estado de tristeza; deseo de valor…un estado bajo de fuerza".[1]

### ¿QUIÉN SUFRE DE DEPRESIÓN?

Gente en todos los niveles de la vida pueden sufrir depresión: profesionales, como doctores, abogados, profesores; obreros o trabajadores; amas de casa; adolescentes, niños pequeños, ancianos, solteros, viudas y viudos, e incluso ministros.

La Biblia nos habla de reyes y profetas que sufrieron de depresión. David, Jonás y Elías son tres buenos ejemplos de personajes de la Biblia que sufrieron de depresión (ver Salmo 40:1–2; 55:4, Jonás 2:7; 4:1–8; 1 Reyes 19:4–8).

Creo que la razón por la cual mucha gente sufre de depresión es que cada persona en la faz de la tierra tiene que confrontarse con la desilusión. Si no sabemos tratar correctamente con la desilusión, eventualmente la decepción nos puede conducir a la depresión. He observado que la decepción es la primera fase de la depresión.

## Cómo lidiar con la decepción

Todos nos enfrentamos con la decepción en alguna ocasión. No hay persona alguna en la faz de la tierra a la cual todo le suceda de la manera en que él o ella espera.

Cuando las cosas no prosperan o tienen éxito según nuestro plan, lo primero que sentimos es decepción. Esto es normal. No hay nada malo en sentirnos decepcionados. Pero debemos saber qué hacer con este sentimiento, o esto se tornará en algo más serio. En el mundo no podemos vivir sin la decepción, pero Jesús siempre puede darnos nuevas esperanzas.

En Filipenses 3:13, leemos las palabras del apóstol Pablo:

> *"...pero una cosa hago: olvidando ciertamente lo que queda atrás, y extendiéndome a lo que está delante".*

¡Pablo indicó que una de las cosas de mayor importancia para él era olvidarse de las cosas que habían quedado atrás y proseguir hacia las cosas que estaban delante! Si se decepciona, inmediatamente debe tratar de volver a ilusionarse. Eso es exactamente lo que tenemos que hacer. Vamos a dejar las causas de la decepción y prosigamos hacia las cosas que Dios tiene para nosotros. Alcancemos una nueva visión, un nuevo plan, una nueva idea, una perspectiva fresca, una nueva manera de pensar y cambiemos nuestro enfoque. *¡La decisión de continuar adelante es nuestra!*

Isaías 43:18–19 lo dice así:

> *"No os acordéis de las cosas pasadas, ni traigáis a memoria las cosas antiguas. He aquí que yo hago cosa nueva; pronto saldrá a luz; ¿no la conoceréis? Otra vez abriré camino en el desierto, y ríos en la soledad".*

Isaías 42:9 dice:

> *"He aquí se cumplieron las cosas primeras, y yo anuncio cosas nuevas; antes que salgan a luz, yo os las haré notorias".*

A través de estos dos versículos vemos que Dios está dispuesto a hacer cosas nuevas en nuestra vida. Él siempre tiene algo fresco, pero nosotros queremos aferramos a las cosas viejas. Retenemos las cosas viejas en nuestros pensamientos y nuestras conversaciones. Algunas personas quieren hablar de sus decepciones en la vida en vez de hablar de sus sueños y visiones para el futuro.

Las misericordias de Dios son nuevas cada mañana: *"...porque nunca decayeron sus misericordias. Nuevas son cada mañana..."* (Lamentaciones 3:22–23). ¡Cada día es un nuevo comienzo! Podemos dejar atrás nuestras decepciones y darle una oportunidad a Dios hoy para hacer algo maravilloso en nuestra vida.

Tal vez está pensando: *"Joyce, yo he sido decepcionado muchas veces y tengo miedo de tener nuevas esperanzas"*. ¡Es exactamente en ese lugar sin esperanzas donde Satanás le quiere tener! Yo sé de ese lugar porque viví ahí muchos años. Cuando me casé con Dave le tenía miedo a todo, porque había sido abusada, abandonada y maltratada por mucha gente. ¡Hasta le tenía miedo a sentir la esperanza de que las circunstancias cambiaran!

Pero a través de mi estudio de la Palabra de Dios, entendí que la decepción es un lugar muy triste donde vivir. Hoy día prefiero tener esperanzas en mi vida, aún sin ver resultados, que tener que vivir perpetuamente con sentimientos de decepción.

Tener esperanza no cuesta nada, al contrario, la esperanza paga generosamente. Por otro lado, la decepción es muy cara: le cuesta su gozo y sus sueños del mañana.

Tenemos la promesa de Dios de que si ponemos nuestras esperanzas en Él, nunca seremos avergonzados o decepcionados (ver Romanos 5:5). No creo que esto signifique que nunca experimentaremos la decepción. Sí creo que ese versículo significa que no tenemos que *vivir* decepcionados. Manteniendo nuestras esperanzas en Jesús, eventualmente producirá resultados positivos.

## EXPECTATIVAS QUE NO SE CUMPLEN

Las expectativas que no se cumplen conducen a la decepción. Cada día tenemos diferentes expectativas. Por ejemplo, usted puede acostarse esperando tener una noche buena, cuando en medio de la noche, el teléfono suena con el número equivocado. Entonces después que se despierta, no puede volver a dormirse. Se pasa toda la noche dando vueltas en su cama y por la mañana se levanta completamente cansado.

Podemos esperar que el día sea soleado, pero en cambio llueve. Esperamos conseguir un aumento en el trabajo y no nos lo dan. Tenemos expectativas acerca de otras personas. No esperamos que buenos amigos murmuren acerca de nosotros, pero encontramos a veces que lo hacen. Esperamos que nuestros amigos nos entiendan y nos ayuden en nuestras necesidades, pero no siempre lo hacen. Esperamos cosas de nosotros mismos que no realizamos. ¡Muchas veces me he comportado de una manera que yo misma no esperaba!

Pienso que muchas veces esperamos más de nosotros mismos de lo que podemos dar, y con frecuencia nos decepcionamos. Esperamos cosas de Dios que en realidad no están en sus planes para nosotros. Sí, nuestras vidas están llenas de expectativas y algunas de ellas no se cumplen.

Cuando nos decepcionamos, tenemos que decidir lo que vamos a hacer y cómo vamos a responder. He encontrado que si me quedo decepcionada por demasiado tiempo, comienzo a sentirme desalentada. El desaliento es un problema más profundo que la decepción.

## EL DESALIENTO

El diccionario Webster define *desalentado* como: "desanimado, sin valor o confianza"; y el *desaliento* como: "el acto de desalentar o disuadir de una tarea; el acto de disuadir la confianza"; "el que deprime la confianza y la esperanza".[2] Uno de los significados del *desaliento* es "intentar impedir…".[3]

El desaliento es lo opuesto al valor. Cuando estamos desalentados hemos perdido nuestro valor. Creo que Dios le da valor a cada cual que cree en Él y, naturalmente, Satanás intenta quitárselo. El permanecer fuerte y valiente es una de las reglas más importantes para el éxito.

Dios le dice a Josué que haría que él poseyera la tierra, pero que Josué tenía que permanecer fuerte y valiente (ver Josué 1:6). Creo que Dios le estaba advirtiendo a Josué que el enemigo intentaría desalentarlo. Tenemos que conocer las tácticas de Satanás y estar listos para resistirlas desde su comienzo (ver 1 Pedro 5:9).

Proverbios 13:12 nos dice: *"La esperanza que se demora es tormento del corazón…"*. Cuando nos desalentamos sobre algo, perdemos también las esperanzas al respecto. No podemos estar desalentados y tener esperanzas al mismo tiempo. Cuando la esperanza vuelve, el desaliento tiene que marcharse. A veces, cuando luchamos para tener una buena actitud, podemos titubear entre la esperanza y el desaliento. El Espíritu Santo nos conduce a tener esperanza, y Satanás nos ataca con el desaliento.

En esta etapa es vital que el creyente alcance la victoria en el reino espiritual. Si él o ella no obtiene la victoria, su condición empeorará. Entonces él comenzará a sumirse en depresión. Un periodo corto de desaliento tal vez no tenga un efecto devastador, pero el desaliento a largo plazo puede tenerlo.

Para conseguir la victoria y mantener nuestra actitud de esperanza, tenemos que renovar nuestra mente con las promesas de Dios acerca de nuestra situación y detenernos en fe, creyendo que Dios hará lo que su Palabra dice que Él hará.

## LOS NIVELES DE LA DEPRESIÓN

Es también importante para el creyente poder alcanzar la victoria temprana, porque una persona deprimida puede caer en otros niveles o profundidades de depresión. Los dos niveles más profundos son el abatimiento y la desesperación. Una persona levemente deprimida no cometerá o considerará el suicidio, pero una persona en la desesperación va a considerarlo.

La persona levemente deprimida puede sentirse triste y no querer hablar o salir. Ella quiere mantenerse aislada. Sus pensamientos son negativos y su actitud es amargada.

La persona levemente deprimida todavía puede tener algunos rayos de esperanza. Es esa esperanza que, en última instancia, ayudará a sacarla de la depresión.

La persona abatida tiene síntomas similares a la persona deprimida, pero los síntomas son más profundos. La persona abatida está "postrada" (en la terminología del Salmo 37:24; 42:5), apesadumbrado, caído en el espíritu, ha perdido *todo* el valor y se está hundiendo a causa de la pérdida de esperanza.

La persona desesperada, también tiene síntomas similares a la persona deprimida, pero a un nivel todavía más profundo que el individuo que está abatido. El *Diccionario expositivo de las palabras del Nuevo Testamento Vine* traduce la palabra *desesperación* del griego como, "estar completamente sin salida; estar perplejo, sin recursos".[4]

La desesperación es distinta al abatimiento ya que está marcada por la pérdida total de esperanzas, mientras que el abatimiento no. La persona abatida está desesperada, pero no ha perdido *toda* la esperanza. El abatimiento es seguido por el abandono de esfuerzo, o el cese de acción; la desesperación a veces está conectada con la acción violenta y con la furia.

Las personas que contemplan suicidarse, un acto violento contra uno mismo, son las personas que se encuentran sumidas en desesperación profunda. La táctica de Satanás es comenzar a conducir a alguien hacia aquel punto donde las expectativas no se han cumplidos o hay alguna otra forma de decepción.

¡Para evitar sucumbir en desesperación, es muy importante combatir depresión en sus fases iniciales!

# 2

## EL PODER DEL GOZO

*"Pero a medianoche, orando Pablo y Silas, cantaban himnos a Dios; y los presos los oían. Entonces sobrevino de repente un gran terremoto, de tal manera que los cimientos de la cárcel se sacudían; y al instante se abrieron todas las puertas, y las cadenas de todos se soltaron".*
• HECHOS 16:25–26 •

A TRAVÉS DE LA Biblia, Dios instruye a su pueblo a estar llenos de gozo y a regocijarse. Por ejemplo, Filipenses 4:4 dice:

*"Regocijaos en el Señor siempre. Otra vez digo ¡Regocijaos!".*

Cada vez que el Señor nos dice algo dos veces, como hace Pablo en este versículo, necesitamos ponerle atención a lo que Él está diciendo. El apóstol Pablo conocía el poder del gozo. Cuando él y Silas estaban en la cárcel en Filipos, ellos fueron testigos del poder de la alabanza:

*"...más a medianoche, orando Pablo y Silas, cantaban himnos a Dios:...entonces sobrevino de repente un gran terremoto, de tal manera que los cimientos de la cárcel se sacudían; y al instante se abrieron todas las puertas, y las cadenas de todos se soltaron".*
—HECHOS 16:25–26

El mismo poder que abrió las puertas y rompió las ataduras de Pablo, Silas y los otros prisioneros que estaban con ellos, también está hoy disponible para las personas que están encarceladas y encadenadas por la depresión.

Muchas veces, la gente ve y oye la palabra "regocijar" y piensa: *Eso suena bien, pero ¿cómo lo hago?* A ellos les gustaría regocijarse, ¡pero no saben cómo hacerlo!

Pablo y Silas, quienes habían sido golpeados, echados en la prisión y sus pies estaban encadenados, se gozaban simplemente cantando alabanzas a Dios. A veces no comprendemos que podemos desatar el poder del gozo con una simple sonrisa o carcajada. ¡Y cuando lo hacemos, muchas veces hacemos que el problema se vaya!

En cierta ocasión en que me preparaba para hablar sobre la depresión, el Señor me enseñó algo muy importante: "La gente viene para ser aconsejados porque están deprimidos. Muchos están tomando medicamentos porque están deprimidos. No entienden que una simple sonrisa es todo lo que necesitan para que la depresión comience a irse. La mayoría no entiende que así es como pueden dar el primer paso para cambiar sus circunstancias".

El cambio es, muchas veces, el resultado de un pequeño ajuste a nuestra forma de enfrentar una situación. El Señor me estaba diciendo: "La depresión se iría si solamente sonrieran o cantaran algunas alabanzas en mi nombre. Si se rieran un poco la depresión no se quedaría. La depresión se iría si respondieran de esa manera tan pronto empezaran a sentirse deprimidos".

Muchos están entendiendo esto por primera vez, ¡aunque las Escrituras claramente lo enseñan!

> *"Más el fruto del Espíritu es amor, gozo, paz, paciencia, benignidad, bondad, fe, mansedumbre, templanza; contra tales cosas no hay ley".*
>
> —GÁLATAS 5:22–23

Si tú tienes una relación personal con el Señor, si tú eres salvo, el Espíritu Santo mora dentro de ti (ver Juan 14:16–17; 1 Corintios 12:3). Si el gozo es un componente del fruto del Espíritu, y el Espíritu está dentro de ti, entonces tienes el gozo dentro de ti. No tienes que tratar de obtener gozo o de manufacturarlo, ya está ahí. De la misma forma también tienes la habilidad de amar y de desplegar los demás componentes del fruto del Espíritu, porque el Espíritu habita en ti.

Es bien importante entender que como creyentes no estamos

tratando de *conseguir gozo; tenemos gozo. El gozo está en nuestro espíritu*. Lo que tenemos que hacer es aprender a desatar ese gozo.

## EL DELEITE SERENO

*"Pero de ninguna cosa hago caso, ni estimo preciosa mi vida para mí mismo, con tal que acabe mi carrera con gozo, y el ministerio que recibí del Señor Jesús, para dar testimonio del evangelio de la gracia de Dios".*
—HECHOS 20:24

De acuerdo a la concordancia *Strong*, la raíz de la palabra griega traducida como *gozo* en este versículo bíblico, significa: "alegría, deleite sereno".[1] La palabra hebrea traducida como *gozo* significa: "regocijar; estar feliz; estar unido".[2] Otra palabra hebrea traducida como *gozo* es "dar vueltas, girar alrededor".[3]

Uno de los significados de *gozo* que se encuentra en Nehemías 8:10: "...*porque el gozo de Jehová es vuestra fuerza y fortaleza*", significa "estar unidos". Se puede ver que para que el gozo del Señor sea su fortaleza, usted tiene que estar unido con Dios. ¡Estar unido con Dios trae gozo a su vida!

Podemos mostrar gozo en muchas formas, como "dando vueltas o girando alrededor", otro de los significados de la palabra. Dicho de otra forma, sería "con exuberancia física". ¡Esto no quiere decir que debemos dar brincos y vueltas las veinticuatro horas!

A veces, cuando las personas oyen un mensaje que toca su espíritu y lo reconocen como la verdad, anhelan aplicarlo tanto a su vida que se mueven a ponerlo por obra de inmediato. Intentan hacerlo en sus propias fuerzas, sin darle la oportunidad a Dios de que Él lo haga en su tiempo como resultado de la oración y el poder del Espíritu. Cuando digo que a veces expresamos el gozo del Señor con exuberancia física, no es para que nadie se sienta obligado a hacerlo en la carne.

Cuando no nos sentimos gozosos, tenemos que tomar acción para desatar este gozo antes de que comencemos a caer en la depresión. Hay veces que debemos gozarnos, aunque no tengamos deseos de hacerlo. Es como cuando movemos rápidamente de arriba para abajo la llave de un grifo antiguo, y ésta empieza a trabajar y el agua empieza a fluir.

Me acuerdo que mis abuelos tenían un grifo antiguo. Donde ellos vivían, la gente no tenía agua corriente en la cocina. Siendo una niña, recuerdo que me paraba frente al lavadero para mover el grifo de arriba para abajo, y a veces me parecía como si el agua nunca fuera a salir. En realidad se sentía como si el grifo no estuviera conectado a nada, y solamente emitiera aire. Pero si no me daba por vencida, mover el grifo de arriba para abajo cada vez se hacía más difícil. Eso era señal de que faltaba poco para que el agua comenzara a fluir.

Así es el gozo. Tenemos un pozo de agua dentro de nuestro espíritu. El grifo que podemos usar para sacar ese gozo hacia afuera es la exuberancia física: la sonrisa, el canto, la risa, la danza, etcétera. Al principio, las expresiones físicas no parecen servir. Y después de un tiempo hasta se hace más difícil, pero si persistimos, pronto conseguiremos una fuente de gozo.

No creo que estar *gozoso* quiera decir que debemos reírnos todo el tiempo, ni mucho menos dar brincos con una sonrisa ficticia en nuestros labios. Tenemos que usar la sabiduría. He tenido experiencias con cristianos supuestamente "llenos de gozo" quienes han herido mis sentimientos por su rudeza.

Me acuerdo que una vez le compartí a una amiga sobre una situación que estaba atravesando. Eso realmente me estaba afectando emocionalmente. La respuesta de mi amiga fue una gran sonrisa, y me dijo: "Bueno, ¡alaba a Dios de todos modos!". Sentí como si ella me hubiera dado una cachetada.

Si me hubiera consolado apropiadamente, mostrando un genuino interés y entendimiento sobre lo que estaba pasando, su ministración habría ayudado a desatar el gozo verdadero en mi vida. Pero su reacción carnal e hipócrita me hirió y empeoró mi situación. Cuando primeramente fui donde ella, estaba solo triste. Sin embargo, luego que hablé con ella, ¡salí realmente deprimida!

Siempre tenemos que usar la sabiduría. En ocasiones, tenemos deseos de danzar delante del Señor. Tal vez algo realmente emocionante nos ha pasado y sentimos que apenas podemos contener nuestros sentimientos. Pero si estamos en un restaurante o en el supermercado, debemos considerar las reacciones de aquellos alrededor de nosotros. No queremos dañar nuestro testimonio, haciéndole pensar a otros que somos unos locos fanáticos.

Ha habido ocasiones en las que estoy con mi familia en un restaurante y les he dicho: "Tengo deseos de pararme sobre la mesa y gritar: *¡Gloria a Dios!*".

Hay veces que expresiones como esa comienzan a brotar desde lo más profundo de nuestro ser y lo correcto es darle rienda suelta. Pero si usted está en un restaurante, supermercado o algún otro lugar público, tal vez tenga que esperar a llegar a su auto.

Aunque muchas veces podemos regocijarnos con exuberancia, la mayoría del tiempo nos regocijamos siendo personas alegres y contentas. Y eso, de acuerdo a lo que el Señor me ha mostrado, lo logramos sonriendo o simplemente deleitándonos de la vida que Dios nos ha dado.

# 3

# ¡SONREÍR ES ASUNTO SERIO!

*"...y a la mañana vendrá la alegría".*
• SALMO 30:5 •

TENGO LA TENDENCIA a ser una persona muy seria, de cara larga. ¡Pero también he aprendido que, seriamente hablando, tengo que sonreír!

Crecí dentro de un hogar donde la situación era mala y terminé cargando con una carga grande sobre mi vida. No tuve niñez; fui privada del gozo de mi juventud. Desde que recuerdo, siempre viví como si fuera una adulta, porque todo en mi vida estaba lleno de seriedad. Pensé que si permanecía seria, tal vez podría sobrevivir. Con esa clase de antecedente no se puede desarrollar una personalidad chispeante. La verdad es que soy una persona de actitud seria, lo cual puede ser mal interpretado de vez en cuando.

Una vez le dije a una de mis ayudantes que necesitaba hablar con ella antes de que se fuera a su casa. Ella pensó que yo iba a reprenderla. Tan solo le quería hablar sobre los preparativos de nuestra próxima reunión. ¡Yo me había acercado a ella tan seriamente, que ella sintió que estaba en un problema serio!

Comencé a buscar del Señor para encontrar libertad de esa seriedad. El Señor me ministró y me dijo que tenía que aprender a expresar más el gozo que está dentro de mi corazón. Él sabe que está allí, pero Él quiere que lo manifestemos para que otros lo vean y sean bendecidos.

Recuerdo que el Señor me ministró este concepto una mañana

mientras me bañaba. Empecé a hablarle como lo hago todas las mañanas, y Él habló a mi corazón diciéndome: "Me gustaría que te sonrieras cuando hables conmigo".

Mi rostro no quería sonreír. Eran las seis de la mañana y a esa hora cualquier cara está tiesa, pero obedecí y empecé a sonreír. Me sentí un poco estúpida, porque estaba sonriendo en la bañera y pensé: *¡Qué bueno que nadie me puede ver!*

El Salmo 30:5 nos dice que *"en la mañana vendrá la alegría"*. En la mañana, cuando usted abre sus ojos, el gozo está ahí con usted. No siempre puede sentir ese gozo, hasta que lo active y comience a usarlo con el propósito para el cual le fue dado. Muchas veces, la decisión de tener gozo viene primero y después le siguen los sentimientos.

Cuando el gozo es obvio en su vida, otras personas se contagian. Pero cuando el gozo solo está dentro de ti sin ser evidente a otros puede crear un ambiente alrededor de ti tan serio que solamente trae pesadumbre.

Una noche cuando estaba hablando con Dave, él me dijo: "Creo que hay mucha seriedad en nuestra casa".

Comencé a pensar en sus palabras y le pregunté al Señor: "Dios, no creo que haya nada malo en mi vida. Me paso la vida orando, estudiando, amándote y cuidando a mi familia. ¿Qué es lo que Dave está sintiendo?".

El Señor me ministró y me mostró que podemos tener una relación con Él fuerte sin tener que ser tan serios. A veces somos tan serios que la gente no sabe cómo reaccionar frente a nosotros.

Entendí que como ama de casa, soy responsable de crear el ambiente de mi hogar. El gozo es "luz" y la angustia es "oscuridad". Los dos no pueden habitar juntos. Si quiero que mi hogar esté lleno de luz, yo necesito "alegrarme". Me percaté de que necesitaba sonreírles más a las personas en mi casa, no solamente darles órdenes a mis hijos acerca de sus tareas, sino también sonreírme mientras doy esas instrucciones. Necesitaba pasar tiempo riendo con Dave y mis hijos.

Nuestros hogares deben ser lugares felices. Debemos manifestar el gozo del Señor. Si una mujer tiene gozo, su esposo estará feliz de regresar a su casa. Todo el mundo quiere regresar a un lugar feliz.

Si él tiene un jefe grosero y compañeros de trabajo que se la pasan quejándose, le puedo asegurar que él no quiere lo mismo en su casa.

Claro, el esposo y los hijos tienen que poner de su parte para hacer del hogar un lugar feliz. El gozo es contagioso. Una persona lo tiene y después otra y luego otra, y antes de que lo sepa, ¡todo el mundo está feliz!

## EL GOZO CAMBIA LAS CIRCUNSTANCIAS

Hay veces que uno llega a un punto en el diario caminar con Dios donde sentimos que estamos estancados. Sabemos que hay mucho más, pero podemos sentir que hay algo que está impidiendo recibir ese más.

Dave y yo llegamos a ese punto en el área de la prosperidad. Habíamos ido de un lugar en el cual prácticamente no teníamos nada, a otro lugar en el cual no teníamos que preocuparnos de cómo íbamos a pagar nuestras deudas. Dios nos estaba bendiciendo grandemente. Pero yo sabía que Dios tenía mucho más para nosotros.

Dios nos quiere bendecir. Él desea que vivamos en buenas casas, que conduzcamos buenos autos y que usemos buena ropa. Nosotros somos sus hijos y Él quiere cuidarnos. Los incrédulos no deben tener todas las cosas buenas mientras que los creyentes viven solamente con lo esencial.

Hay ciertas cosas y acciones que generan la prosperidad, porque son principios bíblicos. Recibimos del Señor cuando nuestra motivación en dar es porque amamos a Dios y queremos que el evangelio prospere (ver Lucas 6:38). Cuando diezmamos, Dios reprende al devorador por nuestra causa (ver Malaquías 3:10–11).

Dave y yo estábamos experimentando la clase de prosperidad que se recibe cuando se da y se diezma, pero sentía en mi espíritu que nosotros estábamos listos para entrar a otro nivel. Le pregunté al Señor que me enseñara lo que estaba bloqueando el fluir de la prosperidad. Una de las cosas que el Señor me ministró fue que el gozo es parte del receptáculo para recibir cosas de Él. Cuando no mostramos el gozo en nuestras vidas, estamos frenando la prosperidad.

Si el gozo del Señor está en su interior, pero no se sonríe ni muestra su brillo, usted reflejará amargura. Desde el punto de vista natural, la forma en que las personas se comportan con usted depende mucho de cómo usted le cae, cómo ellos le perciben. Usualmente, la gente no quiere bendecir o ayudar a una persona que parece que está enojada.

Todos sabemos cómo sonreír. Es uno de los regalos de Dios. Una sonrisa hace que la gente se sienta bien y la gente se ve tan hermosa cuando sonríe. Nunca pensé que el sonreír era un asunto tan serio, pero Dios pasó muchos meses tratando de enseñarme este punto. Muchas veces, cuando Dios trata de decirnos algo y no escuchamos, nos ocasionamos serios problemas. Buenas cosas vendrán a nuestras vidas si aprendemos a expresar el gozo a través del deleite sereno de la sonrisa. Una de esas cosas es que reflejemos la luz de Jesús a otros.

En la Biblia, el Señor le dijo a su pueblo que se gozara cuando se enfrentara a sus enemigos. Él les dijo que se regocijaran cuando fueran a la batalla, aunque les pareciera que iban a morir. Les dijo que se regocijaran sin importar la situación; que cantaran y alabaran a Jehová con voz de trueno (ver 2 Crónicas 20).

Cuando atravesemos momentos difíciles, tenemos que considerarlos con "sumo gozo". La Biblia nos dice que debemos tenerlas "por sumo gozo" (ver Santiago 1:1–5).

Dios le habló a mi corazón y me dijo que la mayoría de la gente no sabe cómo expresar el gozo cuando sus circunstancias cambian para mal. Operar en el gozo del Señor ahuyenta las circunstancias que no son divinas, porque ellas están llenas del enemigo. Satanás no soporta el gozo del Señor, así que si operas en ese gozo, Satanás y las circunstancias negativas se moverán fuera del camino.

Desatar el gozo del Señor en la mañana detiene las circunstancias que Satanás está colocando en su camino antes de que empiece el día.

# 4

# CANTE Y GRITE CON JÚBILO

*"Alegraos en Jehová y gozaos, justos; y cantad con júbilo todos vosotros los rectos de corazón".*
• SALMO 32:11 •

*"La palabra de Cristo more en abundancia en vosotros, enseñándoos y exhortándoos unos a otros en toda sabiduría, cantando con gracia en vuestros corazones al Señor con salmos e himnos y cánticos espirituales. Y todo lo que hacéis, sea de palabra o de hecho, hacedlo todo en el nombre del Señor Jesús, dando gracias a Dios Padre por medio de él".*
• COLOSENSES 3:16–17 •

## CÁNTELE AL SEÑOR

YA HEMOS VISTO el poder que el gozo y el regocijo tienen para ayudarnos a superar la depresión. En el versículo arriba mencionado, el apóstol Pablo nos dice que una de las maneras de expresar nuestro gozo y regocijo de acuerdo con la Palabra de Dios es cantando salmos, himnos y canciones espirituales.

En Efesios 5:19–20, Pablo nos instruye: *"Hablando entre vosotros con salmos, con himnos y cánticos espirituales, cantando y alabando al Señor en vuestros corazones; dando siempre gracias por todo al Dios y Padre, en el nombre de nuestro Señor Jesucristo".*

Debemos tener conversaciones gozosas con otros y hablemos de lo que dice la Palabra de Dios.

## ¡CANTE Y GRITE LIBERACIÓN!

*"Tú eres mi refugio; me guardarás de la angustia; con cánticos de liberación me rodearás…"*
—SALMO 32:7

*"Alegraos en Jehová y gozaos, justos: y cantad todos vosotros los rectos de corazón".*
—SALMO 32:11

En el Salmo 5:11, David le dice al Señor: *"Pero alégrense todos los que en ti confían; den voces de júbilo para siempre, porque tú los defiendes; en ti se regocijen los que aman tu nombre".*

Unos años atrás, en el mercado estadounidense, se promovió mucho un detergente de lavar ropa llamado "Shout" (Grita), el cual tenía el siguiente lema publicitario: "¡Grítale a las manchas difíciles!". Ese lema me inspiró a predicar un mensaje llamado "Grítale". En ese mensaje, yo les decía a los creyentes que cuando Satanás viniera a molestar y a perturbar, ellos debían gritarle "fuera" de sus vidas.

Yo era una persona que chillaba mucho, pero no gritaba. Hay una diferencia. Finalmente, el Señor me dijo: "Joyce, si no aprendes a gritar vas a terminar chillando. ¿Qué quieres hacer?".

Así que cuando las cosas empiezan a irme mal, en vez de chillar lo más alto posible, he aprendido a gritar alabanzas al Señor. Yo le grito a lo difícil. Debes de tratarlo, es mejor que vociferar enojado y frustrado.

Como David, me rodeo de cánticos de liberación. He notado que comienzo a sentirme mejor cuando hago eso, porque los cánticos de liberación son una pared de protección, me rodean por todos lados (ver Salmo 32:7).

Los cánticos de liberación también pueden destruir paredes y fortalezas. En Josué 6:20 leemos cuando el Señor dirigió al pueblo de Israel a gritar para derribar las paredes de Jericó:

> *"Entonces el pueblo gritó, y los sacerdotes tocaron las bocinas; y aconteció que cuando el pueblo hubo oído el sonido de la bocina, gritó con gran vocerío, y el muro se derrumbó. El pueblo*

*subió luego a la ciudad, cada uno derecho hacia adelante, y la tomaron".*

¡Eso no quiere decir que tú y yo debemos ir alrededor de nuestra ciudad gritando con gran vocerío! Pero en nuestra casa no hay nada que nos impida levantarnos en la mañana con una canción en nuestros labios y alabanza en nuestra boca al Señor, como una manera de disipar la depresión en el ambiente.

A mí me gustaba que el ambiente en mi casa estuviera callado y tranquilo, especialmente en la mañana. Era mi tiempo para pensar y meditar. Pero, en realidad, no pensaba productivamente, sino que terminaba preocupándome y razonando excesivamente acerca de las cosas que no podía solucionar. Lo que necesitaba hacer era orar y confiar en el Señor acerca de esas cosas.

Inmediatamente después de levantarse, mi esposo empezaba a cantar o a susurrar una canción. A mi esposo le hubiera gustado oír música, pero yo me quejaba si él ponía la música, diciéndole que quería silencio. Desde entonces, he aprendido a oír música cuando empiezo mi día. Además, la música forma parte de mi tiempo de oración y comunión con Dios.

Dios habló a mi corazón muy claramente en varias ocasiones diciéndome que no escuchaba suficiente música. Tuve que desarrollar ese hábito. Primero, lo hice en obediencia. Mi costumbre era estar en silencio y me gustaba continuar de esa forma, aunque no era la mejor manera de comenzar mi día.

No estoy diciendo que no necesitamos momentos de silencio, porque sí los necesitamos. Dios habla en el momento apacible y esos son momentos preciosos. Pero yo estaba fuera de balance. Necesitaba empezar mi día feliz y la música me ayudaba a hacer eso.

Aun el gran gigante espiritual, David, tuvo que batallar con la depresión. En un momento dado, David tuvo que decir: "Griten y canten con júbilo". Para vencer sus sentimientos y emociones de abatimiento, él utilizó canciones y gritos de liberación. Por eso es que muchos de los Salmos son canciones de alabanza al Señor para ser cantadas en medio de situaciones turbulentas.

Cuando me siento triste, a menudo, leo los Salmos en voz alta, porque sé que las promesas en la Palabra de Dios se cumplen cuando las leemos y confesamos, sin importar cómo nos sintamos.

A eso era lo que Pablo se refería cuando le escribió a los corintios: *"Porque todavía sois carnales: pues habiendo entre vosotros celos, y contiendas, y disensiones, ¿no sois carnales, y andáis como hombres?"* (1 Corintios 3:3).

En otras palabras, esta gente no estaba haciendo lo que la Palabra de Dios le instruía, pero estaba haciendo lo que le daba la gana. Pablo les dijo a ellos que por hacer eso estaban operando en la carne y no en el Espíritu Santo. En Gálatas 6:8, Pablo advirtió que *"...el que siembra para su carne, de la carne segará corrupción; más el que siembra para el Espíritu, del Espíritu segará vida eterna".*

Por eso tenemos que aprender, como David, a hablarle a nuestro espíritu, a nuestra alma, al hombre interior; de lo contrario, podemos perder control y llegar a la ruina y la destrucción.

## ESPERA EN DIOS CON EXPECTACIÓN

*"¿Por qué te abates, oh alma mía, y te turbas dentro de mí? Espera en Dios; porque aún he de alabarle, Salvación mía y Dios mío".*
—SALMO 42:5

¿Se siente abatido su espíritu? Hay veces que el mío se siente abatido al igual que el de David. Cuando él se sintió de esa manera, cuando su alma se estaba quejando y lamentando, David puso su esperanza en Dios y esperó pacientemente en Él, alabándole como su ayudador y su Dios.

Esto debió ser un asunto importante para David, porque en el versículo 11 del mismo Salmo lo repite casi con las mismas palabras: *"¿Porqué te abates, oh alma mía, y por qué te turbas dentro de mí? Espera en Dios; porque aun he de alabarle, Salvación mía y Dios mío".*

David supo que cuando uno se siente triste, la cara lo refleja. Por eso se hablaba a él mismo, su alma (mente, voluntad y emociones), y se daba aliento y fuerza en el Señor (ver 1 Samuel 30:6).

Cuando nos encontremos en esa misma situación, debemos

esperar pacientemente en el Señor, alabarle a Él porque es nuestro ayudador y Dios, y recibir aliento y fuerzas de Él.

Nosotros, los justos, quienes hemos sido justificado con Dios por medio de la fe en Jesucristo, quienes nos refugiamos y ponemos nuestra confianza en el Señor, ¡podemos cantar y gritar con júbilo! El Señor nos protege y nos defiende. ¡Él pelea nuestras batallas cuando le alabamos! (ver 2 Crónicas 20:17–22).

# 5

## RESISTA A SATANÁS DESDE EL PRINCIPIO

*"Al cual resistid firmes en la fe..."*
• 1 Pedro 5:9 •

L A DEPRESIÓN TIENE muchas causas, pero un solo origen: Satanás. Él quiere mantenernos cabizbajos y sintiéndonos mal respecto a nosotros mismos, para que no recibamos todo aquello por lo cual Jesús murió para darnos. Uno de sus instrumentos más grandes para hacernos sentir mal es la condenación.

Ciertamente, una de las causas de la depresión es la condenación. Satanás la utiliza para robarnos nuestro gozo. Él sabe que "el gozo del Señor" es nuestra "fortaleza" contra él (ver Nehemías 8:10). Satanás nos quiere débiles e inactivos.

La gente puede estar deprimida por alguna razón física. Con frecuencia, los enfermos también están deprimidos. La depresión puede ser causada por un desequilibrio químico o por cansancio extremo. Si el cuerpo es reducido a causa de la tensión nerviosa o del cansancio, la persona se puede mejorar simplemente usando la sabiduría y obteniendo el descanso y la nutrición necesarios. Si la causa de la depresión es un desequilibrio químico u otros problemas físicos, entonces es prudente obtener asistencia médica.

En otras palabras, el escuchar música, cantar y gritar no va a ayudar a las personas que están a punto de un colapso por causa del cansancio. Tampoco va a resolver el problema de las personas cuyos cuerpos no están funcionando apropiadamente por causa del desequilibrio hormonal o químico en ellos. Necesitamos ponerle atención a nuestras necesidades físicas.

La depresión puede ser causada por aspectos emocionales, físicos, mentales o espirituales. David estaba deprimido, porque no había confesado aún su pecado (ver Salmo 51). Jonás estaba deprimido, porque estaba huyendo del llamado de Dios y estaba viviendo en desobediencia (ver Jonás 1–2). Elías estaba deprimido, porque estaba cansado. Primer libro de Reyes 19:5 dice que el ángel del Señor alimentó a Elías dos veces y dejó que durmiera.

Muchas veces no podemos poner todas las causas de un problema en una caja y sacar una respuesta correcta. Pero Jesús siempre es la respuesta correcta, no importa qué haya usado Satanás para causar la depresión. Jesús nos dirige a la victoria cuando le seguimos. Él nos enseña a cada uno lo que necesitamos hacer para vivir vidas llenas de gozo.

No importa la causa, tan pronto sintamos que la depresión viene, tenemos que resistirla inmediatamente y actuar de la manera en que el Señor nos dirija.

## NO COQUETEE CON EL DIABLO

No juegue con la depresión. Tan pronto nos sentimos decepcionados, tenemos que decirnos: "Tengo que hacer algo antes de que empeore". Si no lo hacemos, nos vamos a desalentar y después a deprimir. Jesús nos dio el *manto de alegría en lugar del espíritu angustiado* (Isaías 61:3). Si no usamos lo que Dios nos ha dado, nos vamos a hundir en el pozo de la depresión y podemos terminar en grandes problemas.

A menudo digo que cuando sabemos qué hacer y no lo hacemos, estamos "coqueteando con el diablo". En el mundo, un hombre o una mujer puede coquetear con alguien en la oficina y nunca llegar a cometer adulterio. Pero nosotros no podemos coquetear con el diablo así. Una vez que abrimos la puerta, él puede meter su pie. Una vez que tiene un pie en la puerta, puede obtener una fortaleza. Él es progresivo y agresivo en sus acciones contra nosotros, por lo que tenemos que ser agresivos contra él.

Recuerdo cuando Dios me reveló el error de la autocompasión.

Él me dijo que no podemos sentir lástima de nosotros mismos y ser poderosos al mismo tiempo. Yo había vivido casi todo el tiempo en la autocompasión. En ese momento, hice un pacto de no dejar que las emociones negativas gobernaran mi vida. Cuando algo no iba de la manera que yo quería y empezaba a tener lástima de mí misma, resistía ese sentimiento inmediatamente. Si permitía que el sentimiento anidara, habría progresado a algo más profundo en mi alma.

Recuerdo la vez que pensé que quería sentirme deprimida solo por un tiempo y que después haría lo debido para salir de ese estado. Estaba sentada en mi silla de oración, tomando café. Dave había herido mis sentimientos y yo sentía lástima de mí. Sabía que no me podía quedar ahí, pero no estaba lista para abandonar ese sentimiento, era como si quisiera tomar una taza de café con el "Señor Autocompasión". Eso tal vez no suena muy dañino, pero tal vez es todo lo que el diablo necesita para ocupar una fortaleza en su vida, un lugar del que luego no puede salir rápidamente.

Dios nos cubre hasta cierto punto cuando somos ignorantes y no sabemos lo que estamos haciendo. Pero cuando conocemos lo correcto y decidimos hacer lo incorrecto entramos en una arena diferente. Dios todavía nos ama y desea ayudarnos, pero tenemos más responsabilidad. El conocimiento conlleva responsabilidad.

Alguien me contó la siguiente historia durante una conferencia donde yo estaba enseñando sobre el pecado y cómo manejarlo. La historia demuestra el punto que yo estaba hablando:

Una niña estaba caminando en un camino montañoso. Mientras subía la montaña, la temperatura se tornó muy fría. Durante su jornada, una serpiente se le acercó y le dijo: "Por favor, recógeme que tengo frío". La niña le dijo: "No puedo hacer eso". La serpiente respondió: "Por favor, dame calor". Ella se dio por vencida, y le dijo: "Tú te puedes esconder dentro de mi abrigo". La serpiente se enrolló y empezó a sentirse caliente. La niña pensó que todo estaba bien, cuando de repente, la serpiente la mordió. La niña dejó caer la serpiente, y le dijo: "Confié en ti, ¿por qué me mordiste?". La serpiente le dijo: "Tú sabías lo que yo era cuando me recogiste".

Si coqueteamos con el diablo, siempre saldremos heridos. Estamos en peligro si nos negamos a ponernos la vestidura de alabanza, porque sencillamente no queremos. Así es cómo le abrimos la puerta a problemas más profundos que luego traen serias consecuencias.

## Resista la
## depresión inmediatamente

*"Sed sobrios, y velad; porque vuestro adversario el diablo, como león rugiente, anda alrededor buscando a quien devorar; al cual resistid firmes en la fe, sabiendo que los mismos padecimientos se van cumpliendo en vuestros hermanos en todo el mundo".*
—1 Pedro 5:8–9

El resistir a Satanás desde un principio detendrá prolongadas batallas con la depresión. Nosotros resistimos a Satanás sometiéndonos a Dios y manejando nuestra espada del Espíritu, su Palabra (ver Efesios 6:17).

Cuando Jesús fue tentado por Satanás en el desierto en tres ocasiones, Él no respondió emocionalmente; sus respuestas no estaban basadas en sus emociones. Él solamente dijo: *"Porque escrito está…escrito está…escrito está…"* (ver Lucas 4:4, 8, 12). Esa es la manera en que debemos resistir a Satanás cuando viene a tentarnos con condenación, depresión u otra cosa que él nos está ofreciendo.

Usted y yo debemos entender y recordar que la depresión no es parte de nuestra herencia en Jesucristo. No es parte de la voluntad de Dios para sus hijos. Cada vez que sintamos algo que no es parte de la voluntad de Dios para nosotros, ahí tenemos que manejar la espada de doble filo, la Palabra de Dios (ver Hebreos 4:12). La Biblia nos ha prometido que si resistimos a Satanás firmemente, desde un principio, él huirá de nosotros (ver Santiago 4:7, 1 Pedro 5:8–9).

En el momento que empezamos a experimentar cualquier sentimiento de depresión traído por la condenación, sentimiento de culpa, remordimiento o pena, necesitamos pararnos firmes en la Palabra de Dios y rechazar los sentimientos negativos que nos hunden.

En Isaías 61:1–3, vemos cómo Jesús fue ungido y enviado por Dios a predicar las buenas nuevas a los abatidos, a vendar a los quebrantados de corazón, publicar libertad a los cautivos, abrirle la cárcel a los presos, consolar a los enlutados, darle gloria en lugar de ceniza, óleo de gozo en lugar de luto, y manto de alegría en lugar del espíritu angustiado.

## En Cristo no hay condenación

*"Ahora, pues, ninguna condenación hay para los que están en Cristo Jesús, los que no andan conforme a la carne, sino conforme al Espíritu".*

—Romanos 8:1

De acuerdo con las Escrituras, nosotros los que estamos en Cristo Jesús no somos condenados más; ya no somos juzgados como culpables. Sin embargo, muchas veces nos juzgamos y condenamos a nosotros mismos.

En mi propia experiencia, gran parte de mi vida la viví sintiéndome culpable hasta que aprendí y entendí la Palabra de Dios. Si alguien me hubiera preguntado por qué me sentía así, no hubiera podido responder. Todo lo que entendía y conocía era ese borroso sentimiento de culpabilidad que me seguía todo el tiempo. Afortunadamente, cuando empecé a entender la Palabra de Dios, pude vencer ese sentimiento persistente.

Hace poco, atravesé un periodo en el cual regresó ese viejo sentimiento de culpabilidad. Me tomó unos cuantos días reconocer lo que me estaba pasando, porque había transcurrido tanto tiempo desde la última vez que lo había experimentado.

De esa experiencia, Dios me dio una revelación divina acerca de cómo caminar libre de culpa y condenación. Él me enseñó que debemos recibir el perdón de Dios y, al mismo tiempo, nos tenemos que perdonar a nosotros mismos. Tenemos que olvidarnos de las cosas por las cuales ya el Señor nos perdonó y olvidó (ver Jeremías 31:34, Hechos 10:15).

Eso no quiere decir que ahora somos perfectos e incapaces de cometer errores. Solo quiere decir que podemos vivir sin el peso de la carga de culpa y condenación por las cosas que pertenecen al pasado. Mientras estemos haciendo lo mejor posible, nos hayamos arrepentido de nuestros pecados y nuestro corazón esté recto delante de Dios, podemos ser libres de la culpa y condenación.

Dios no solamente mira lo que hacemos, Él mira nuestro corazón. Él sabe que si nuestro corazón está recto delante de Dios, entonces nuestras acciones eventualmente van a coincidir con nuestro corazón.

Durante el periodo en el cual me estaba sintiendo culpable y condenada, todo lo que hacía me molestaba. Me sentía culpable y condenada por cualquier error que cometía. Finalmente le dije a mi esposo: "Dave, creo que estoy siendo atacada por un espíritu de condenación".

Eso nos pasa de tiempo en tiempo a cada uno de nosotros. De repente, nos levantamos un día y sin ninguna razón nos sentimos como si hubiéramos hecho algo malo. Si esa emoción continúa, debemos preguntarnos: "¿Qué está mal conmigo?".

En este tiempo, necesitamos ejercer nuestra autoridad espiritual. Esta autoridad se nos ha otorgado sobre fuerzas demoníacas a través del nombre y la sangre de Jesús. Es aquí donde necesitamos la Palabra de Dios para vencer los poderes que nos tratan de robar nuestra paz y nuestro gozo en el Señor.

## Dios quiere ayudarnos

Algunas personas tienen una personalidad natural de ser alegres y no tienen problemas con la depresión. Pero hay muchas otras; incluyendo cristianos llenos del Espíritu y nacidos de nuevo, que sufren de depresión regularmente.

Si usted está sufriendo de depresión, debe entender que Dios lo ama más de lo que se imagina y a Él le importa su problema. Él no quiere que usted sufra más. Pero si se deprime otra vez, no tiene por qué sentirse culpable o condenado.

Yo aplico diariamente a mi vida los principios que he presentado en este libro. Si no lo hiciera, estuviera deprimida de cuatro a cinco días por semana. Creo que es casi imposible deprimirse si logramos mantener nuestra mente bajo estricto control. Por eso, Isaías 26:3

dice: *"Tú guardarás en completa paz a aquel cuyo pensamiento en ti persevera; porque en ti ha confiado".*

Si estamos en perfecta y constante paz, entonces no estaremos deprimidos. El 99.9 por ciento de nuestros problemas empiezan en nuestra mente.

> *"Tú guardarás en completa paz a aquel cuyo pensamiento en ti persevera; porque en ti ha confiado. Confiad en Jehová perpetuamente, porque en Jehová el Señor está la fortaleza de los siglos".*
>
> —Isaías 26:3–4

# 6

# RECHAZO, FRACASO Y COMPARACIONES INJUSTAS

*"Aunque mi padre y mi madre me dejaran,
Jehová con todo me recogerá".*
• SALMO 27:10 •

EL RECHAZO CAUSA depresión. El ser rechazado significa que lo están botando como si no tuviera ningún valor o no fuera querido. Nosotros fuimos creados para ser aceptados, no rechazados. El dolor emocional del rechazo es conocido como uno de los dolores más profundos que uno puede experimentar. Especialmente si el rechazo viene de alguien a quien uno ama o espera que lo ame, como los padres o el cónyuge.

Conozco una mujer que estaba profundamente deprimida la mayoría del tiempo, aunque era cristiana y tenía una familia hermosa. Su depresión provenía a causa de que ella había sido adoptada. Tenía un profundo sentimiento de que había algo malo con ella y por eso fue rechazada. Ella lo expresó diciendo que se sentía como si tuviera un vacío muy grande en su corazón el cual no podía llenar.

Ella necesitaba desesperadamente *recibir* el amor de Dios. Enfatizo "recibir" porque muchas personas saben que Dios les ama, pero no es una realidad en sus vidas, aunque lo dicen con sus bocas.

El Salmo 27:10 dice: *"Aunque mi padre y mi madre me dejaran, Jehová con todo me recogerá".*

Dios la había aceptado y amado mucho, pero ella estaba arruinando su vida tratando de buscar algo que ella nunca tendría: el amor de sus padres naturales.

Ese anhelo la deprimía. Satanás había tomado ventaja de sus emociones y había entrado por esa puerta abierta desde muy temprano en su vida. La depresión se había convertido en algo habitual. Estaba tan acostumbrada a ese sentimiento, que vivir con esos sentimientos negativos era fácil.

Cuando Jesús nos salva de nuestros pecados, nuestras emociones no son salvas. Es posible que todavía tengamos muchos sentimientos negativos. Pero en el momento de nuestra salvación, el momento en que aceptamos a Jesucristo como nuestro Señor y Salvador y creemos en Él, recibimos el fruto del Espíritu Santo.

Uno de los componentes de ese fruto es la templanza o dominio propio (ver Gálatas 5:23). Ese dominio propio es el que nos va a salvar de las emociones negativas. Nosotros aprendemos lo que la Palabra de Dios tiene que decir de las emociones negativas. Después empezamos, con la ayuda del Espíritu Santo, a controlar todo lo negativo y a no darle expresión en nuestros cuerpos.

Esta mujer joven, aunque cristiana, estaba viviendo en el mundo carnal. Ella estaba siguiendo sus impulsos ordinarios. Ella necesitaba valorarse sobre la base de que Jesús la amaba suficientemente como para morir por ella. Necesitaba detener ese sentimiento de que no era querida y que no tenía valor porque sus padres la abandonaron. Ella obtuvo su victoria eventualmente, pero fue una batalla larga y difícil.

Si usted está deprimido, tal vez es porque hay una raíz de rechazo en su vida. Superar el rechazo no es fácil, pero puede ser vencido a través del amor de Jesucristo.

En Efesios 3:18–19, Pablo oró por la Iglesia para que ellos pudieran conocer *"...la anchura y la longitud y la profundidad y la altura"* del amor que Dios tiene por sus hijos y que lo experimentaran en ellos mismos. Él dijo que esa experiencia sobrepasaba todo conocimiento.

Observe todas las maneras por las cuales Dios le muestra su amor, para que pueda superar cualquier rechazo que haya experimentado por parte de otros.

Mientras estaba trabajando en este capítulo del libro, recibí una llamada telefónica que me decía que un pastor bien conocido me había llamado. Él tiene muchos servicios en su iglesia, pero nunca había querido que otros ministerios usaran su edificio. Este pastor se rehusaba a que ministerios como el mío usaran el auditorio de su iglesia, ¡pero llamó para decirnos que Dios le había puesto en su corazón que nos permitieran usar su iglesia!

Lo cierto es que nosotros ya no cabíamos en la iglesia que estábamos usando y necesitábamos otro edificio. La única opción que teníamos era el centro cívico, el cual era muy costoso.

A veces dejamos que cosas tan sencillas como esa ocurran y no reconocemos que ese es Dios demostrándonos su amor. Cada vez que Dios nos da su favor, nos enseña que Él nos ama. Hay tantas maneras en las cuales Él nos muestra su amor; solamente necesitamos observar cuidadosamente. Si tenemos una revelación profunda del amor de Dios, eso nos guardará de la depresión.

Cuando la gente nos rechaza, Jesús lo toma personalmente.

Lucas 10:16 dice: *"El que a vosotros oye, a mí oye; y el que a vosotros desecha, a mí desecha; y el que a mí desecha, desecha al que me envió"*.

Piensa en esto, aun si alguien nos desaira, Jesús lo toma personalmente. Es malvado rechazar a otra persona. Santiago 2:8–9 nos enseña que el amor es la nueva ley, y que *"si en verdad cumplís vosotros la ley real, conforme a la Escritura: Amarás a tu prójimo como a ti mismo, bien hacéis: Más si hacéis acepción de personas, cometéis pecado, y sois reconvenidos de la ley como transgresores"*. Estamos rompiendo la ley del amor.

Aunque el rechazo es algo malvado, nosotros no tenemos que dejar que el diablo controle nuestras emociones y nos deprima. Romanos 12:21 dice: *"No seas vencido de lo malo; más vence con el bien el mal"*.

Es bueno poner una sonrisa en nuestra cara y estar gozosos a propósito. Esto vencerá el mal del rechazo y el resultado de la depresión.

## El fracaso

Nosotros estamos programados por la sociedad a creer que ganar es todo y que el éxito significa tener una vida sin fracaso. Sin embargo, creo que el fracaso es parte del verdadero éxito.

Lo que quiero decir con esto es que todo el mundo que va camino hacia arriba tiene cosas que aprender. La gente no es humilde automáticamente; todos tenemos que luchar con una porción generosa de orgullo. ¡Los incidentes de fracaso producen humildad en nuestro carácter rápidamente!

Pedro fue un apóstol poderoso. Podemos decir que Pedro tuvo éxito y llegó a la cima, porque él obedeció al Señor y le permitió a Dios lograr grandes cosas para su reino a través de él. Pero Pedro fracasó miserablemente cuando negó tres veces a Jesús.

Pablo también fue un hombre de Dios poderoso, sin embargo, dijo que tenía muchas debilidades. David fue un tremendo rey, salmista y profeta, pero fracasó cuando cometió adulterio con Betsabé y ordenó que mataran a Urías.

Hoy día tengo un ministerio exitoso, pero he cometido muchos errores y fracasado muchas veces en el camino hacia la posición que hoy tengo. Hubo veces que pensaba que estaba oyendo a Dios, pero descubría que no era así. Perseguía cosas que no eran la voluntad de Dios para mi vida y después tenía que ceder, algunas veces muy avergonzada. En ocasiones, no traté a la gente con el amor y la compasión de Jesús.

Mis fracasos me decepcionaron y a veces me desalentaron, hasta me deprimieron. Esa era mi reacción normal hasta que entendí que Dios usa mis debilidades para bien, desarrollando mi carácter para hacerme una mejor persona.

El fracaso le sobreviene a una persona cuando pierde su deseo de seguir luchando. Mantengo la perspectiva de que Satanás me puede tumbar, pero no derrotar. Fracasar en algo es muy diferente a ser un fracaso. Debemos aprender a separar nuestro "ser" de nuestro "hacer". Tal vez puedo hacer algo en el cual pueda fracasar, pero yo no soy un fracaso. Soy un hijo de Dios, quien está todavía siendo transformado a su imagen, de gloria en gloria (ver 2 Corintios 3:18).

El fracaso ciertamente no causa la depresión, es nuestra actitud hacia el fracaso. Si creemos que Dios es mayor que nuestros fracasos, ¡entonces no tienen ningún poder sobre nosotros! Nuestra debilidad es una oportunidad para Él mostrar su fuerza.

Romanos 5:20 dice: *"Pero la ley se introdujo para que el pecado abundase; mas cuando el pecado abundó, sobreabundó la gracia".* ¿Cómo podemos fallar con un sistema así puesto en acción para nosotros?

No permita que sus debilidades y fracasos lo depriman. Gócese en el conocimiento de que gracias a Jesús, usted no tiene que permanecer en esa condición. Muchas de las personas que viven sin el Señor en sus vidas sufren de depresión cuando las cosas fallan; pero nosotros podemos ir a Jesús. ¡Eso nos debe llenar de felicidad, no de tristeza!

Recuerde que usted no es sorpresa para Dios. Él sabía lo que Él hacía cuando decidió escogerlo, lo mismo que Él sabía lo que hacía cuando me escogió a mí. Efesios 1:4 nos dice: *"...según nos escogió en él antes de la fundación del mundo, para que fuésemos santos y sin mancha delante de él".* Él ya sabía cada debilidad nuestra, cada imperfección, cada vez que fracasaríamos, y aún así todavía decía: "Te escojo". Efesios 1:5 establece que Él nos predestinó para que fuéramos adoptados como hijos suyos.

Creo que yo estaría feliz, ¡Dios es mi papito! Con Dios de nuestro lado, al final, las cosas obrarán para nuestro bien. Así que regocijémonos ahora, y no perdamos más tiempo estando tristes.

## COMPARACIONES INJUSTAS

Frecuentemente, cuando comparamos nuestras vidas con las de otros causa que nos deprimamos. Podemos mirar a otras personas y preguntarnos por qué no somos como ellos, por qué no nos parecemos a ellos, por qué no conocemos lo que ellos conocen, por qué no poseemos lo que ellos poseen o por qué no hacemos lo que ellos hacen. Es interesante notar que Satanás nunca indica lo que ellos no tienen, solamente lo *que ellos tienen* y *nosotros* no tenemos.

Las otras personas pueden tener algunas cosas que nosotros no tenemos, pero también nosotros tenemos algunas cosas que ellos no tienen. Debemos creer que Dios equipó a cada uno de nosotros con justamente lo que necesitamos para cumplir su llamado en nuestras vidas. Si no lo tengo, no debo necesitarlo, o no es el tiempo aún para tenerlo.

Pasé muchos días infeliz y deprimida, comparándome con otra gente. ¿Por qué no podía ser despreocupada como Dave? ¿Por qué no podía ser dulce, misericordiosa y sumisa como la esposa de mi pastor? ¿Por qué no podía coser como mi vecina? ¿Por qué no puedo tener un metabolismo que trabaje más rápido para que yo pueda comer más y no engordar? ¿Por qué? ¿Por qué? ¿Por qué?

Dios nunca me contestó, excepto que sí me dijo lo mismo que le dijo a Pedro cuando él se comparó con Juan. En Juan 21:18–22, Jesús le había dicho a Pedro que iba a entrar en una temporada de sufrimiento. Jesús estaba hablando de la clase de muerte que Pedro iba a sufrir y así glorificar a Dios.

La respuesta inicial de Pedro fue preguntar qué le iba a pasar a Juan. Jesús prontamente le respondió: *"Si quiero que él quede hasta que yo venga, ¿qué a ti? Sígueme tú"* (v. 22).

Pareciera como si Jesús le estuviera diciendo a Pedro discretamente que no se metiera en lo que no le importa, y que no se comparara con Juan. El Señor tiene un plan individual para cada uno de nosotros y, a menudo, no podemos entender lo que Él está haciendo o por qué lo hace.

Miramos a otra persona como el patrón para lo que debería sucedernos, pero ellos no pueden ser el patrón porque Dios tiene un patrón diferente para cada persona. El hecho de que todos tenemos huellas digitales diferentes es la prueba de que no debemos competir entre nosotros y vivir en comparaciones injustas.

Es injusto compararnos con otros. Es injusto para nosotros, para ellos y para Dios. Esto pone presión en nuestras relaciones y le dice a Dios: "Quiero limitarte a esto y nada más". ¿Qué tal si Dios determina darle algo mucho mayor de lo que usted se imagina?

Nosotros estaríamos satisfechos con lo que vemos que otros tienen, pero Dios puede ir más allá de lo que pensamos. Gálatas 5:26

nos enseña que no debemos ser "envidiosos" ni "celosos" el uno del otro. No debemos competir el uno con el otro.

Proverbios 14:30 dice: *"Mas la envidia es carcoma de los huesos"*. La depresión se siente justo así, como carcoma de los huesos. Todo se siente como si se hubiera derrumbado.

Gálatas 6:4 nos dice: *"...y entonces tendrá gloria sólo respecto de sí mismo, y no en otro"*. En otras palabras, nuestra meta debe ser "lo mejor que puedo ser de mí". Debemos hacer lo que creemos que podemos hacer sin buscar hacer algo más grande que otro para sentirnos mejor con respecto a nosotros mismos.

Cuando nuestro valor como individuos es basado en Cristo, somos libres de la agonía de la competencia y las comparaciones. Esa libertad desata el gozo. La depresión es el resultado de buscar lo que no tenemos y lo que no podemos hacer. El gozo es el resultado de ser agradecidos en todo, y considerarnos bendecidos de estar vivos y conocer al Señor Jesucristo.

## LA DEPRESIÓN ENGENDRA MÁS DEPRESIÓN

Las amistades que escogemos son importantes, porque podemos empezar a parecernos a ellos. Daniel era un gran hombre de integridad y excelencia, y sus amigos eran iguales. Daniel no se comprometió, ni tampoco se comprometieron Sadrac, Mesac y Abed-nego.

Una persona deprimida, sombría y negativa es insoportable. Si aquellos alrededor de la persona no son cuidadosos, se encontrarán comenzando a sentir del mismo modo que la persona deprimida. Si usted tiene que estar alrededor de alguien que con regularidad está deprimido, manténgase cubierto por la sangre de Jesús y pida protección contra el espíritu de depresión. Asegúrese de ser más agresivo contra la depresión que ésta contra usted.

El Salmo 1:1 nos dice que no nos sentemos inactivos en el camino de los pecadores. Creo firmemente en ayudar a la gente, y esto incluye personas deprimidas, pero hay veces que ellos no quieren ayuda. Ellos quieren seguir deprimidos.

He tratado con individuos que son tan negativos, que no importa las cosas buenas que sucedan, ellos siempre responden con algo amargo y negativo. Así era yo hace algunos años, y en realidad me molestaba cuando alguien intentaba animarme. Bien puedo recordar cómo Dave persistía en ser feliz, sin importar lo infeliz que yo me sentía. ¡Su alegría me enfadaba!

Las personas deprimidas quieren que otros estén deprimidos. La alegría los irrita. En realidad, esto irrita el espíritu malo que los está oprimiendo. No estoy diciendo que las personas deprimidas están poseídas por el diablo. Lo que digo es que la depresión es el resultado de un espíritu malo que los oprime.

Sabemos que todas las cosas malas y malvadas vienen de Satanás y sus demonios, entonces ¡vamos a enfrentarlos y a no ser ofendidos!

Si usted suele ser atacado por la depresión y sinceramente quiere vencerla, una de las cosas que puede hacer es asegurarse de pasar tiempo con personas felices. El gozo de Dave me irritó en mis días de depresión, pero su estabilidad y alegría también me hizo tener hambre por lo que él tenía. Al estar con él, aprendí a cómo manejar situaciones negativas. Vi la diferencia entre cómo él y yo manejábamos las diferentes situaciones. Comencé a entender que su alegría no se basaba en la falta de retos en su vida; su alegría se basaba en la forma en que él manejaba esos retos, y su actitud hacia estos.

Los espíritus y la unción son transferibles. Es por eso que imponemos manos sobre la gente; esto es una doctrina bíblica. Setenta hombres fueron escogidos para ayudar a Moisés en el ministerio al que Dios lo llamó. Primero, ellos tenían que rodear a Moisés, pararse junto a él, y Dios procuraría que el Espíritu que estaba sobre Moisés se extendiera sobre ellos. ¡Un principio verdaderamente poderoso!

Mi personalidad necesitaba cambiar. Una de las cosas que necesitaba cambiar era la inestabilidad de mi temperamento. Dios entendía por qué yo era de la manera que era. Me habían pasado muchas cosas a través de los años que habían desarrollado mi naturaleza emocional. Pero Él me estaba brindando sanidad también. En mi vida personal, Él me rodeó con gente sumamente estable.

Una de esas personas era mi marido, otros fueron una pareja que vivió con nosotros durante once años. Ellos cuidaban de nuestra casa y ministerio mientras Dave y yo viajábamos. Paul y Roxane son personas muy estables.

Estas eran tres personas con quienes hablaba diariamente; comíamos juntos, veíamos películas, íbamos de compras, íbamos a la iglesia, hacíamos proyectos juntos, etcétera. Estaba tan rodeada por gente feliz y estable que muchas veces me sentía como un "defecto". La alegría y estabilidad de ellos me hicieron comprender que yo tenía que cambiar y me alegro de que hubiera sido así. Eso es lo que logran las relaciones con personas llenas de gozo y estabilidad.

Si usted está luchando contra la depresión, recuerde que sus amistades y relaciones son muy importantes. ¡No se asocie con gente deprimida si usted quiere vencer la depresión!

Lo último que necesitamos cuando estamos experimentando luchas con la depresión es reunirnos con otras personas que están deprimidas, desalentadas y siempre hablando de sus problemas. Necesitamos reír, cantar, regocijarnos, ocasionalmente gritar, y pensar en cosas agradables.

# 7

## ESCUCHE LO QUE DIOS DICE ACERCA DE USTED

*"...para alabanza de la gloria de su gracia, con
la cual nos hizo aceptos en el Amado".*
• Efesios 1:6 •

DIOS NO QUIERE que nos sintamos frustrados y condenados. Dios quiere que entendamos que Él nos acepta y nos ama tal como somos.

El diablo trata de decirnos lo que no somos, pero Dios sigue tratando de decirnos lo que sí somos: sus amados hijos, quienes son muy agradables a Él.

Dios nunca nos recuerda de dónde hemos caído, Él siempre nos acuerda cuán lejos hemos llegado. Él nos recuerda cuántas cosas hemos vencido, cuán bien estamos, cuán preciosos somos para Él y cuánto Él nos ama.

Al diablo le encanta decirnos que no somos aceptables ante Dios porque no somos perfectos, pero Dios nos dice que somos "aceptos en el Amado", debido a lo que Él ya hizo por nosotros (ver Efesios 1:6).

Dios quiere que nosotros sepamos que su mano está sobre nosotros, que sus ángeles nos cuidan y que su Espíritu Santo está en nosotros y con nosotros para ayudarnos en todo lo que hacemos.

Él quiere que nosotros sepamos que Jesús es nuestro amigo fiel y que cosas buenas van a ocurrir en nuestras vidas cuando andamos con Él día a día.

Si usted y yo aprendiéramos a escuchar a Dios y no al diablo, Él nos animará y nos hará sentir bien acerca de nosotros mismos. Él nos dará la paz sobre el pasado, la alegría para el presente y la esperanza para el futuro.

Recuerde: El gozo del Señor es nuestra fuerza y fortaleza.

## Conclusión

Los principios que cambiarán su vida por lo general no son complicados. Su situación puede cambiar si usted aprende a aplicar el principio del gozo al inicio de algo que podría causarle depresión.

## SEGUNDA PARTE

## ESCRITURAS PARA VENCER LA DEPRESIÓN

*"Claman los justos, y Jehová oye, y los libra de todas sus angustias".*

—Salmo 34:17

*"Pacientemente esperé a Jehová, y se inclinó a mí y oyó mi clamor, y me hizo sacar del pozo de la desesperación, del lodo cenagoso; puso mis pies sobre peña y enderezó mis pasos. Puso luego en mi boca cántico nuevo, alabanza a nuestro Dios. Verán esto muchos, y temerán, y confiarán en Jehová".*

—Salmo 40:1–3

*"Está mi alma apegada a ti: tu diestra me ha sostenido".*

—Salmo 63:8

*"Esperé yo a Jehová, esperó mi alma; en su palabra he esperado".*

—Salmo 130:5

*"La lengua apacible es árbol de vida; mas la perversidad de ella es quebrantamiento de espíritu".*

—Proverbios 15:4

*"Levántate, resplandece; porque ha venido tu luz, y la gloria de Jehová ha nacido sobre ti".*

—Isaías 60:1

*"El Espíritu de Jehová el Señor está sobre mí, porque me ungió Jehová; me ha enviado a predicar buenas nuevas a los abatidos, a vendar a los quebrantados de corazón, a publicar libertad a los cautivos, y a los presos apertura de la cárcel; a proclamar el año de la buena voluntad de Jehová, y el día de venganza del*

Dios nuestro; a consolar a todos los enlutados; a ordenar que a los afligidos de Sion se les dé gloria en lugar de ceniza, óleo de gozo en lugar de luto, manto de alegría en lugar del espíritu angustiado; y serán llamados árboles de justicia, plantío de Jehová, para gloria suya".

—ISAÍAS 61:1–3

"Porque Dios, que mandó que de las tinieblas resplandeciese la luz, es el que resplandeció en nuestros corazones, para iluminación del conocimiento de la gloria de Dios en la faz de Jesucristo".

—2 CORINTIOS 4:6

"Por nada estéis afanosos, sino sean conocidas vuestras peticiones delante de Dios en toda oración y ruego, con acción de gracias. Y la paz de Dios, que sobrepasa todo entendimiento, guardará vuestros corazones y vuestros pensamientos en Cristo Jesús. Por lo demás, hermanos, todo lo que es verdadero, todo lo honesto, todo lo justo, todo lo puro, todo lo amable, todo lo que es de buen nombre; si hay virtud alguna, si algo digno de alabanza, en esto pensad".

—FILIPENSES 4:6–8

## ORACIÓN PARA VENCER LA DEPRESIÓN

Padre,

En el nombre de Jesús, vengo a ti con la carga de mi depresión. Es una carga, no una necesidad y la coloco ante tus pies ahora, querido Señor.

Padre, sustituye los sentimientos de abatimiento por tu gozo. Tu gracia es suficiente para mí. Entro en acuerdo con tu Palabra. Necesito estar en tu presencia. ¡En ti vivo, en ti me muevo y en ti tengo mi ser!

¡Gracias!

# ¡HABLEMOS CLARO SOBRE EL DESÁNIMO!

# INTRODUCCIÓN

Todos hemos estado desanimados en algún momento u otro. Es más, no me sorprendería saber que todos atravesamos algún tipo de desánimo durante el transcurso de una semana. Nos *ilusionamos* cuando pensamos que algo va a suceder de cierta manera, y nos *desilusionamos* cuando no sucede así.

La desilusión que no es enfrentada y atendida se convierte en desánimo. Si nos mantenemos desanimados por mucho tiempo podemos llegar a sentirnos desolados, y la desolación nos deja incapaces de manejar cualquier situación.

Muchos cristianos desolados están tendidos a la orilla del camino de la vida, porque no han aprendido a controlar la decepción. La desolación que sienten posiblemente comenzó con una simple desilusión que nunca fue atendida.

Jesús sanó a todos los que estaban oprimidos por el enemigo (ver Hechos 10:38). ¡La voluntad de Dios no es que vivamos desilusionados, desolados u oprimidos! Cuando nos desilusionamos, tenemos que aprender a ser "re-ilusionados" para evitar el desánimo y la desolación.

Cuando aprendemos a poner nuestra confianza y esperanza en Jesús, nuestra Roca (ver 1 Corintios 10:4) y resistir al diablo, entonces vamos a poder vivir en el gozo y la paz del Señor, libres del desánimo.

# PRIMERA PARTE

## LIBRES DE LA OPRESIÓN

# 1

## MAYOR ES EL QUE
## VIVE EN NOSOTROS

*"Cómo Dios ungió con el Espíritu Santo y con poder a Jesús*
*de Nazaret, y cómo éste anduvo haciendo bienes y sanando a*
*todos los oprimidos por el diablo, porque Dios estaba con él".*
• HECHOS 10:38 •

PUDIÉRAMOS DECIR QUE el llamado de Jesús (como diríamos, "su trabajo") era caminar bajo la unción del Espíritu Santo que estaba sobre Él, y liberar a todos los que estaban oprimidos por el enemigo. Ese poder está hoy disponible para nosotros. No es la voluntad de Dios que sus hijos estén acosados u oprimidos, y el poder de Jesús está disponible hoy día para librarnos de la opresión.

De acuerdo al diccionario *Webster*, el oprimir es "presionar con fuerza sobre", especialmente "como para deprimir la mente o el espíritu".[1] Otros significados son "aplastar o abrumar", oprimir.

Creo que el enemigo, Satanás, puede oprimir no solo la mente y el espíritu, pero cualquier otra parte de nuestro ser, incluyendo el cuerpo y el alma. A veces lo logra sin nosotros saber qué es lo que nos molesta específicamente.

Todos hemos tenidos cargas pesadas en nuestras vidas. Muchos hemos experimentado opresión al punto que se nos hace difícil pensar y hacer decisiones. En otras ocasiones, hemos estado físicamente oprimidos.

Tenemos que tener en cuenta que, en muchas ocasiones, Satanás intentará oprimir diferentes partes de nuestro ser, de diferentes maneras y por diferentes razones. Pero, tenemos el poder a nuestra disposición, por medio de Jesús, de ser agresivos contra el enemigo. Si no somos agresivos contra él, él será agresivo contra nosotros.

Aunque el enemigo es la raíz de toda maldad, hay cosas que hacemos en la carne que nos harán sentir abrumados o nos traerán pesadez. Nos podemos sentir abrumados al no enfrentar los pequeños problemas que se nos presentan. Las personas envueltas en el chisme, las quejas y la murmuración, pueden experimentar un gran sentido de pesadez.

Para sentirnos inspirados, hasta el punto de sentir como una fuente de agua viva fluyendo de nosotros, tenemos que resistir al diablo que trata de oprimirnos en todas sus formas. Pero, además, debemos aprender a rechazar la opresión y la depresión que muchas veces les damos cabida en nuestra vida. Más importante aún, tenemos que enfrentar agresivamente las cosas que Dios nos pide hacer. Cuando obedecemos a Dios, emprenderemos proyectos difíciles. Pero el Señor nos da su Espíritu, quien obra poderosamente en nosotros para permitirnos hacer lo que Él nos ha pedido que hagamos.

Nuevamente, de acuerdo al diccionario *Webster*, ser agresivo es iniciar una acción esforzada, ser "energético" o "audazmente asertivo"; "emprendedor", lo cual se puede traducir como imaginativo.[2]

Originalmente creado por Dios, el poder del hombre para imaginar no significa que sea una cosa malvada o perversa. La imaginación creativa del hombre es la que continúa creando nuevas ideas y adelantando procesos con ideas innovadoras. Piense cuán creativo tenía que ser Adán para poder nombrar a todos los animales antes de él pecar. ¡A algunos de nosotros se nos hace difícil pensar en un nombre para nuestra mascota!

## Dirigidos por el Espíritu

Seguir la dirección del Espíritu Santo y permitir que el fruto del Espíritu (ver Gálatas 5:22–23) se manifieste en nuestras vidas indica que somos pioneros e innovadores. Somos personas que tenemos la habilidad para expresar el poder creativo de Dios que está dentro de nosotros. Muchas personas están aburridas, porque están en un estado "oprimido" en vez de estar en un estado de "agresividad divina". El aburrimiento es eliminado cuando usamos la creatividad que Dios nos ha dado.

Algunos de nosotros naturalmente somos más creativos, imaginativos, innovadores y agresivos que otros. Pero cada uno de nosotros puede usar la creatividad, imaginación, innovación y agresividad que Dios ha puesto en nosotros para hacer nuestras vidas más agradables, productivas y gratas.

En vez de esperar que algo nos caiga del cielo, nosotros tenemos el talento para iniciarlo. Por ejemplo, en vez de esperar que otros sean amistosos, nosotros podemos iniciar la amistad.

## Mantenga huyendo al enemigo

El enemigo nos miente (ver Juan 8:44). Si no somos agresivos contra él y dejamos de creer sus mentiras, él arruinará nuestra vida. Él anda alrededor *como* un león rugiente (ver 1 Pedro 5:8), pero *tenemos* el León de Judá, Jesús, *dentro* de nosotros. ¡Nosotros somos los que debemos estar rugiendo!

Cuando el enemigo se acerca a nosotros, debemos mantenernos espiritualmente afinados hasta el punto de poder ver lo que está tramando y lograr frenarlo. Ese proceso debe tomar solo algunos segundos.

El enemigo siempre se acerca en contra de nosotros. Mientras retrocedemos, él sigue tomando ventaja. Si damos un paso contra él, con la autoridad que Jesús nos ha dado, el enemigo va a retroceder.

Tenemos que seguir amparándonos en nuestra autoridad sobre el diablo. Si dejamos de hacerlo, él comenzará a moverse en contra de nosotros, haciéndonos retroceder. El enemigo es un mentiroso, un déspota, un fanfarrón y un engañador. Él viene *como* un león, pero no es un león. Nosotros los creyentes tenemos el poder de Aquel que está en nosotros.

*"Mayor es el que está en vosotros, que el que está en el mundo".*
—1 Juan 4:4

Conozca la Palabra a tal grado que en el momento en que un pensamiento entre en su mente y no se alinea con la Palabra, podamos decirle al diablo: "¡*Mentiroso!* No, no voy a escucharte".

Puede pasar su vida retrocediendo y escondiéndose del enemigo, o forzándolo a que él retroceda.

## Escoja la vida

*"A los cielos y a la tierra llamo por testigos hoy contra vosotros, que os he puesto delante la vida y la muerte, la bendición y la maldición; escoge, pues, la vida, para que vivas tú y tu descendencia".*
—Deuteronomio 30:19

El gozo y la felicidad no provienen de lo externo. Provienen de lo interno. Son una decisión consciente, una elección deliberada, una que hacemos cada día que vivimos.

En nuestro ministerio hay una mujer joven trabajando con nosotros que tiene muchas cosas en su vida que desea cambiar. Pero a pesar de esos retos, ella se siente feliz y gozosa.

Esta mujer joven está llena de felicidad y gozo, no porque no tenga problemas, sino porque ha tomado la decisión de gozar de la vida y trabajar aun en medio de la adversidad.

Cada día ella se enfrenta a una decisión: estar llena de miseria o estar llena del gozo del Señor.

Esa es la misma decisión que cada uno de nosotros enfrentamos cada día de nuestras vidas.

O escogemos escuchar pasivamente al enemigo y permitir que él arruine nuestras vidas y nos haga sentir miserables, o escogemos resistirlo agresivamente para poder vivir en la plenitud que Dios ha provisto para nosotros mediante su Hijo Jesucristo.

De todos modos, vamos al cielo. Pero, ¿queremos ir al cielo y descubrir toda la diversión que hubiéramos podido tener en el camino? Vamos a escoger la vida ahora, y gozarla de la manera que Dios desea.

# 2

# VELAD Y ORAD

*"Velad y orad, para que no entréis en tentación; el espíritu*
*a la verdad está dispuesto, pero la carne es débil".*
• MATEO 26:41 •

SUPONGA QUE SU casa está siendo rodeada por agentes del enemigo, y en cualquier minuto ellos romperán la puerta y le atacarán. ¿No cree que estaría tratando de mantenerse alerta y velando la puerta?

¿Qué haría si por alguna razón usted no estuviera alerta y velando? ¿No se aseguraría que algún miembro de la familia se mantuviera alerta al peligro?

En este versículo, Jesús nos dice que debemos mantenernos despiertos, dar atención estricta, ser cauteloso y velad y orad.

Como creyentes, debemos estar siempre alertas, activos y atentos. Entonces, si necesario, debemos de estar listos para tomar armas en contra del ataque del enemigo.

## SEA UN LUCHADOR

*"Pelea la buena batalla de la fe…"*

—1 TIMOTEO 6:12

El ser agresivo es ser luchador. Así como el apóstol Pablo había dicho que peleó la buena batalla de fe (ver 2 Timoteo 4:7), así él instruye a su discípulo Timoteo a pelear la buena batalla de fe. De esa misma manera, usted y yo debemos luchar diariamente la buena batalla de fe. Debemos aprender a luchar contra los enemigos espirituales en lugares altos, en nuestra mente y en nuestro corazón.

Un aspecto de pelear la buena batalla de la fe es aprender a ser capaces de reconocer al enemigo, reconociendo cuando las cosas están normales y cuando andan mal. Permítame darle un ejemplo.

Hace algún tiempo tuve una conversación con cierto individuo. Mientras escuchaba a esa persona, una gran confusión comenzó a llenar mi mente. Me di cuenta que esto sucedía cada vez que hablaba con esta persona.

Usualmente, salía pensando: ¿Qué pasa? No entiendo por qué sucede esto. Lo cierto es que no me sentía cómoda con esa persona.

Al pensar más en el asunto, comencé a reconocer el problema. Cada vez que hablaba con esta persona, yo comenzaba a preocuparme si estaba malinterpretando algo que le había dicho.

La próxima vez que nos reunimos, me sentí otra vez de esa manera. Pero esta vez fui más agresiva. Me detuve y oré: "En el nombre de Jesucristo, tomo autoridad sobre este espíritu. No voy a preocuparme. Si a esta persona no le gusta lo que yo diga, eso será entre él y Dios.

"Tengo que ser libre. No puedo pasar toda mi vida basando mis decisiones en lo que todo el mundo va a pensar. Satanás, no voy a tener esta preocupación. En el nombre de Jesús, ¡se acabó!".

Tomé mi posición y la libertad llegó. Mientras estuve pasiva, Satanás me atormentaba.

Ese es nuestro problema, somos muy pasivos. Casi nunca hacemos algo en contra del enemigo cuando él se nos acerca con temor, preocupación, duda y culpabilidad. Retrocedemos a una esquina y dejamos que él nos atropelle.

Ni usted ni yo fuimos creados para ser un saco de boxeo para el diablo; al contrario, estamos supuestos a ser luchadores.

El diablo quiere que luchemos en lo natural con todos los que nos rodean. Pero Dios quiere que nos olvidemos de toda la basura que Satanás agita dentro de nosotros para que nos irritemos con otras personas. Dios quiere que luchemos en contra de los enemigos espirituales que tratan de pelear sobre nuestras vidas y robarnos la paz y el gozo.

# ¿QUÉ ES NORMAL?

*"Porque donde hay celos y contención, allí hay perturbación y toda obra perversa. Pero la sabiduría que es de lo alto es primeramente pura, después pacífica, amable, benigna, llena de misericordia y de buenos frutos, sin incertidumbre ni hipocresía".*

—SANTIAGO 3:16–17

La confusión no es un estado natural para el creyente, eso no es lo que Dios quiere. Necesitamos atacar la confusión cada vez que llene nuestro ser.

Pero muy a menudo, seguimos pensando que algo está mal con nosotros en lugar de entender que el problema es que estamos bajo el ataque del enemigo.

Otro error que cometemos es tratar de resolverlo todo en vez de velar y orar como Jesús nos ordenó.

Debemos velar y orar cada vez que comencemos a sentirnos fuera de lo normal, como sentirnos oprimidos o apesadumbrados. Así es como uno aprende a orar sin cesar (ver 1 Tesalonicenses 5:17). Debemos estar listos para orar a cualquier hora que haya urgencia de hacerlo.

Pero, ¿qué es normal para el creyente? Para responder a esto, debemos analizar lo que no es normal.

La preocupación no es normal. No es normal estar atormentado por el razonamiento excesivo, tratando de resolver todas las cosas sobre las cuales no tenemos control. No es normal ser acosado por pensamientos de lo que otros piensan de nosotros. No es normal sentirse deprimido, cargado y pensar que no vales nada. No es normal sentirnos que somos un fracaso.

Estas cosas pueden ser normales para otras personas, pero Dios nunca pretendió que esto fuera lo normal. Él nunca pretendió que la vida fuera así, que viviéramos en un estado de confusión constante o atormentados por nuestros pensamientos.

Cuando estos pensamientos vienen sobre nosotros, debemos reconocerlos por lo que son, mentiras del enemigo.

En su libro, *El hombre espiritual*, bajo la sección titulada "Las cargas en el Espíritu", Watchman Nee dice sobre esas situaciones lo siguiente: "El espíritu debe de estar en un estado de perfecta libertad. Siempre debe de estar liviano como flotando sobre el aire... Un cristiano debe entender cuáles son las cargas que pesan sobre su espíritu. Muchas veces se siente como una opresión, como si mil libras estuvieran sobre su pecho. Es usado por el enemigo para acosar lo espiritual, para privarlo del gozo, como también para incapacitar su espíritu de poder trabajar con el Espíritu Santo... Un espíritu libre es la base de la victoria... Cuando el espíritu sufre opresión, la mente no puede funcionar adecuadamente".[1]

Todas nuestras partes trabajan juntas. Necesitamos mantenernos en un estado de libertad y de normalidad. Para lograr eso necesitamos mantenernos bajo el liderazgo del Señor Jesucristo.

## EL SEÑORÍO DE CRISTO

*"Derribando argumentos y toda altivez que se levanta contra el conocimiento de Dios, y llevando cautivo todo pensamiento a la obediencia a Cristo".*
                                                        —2 Corintios 10:5

El Señor nos dará la victoria sobre el enemigo, pero lo hará únicamente si clamamos a Él y le pedimos que intervenga en nuestro problema.

Nada va a cambiar en nuestra situación si todo lo que hacemos es sentarnos y desear que las cosas cambien. Tenemos que tomar acción.

El Señor está listo, dispuesto y es capaz de ayudar a su pueblo a superar la pasividad, la apatía, la pereza, el letargo y las dilaciones, todas esas cosas que nos arrastran hacia la depresión, el desánimo y la desesperación. Pero nosotros tenemos que hacer nuestra parte en esto.

No somos personas llamadas a funcionar de acuerdo a cómo nos sentimos. Somos personas llamadas a tomar la Palabra de Dios y aplicarla diariamente a nuestras vidas. Pero para hacerlo, tenemos que mantenernos espiritualmente en alerta, en todo momento.

# 3

# SEIS COSAS QUE DEBEMOS HACER AGRESIVAMENTE

*"Desde los días de Juan el Bautista hasta ahora, el reino de los cielos sufre violencia, y los violentos lo arrebatan".*
• Mateo 11:12 •

NECESITAMOS TOMAR EL reino de Dios, que es justicia, paz y gozo (ver Romanos 14:17), por la fuerza. Al momento de sentirnos decepcionados, debemos detener agresivamente al enemigo.

De mis años en el ministerio, así como en mi propio andar cristiano, he aprendido que hay seis cosas que necesitamos hacer agresivamente.

## 1. Pensar agresivamente.

*"¿O qué rey, al marchar a la guerra contra otro rey, no se sienta primero y considera si puede hacer frente con diez mil al que viene contra él con veinte mil?"* (Lucas 14:31).

Un general que se prepara para la batalla piensa mucho. Él planifica y calcula cómo derrotar al enemigo con el menor riesgo, tanto para él como para su ejército.

Usted y yo necesitamos hacer lo mismo en nuestra lucha espiritual, así como también en la vida diaria.

Necesitamos pensar: *¿Cómo puedo pagar mis deudas? ¿Cómo puedo limpiar mi casa? ¿Cómo puedo proveer mejor para mi familia?*

Pero también necesitamos pensar: *¿Cómo puedo alcanzar más personas a través de mi ministerio? ¿Cómo puedo ayudar a mis vecinos* *y mostrarles el amor de Cristo? ¿Cómo puedo ser de bendición a los pobres? ¿Cómo puedo darle más a Dios?*

Piénselo. Pregúntese cómo puede estar más envuelto y activo en la obra del Señor.

Por supuesto, si tiene una familia, esa debe ser su primera prioridad y responsabilidad. Si tiene niños pequeños, debe asegurarse que sus prioridades están en orden. Necesita pasar bastante tiempo con ellos, especialmente durante sus años de formación.

Pero, a veces, es posible manejar un ministerio y una familia. Yo lo he hecho por años. Comencé mi ministerio, Vida en la Palabra, cuando mi hijo tenía solo un año de edad.

*Si* usted tiene un llamado de Dios para hacer algo y *si* desea hacerlo de corazón, no importa lo imposible que crea que es lo que quiere hacer, usted podrá hacerlo. Piense creativamente. Tome la iniciativa y dé el primer paso.

¡Piense agresivamente!

## 2. Orar agresivamente.

*"Acerquémonos, pues, confiadamente al trono de la gracia, para alcanzar misericordia y hallar gracia para el oportuno socorro"* (Hebreos 4:16).

¿Cómo hemos de acercarnos al trono de Dios? Sin temor, confiados y con audacia.

¡Eso quiere decir agresivamente!

No debemos ser tímidos ni sentir vergüenza al acercarnos a Dios. Podemos presentarnos con confianza y decirle lo que necesitamos. Podemos decirle que estamos esperando que Él haga lo que nos ha prometido en su Palabra.

En Efesios 3:20 se nos dice que Dios es capaz de *"hacer todas las cosas mucho más abundantemente de lo que pedimos o entendemos"*.

Note que dice "pedimos". Necesitamos ser cristianos con denuedo, seguros de sí mismos, intrépidos y agresivos.

Cuando se acerque al trono de Dios, hágalo con denuedo y agresividad.

## 3. Hablar agresivamente.

*"Si alguno habla, hable conforme a las palabras de Dios..."* (1 Pedro 4:11).

Como hijos de Dios, usted y yo debemos tener una voz agresiva.

Claro, que cuando hablo de agresividad, no estoy hablando de ser agresivo en la carne. Estoy hablando de ser agresivo en contra de las fuerzas del enemigo.

Permítame darle un ejemplo:

En cierto lugar, la Biblia nos enseña que tenemos que ser mansos como paloma (ver Mateo 10:16), pero en otro lugar nos dice que seamos audaces como un león (ver Proverbios 28:1). Yo tuve dificultad en reconciliar estas dos imágenes.

Entonces pensé en una persona que está en su trabajo cuando su jefe, que no es cristiano, se le acerca y le llama la atención por algo que no es su culpa. El empleado sabe que si responde puede perder su trabajo, así que no dice nada, esperando que el Señor lo vindique.

Aunque él es manso como paloma externamente, pero internamente es valiente como un león.

De la misma manera, habrán ocasiones en las que usted y yo tendremos que ser pasivos externamente, pero agresivos en el espíritu. Podemos permitir que las palabras fuertes sean dirigidas hacia nosotros, pero no tenemos que recibir esas palabras espiritualmente.

Podemos rehusar el caer en condenación. Podemos orar en el espíritu mientras somos asaltados en la carne.

Entonces, al salir de esa situación podemos hablar agresivamente por nuestra boca, tomando autoridad sobre los enemigos espirituales que están trayendo ese abuso en contra de nosotros.

Cuando alguien viene en mi contra en la carne, inmediatamente comienzo a orar en el Espíritu. Sé que no tengo que recibir ese abuso, así que me protejo espiritualmente.

Por años les permití a otros que descargaran su basura sobre mí. Luego trataba de soltar la carga en mis propias fuerzas, en la carne. Con el tiempo aprendí que ninguna de estas tácticas funciona. Desde entonces descubrí lo que sí funciona.

Aprendí duramente que no luchamos contra sangre ni carne,

sino contra principados, potestades y huestes espirituales en lugares celestiales. Así que he aprendido a cómo luchar una guerra espiritual.

Usted tiene que aprender a hacer lo mismo. Debe ser manso como paloma y valiente como el león. Desarrolle una voz agresiva.

Cuando hable con la gente, no esté cabizbajo, ni hable en voz baja. No se queje, ni hable entre dientes. Párese derecho, mire a las personas a los ojos, hable positivamente con claridad y denuedo. Articule sus pensamientos con firmeza, y haga que otros le entiendan.

No sea evasivo, inseguro e incierto. Sea lo suficientemente valiente para abrir su boca y decir con confianza y seguridad lo que tiene que decir. Si va a cantar y adorar a Dios, entonces hágalo agresivamente.

Cuando abra su boca para decir algo, hágalo como si estuviera hablando como el oráculo de Dios. Hágalo con entusiasmo, gozo, gracia y agresivamente.

## 4. Dar agresivamente.

*"Dad, y se os dará; medida buena, apretada, remecida y rebosando darán en vuestro regazo; porque con la misma medida con que medís, os volverán a medir"* (Lucas 6:38).

Cuando usted y yo vamos a dar, debemos hacerlo generosa y agresivamente. Porque en la manera en que damos, recibimos.

Cuando mira en su cartera o billetera, no debe de sacar el billete más pequeño que encuentre. Al contrario, debe dar como Dios da, abundantemente.

Ahora comprendo que ninguna ofrenda es muy pequeña y ninguna es muy grande. Pero, a pesar de eso, debemos aprender a ser tan agresivos en nuestro dar como lo somos en otros aspectos de nuestra vida.

Yo busco las formas para poder dar más y más. Deseo dar todo el tiempo.

Una vez estuve en una librería cristiana y vi una cajita pequeña de ofrenda para uno de esos ministerios que alimenta a niños necesitados. Había un letrero que decía: *"Por 50 centavos, dos niños pueden comer por dos días"*.

Comencé a abrir mi cartera para dar un donativo cuando una

voz dentro de mí me dijo: "No tienes que hacer eso, tú siempre estás dando".

Inmediatamente me puse violenta, ¡espiritualmente violenta! Nadie podía reconocerlo al verme, pero estaba agitada en mi interior. Metí mi mano en la billetera, saqué dinero y lo puse en la cajita para probarle al enemigo que puedo dar como un acto de mi libre voluntad.

Usted puede hacer lo mismo. Cuando esté siendo tentado a no dar, ¡dé más! ¡Enséñele al enemigo que usted es un dador agresivo!

## 5. Trabajar agresivamente.

*"Todo lo que te viniere a la mano para hacer, hazlo según tus fuerzas…"* (Eclesiastés 9:10).

En todo lo que pongamos nuestras manos, debemos hacerlo agresivamente.

No debe enfrentarse con desaliento a las tareas en su vida. En otras palabras, no haga las cosas de mala gana o deseando poder escapar de sus responsabilidades. Acuda al Espíritu Santo y declare fuertemente: "Este es la obra que me ha otorgado el Señor, y con la ayuda del Espíritu Santo lo voy hacer con todas mis fuerzas para la gloria de Dios".

## 6. Amar agresivamente.

*"Este es mi mandamiento: Que os améis unos a otros, como yo os he amado. Nadie tiene mayor amor que este, que uno ponga su vida por sus amigos"* (Juan 15:12–13).

Como hijos de Dios, tenemos que amar a otros como Dios nos ama a nosotros. Eso quiere decir agresivamente, y sacrificialmente.

El amor es un esfuerzo. Nunca amaremos a alguien si no estamos dispuestos a pagar el precio.

Una vez le regalé a una mujer un hermoso par de aretes. Todo mi ser deseaba quedarse con ellos; pero mi espíritu me dijo que debía ser obediente al Señor, y se los regalé.

Después esa mujer se puso de pie en una reunión y dio el testimonio de cómo le habían "regalado" esos aretes que estaba usando.

El Señor me habló y me dijo: "Sí, fue un regalo para ella, pero te costó a ti. De la misma forma, la salvación es un regalo, pero le costó la vida a Jesús".

El amor es el regalo más grande de todos. Cuando usted muestre el amor de Dios, hágalo con libertad, sacrificialmente, ¡y agresivamente!

# 4

# CÓMO ENFRENTAR
# LA DECEPCIÓN

DE ACUERDO AL diccionario *Webster*, *decepción* o desilusión significa "hacer infeliz (a alguien) al no ser tan bueno como se esperaba, o no hacer algo que se esperaba o no cumplir con las expectativas".[1]

En otras palabras, nos decepcionamos cuando deseamos o estamos a la expectativa de que algo no se hace realidad.

Ninguno de nosotros llegará a un punto en nuestra vida donde no tengamos desilusiones. Nadie tiene tanta fe. La decepción es un hecho de la vida, algo que tenemos que enfrentar y resolver, porque nos puede llevar al desánimo, lo cual nos lleva a la desolación.

A menudo, muchas personas terminan desoladas y no entienden el porqué. No entienden que el problema comenzó con la decepción, y puede conducir a problemas serios más adelante.

## HÁGALE CASO A LAS SEÑALES

Si me levanto por la mañana con tos, dolor de garganta y dolor de cabeza, puedo reconocer que son síntomas de catarro. Muchas veces me he adelantado a la enfermedad y logro vencerla cuando oro, tomo un poco más de vitaminas C y A, y descanso.

La enfermedad, muchas veces, viene acompañada por síntomas de advertencia, señales que algo no está bien y necesita ser atendido antes que se ponga peor.

Él desánimo funciona de la misma manera. También es precedido por señales que revelan que tenemos que tomar acción agresivamente en contra de los síntomas que sentimos.

Como hemos dicho, al momento de detectar las primeras señales de que Satanás nos está atacando, tenemos que resistirlo. Es mucho más efectivo hacer algo al respecto desde el primer momento en que nos sentimos desilusionados, y no esperar a estar en las profundidades de la depresión y desolación.

Todos sabemos que es más fácil perdonar a alguien que nos ha hecho el mal inmediatamente después de la ofensa, que esperar a perdonar a esa persona después que le hemos dado tiempo al diablo que haya trabajado en nosotros y hecho sentir airados, amargados y duros de corazón.

Así es también con la decepción. Es más fácil y más efectivo manejar inmediatamente la decepción que esperar a que se convierta en desánimo, depresión y desolación.

## LAS CAUSAS DE LA DECEPCIÓN

Suponga que usted planifique una comida en el campo, una barbacoa u otra actividad en un parque, como una boda, y llueva.

Ha invitado a toda su familia y amigos, ha hecho preparativos elaborados, y ha invertido mucho esfuerzo, tiempo y dinero para asegurarse de que todo esté perfecto. Entonces comienza a llover y el resultado es que todo termina mojado.

Eso es una decepción. Pero es una decepción pequeña, una que se puede sobrevivir.

He aprendido que, en momentos así, lo mejor es no ponerme nerviosa, pero sí decir: "Ah, bueno, eso es desalentador, pero no es el fin del mundo. Vamos a tratar de hacer lo mejor bajo las circunstancias presentes".

Otras decepciones son más serias y potencialmente perjudiciales, especialmente si envuelven a personas y no cosas inanimadas como el tiempo.

## CONFÍE EN POCOS

*"Pero Jesús mismo no se fiaba de ellos, porque conocía a todos".*
—JUAN 2:24

Además de las desilusiones que todos tenemos que vivir gracias a que la vida no es perfecta, hay decepciones que tenemos que sobrellevar, porque las personas son imperfectas.

A fin de cuentas, todas las personas, sin importar quiénes sean, nos decepcionarán si ponemos mucha confianza en ellos. Esto no es cinismo, ni crítica, es un hecho ineludible. Por eso, no se puede confiar excesivamente en las personas, aún en las más cercanas a nosotros.

Ahora, eso puede sonar muy extraño, especialmente cuando lo escribe alguien que ha pasado años tratando de confiar más en las personas.

Pero como hemos visto en la vida de Jesús, es posible confiar en las personas hasta cierto punto, sin tener que abrirnos a ellos en una forma desbalanceada y sin sabiduría.

Como Jesús, usted y yo debemos amar a todos, pero no es un requisito confiar en ellos completamente. Únicamente un necio hace eso. ¿Por qué? Porque tarde o temprano, las personas nos van a fallar, como también, tarde o temprano nosotros le vamos a fallar a ellos.

La falibilidad es parte del ser humano. La persona que se cuida de ella, en sí mismo y en otros, es sabia.

Se puede decir que la mejor solución para la decepción es tratar de evitarla lo más posible. Y la mejor forma de hacer eso es de ser realista con nuestras esperanzas, deseos y expectativas, especialmente en todo lo que tiene que ver con los seres humanos, incluyéndonos a nosotros.

> *"El hijo sabio alegra al padre, pero el hijo necio es tristeza de su madre".*
>
> —Proverbios 10:1

Algunos hijos son una decepción para sus padres. Muchos padres y madres de hoy día piensan que sus hijos no escuchan nada de lo que ellos le dicen; que todo les entra por un oído y les sale por el otro.

Sé lo que es eso. Cuando mi hijo Danny estaba creciendo, él era así. Yo trataba de hablarle de algo importante y él me miraba con una mirada en blanco como si no estuviera escuchando una palabra de lo que le decía.

Un día lo castigaron en la escuela por algo necio que hizo. Cuando le pregunté lo que hizo, encogió los hombros.

"Eso no es una respuesta", le dije. "¿Ahora dime, por qué hiciste eso?"

"No sé", dijo entre dientes.

No importaba cuánto le cuestionaba sobre el porqué había hecho una cosa tan tonta, su respuesta siempre era la misma: "No sé".

Así que le di un sermón acerca de la importancia de cómo uno se comporta. Le dije que tenía que prestar atención y aprender todo lo que pudiera en preparación para su vida en el futuro.

El próximo día lo envié a la escuela esperando ver un gran mejoramiento en su actitud y comportamiento. Al contrario, regresó de la escuela con una nota de su maestra que decía que Danny había tenido el peor día desde el comienzo de clases.

Ese tipo de situación causa decepción en los padres. A veces es peor, según el niño va creciendo, porque esperamos más de él.

Cuanto mayor sea la esperanza, el deseo y la expectación, más grande será la decepción. Aún incidentes menores pueden causar frustración y amarga desilusión que nos lleva a problemas más serios, si no son resueltos apropiadamente y al momento.

## LAS ZORRAS PEQUEÑAS QUE ECHAN A PERDER LA VIÑA

*"Cazadnos las zorras, las zorras pequeñas, que echan a perder las viñas…"*
—CANTAR DE CANTARES 2:15

Las desilusiones pequeñas pueden crear frustración, que a la vez pueden dirigirnos a problemas grandes que pueden causar mucho daño.

Además de las grandes decepciones que ocurren cuando no se nos da una promoción, un nuevo trabajo, o la casa que queríamos, podemos sentirnos igualmente disgustados y frustrados con otra serie de molestias menores.

Por ejemplo, suponga que usted tiene una cita de almuerzo y la otra persona no llega. O suponga que hace un viaje especial al centro comercial para comprar cierto artículo en descuento, pero al llegar encuentra que se ha vendido todo el inventario. O suponga que usted se viste muy elegante para una ocasión especial y de pronto se da cuenta que hay un desgarre en el vestido.

Todas estas cosas son frustraciones pequeñas que pueden sumarse una con la otra y convertirse en algo serio. Por eso es que tenemos que aprender a mantener la perspectiva adecuada. Si no, podemos perder el control de las cosas, lo cual puede causar serios problemas cuando nos enfrentamos a un verdadero reto. Déjeme darle un ejemplo.

Imagine que comenzó su día despertándose tarde, así que ya está frustrado. Camino a la oficina, el tráfico le hace llegar aún más tarde de lo que esperaba.

Entonces, cuando finalmente llega a su trabajo se entera de que alguien en la oficina ha estado chismeando de usted a sus espaldas.

Va a buscar café para calmarse y respirar profundo, y derrama el café en su ropa; encima de eso, tiene una reunión importante con su jefe y ¡no tiene tiempo para cambiarse!

Todas esas cosas se amontonan una sobre la otra y le arruinan el día.

Entonces, justo en ese momento recibe un reporte del médico que no es lo que usted esperaba, y como si eso fuera poco, ¡su prometido la llama y amenaza con romper el compromiso que hace poco anunciaron al mundo entero!

¿Cuál sería su reacción más probable, tener fe o furia?

Todas esas frustraciones pequeñas como el tráfico, el chisme y el café son la base para una calamidad más grande cuando tenemos que enfrentarnos a un problema serio como una enfermedad o una relación fallida.

Por eso es que tenemos que estar a la defensiva en contra de las pequeñas zorras que echan a perder la viña, porque juntas pueden hacer tanto daño como las decepciones más serias.

Tenemos que aprender a hacer lo que hizo Pablo en el libro de los Hechos cuando la serpiente le mordió en la mano; ¡él simplemente se la sacudió de la mano! (ver Hechos 28:15). Si aprendemos a lidiar con las decepciones según lleguen, no tendremos que lidiar con una montaña de desolación.

# 5

## CONFIAR EN JESÚS

*"¿Por qué te abates, oh alma mía, y te turbas*
*dentro de mí? Espera en Dios; porque aún he*
*de alabarle, Salvación mía y Dios mío".*
• SALMO 42:5 •

NOSOTROS DEBEMOS TENER nuestra esperanza en Dios, porque no sabemos a qué nos vamos a enfrentar en la vida.

En varios pasajes de la Biblia podemos encontrar que se refieren a Jesús como la Roca (1 Corintios 10:4). El apóstol Pablo continúa diciéndonos en Colosenses 2:7 que debemos estar arraigados y sobre-edificados en Él.

En ningún lugar se nos dice que debemos estar arraigados y sobre-edificados en otras personas, en nuestro trabajo, en nuestra iglesia, en nuestros amigos o aún en nosotros mismos.

Estamos bien cuando echamos nuestras raíces en la Roca, que es Jesucristo. Pero estamos en problemas si echamos raíces en algo o alguien.

Nada ni nadie será tan sólido, fiable e inmovible como Cristo. Por eso es que no quiero que las personas se afinquen o pongan su fe en mí o en mi ministerio. Quiero dirigir a las personas hacia Jesús. Sé que más tarde o más temprano les voy a fallar, tal como me voy a fallar a mí misma.

Ese es el problema con nosotros los seres humanos, siempre podemos fracasar.

Pero Jesucristo nunca.

Debemos arraigarnos y edificarnos en Jesús. Ponga su esperanza entera e inalterable en Él. No en los hombres, ni en las circunstancias ni la cuenta de banco ni el trabajo; en nada ni en nadie.

Si no pone su fe y esperanza en la Roca de su salvación, ira camino a la decepción, la cual nos lleva al desánimo y a la desolación.

## LAS PERSONAS TIENEN SUS DEFECTOS

*"Como diente roto y pie descoyuntado es la confianza en el prevaricador en tiempo de angustia".*
—PROVERBIOS 25:19

Algún tiempo atrás, mi hija estaba comprometida para casarse. Se había escogido el anillo, ahorrado el dinero y la boda estaba planificada.

Poco tiempo después de anunciarse el compromiso, todo fue cancelado a causa de la infidelidad y la falta de honradez del novio.

Fue una situación triste, especialmente para la bella y preciosa novia que había sufrido muchas otras decepciones en su corta vida.

Pero, en esta ocasión, ella se le adelantó al diablo. En vez de enojarse y sentirse mal de sí misma, ella dijo: "Bueno, gracias a Dios que supe la clase de hombre que era antes de la boda y no después, cuando sería muy tarde para hacer algo al respecto".

Me sentí muy orgullosa de ella y complacida en la forma en que había manejado una situación tan desilusionante.

Aunque ella sabía que era mejor que sucediera antes de la boda y no después, todavía estaba herida. Así que su padre y yo la estimulamos, aconsejamos y oramos con ella.

En adición, ella comenzó a escuchar algunas de mis enseñanzas y a leer libros que estimularan y levantaran su espíritu.

Ella atravesó ese momento difícil y de prueba, porque su fe y confianza no estuvieron puestas en un hombre que falló, sino en Jesús, quien nunca falla. Ella se mantuvo mirándolo a Él como su ejemplo de perseverancia, haciendo frente a la desilusión y el desaliento. Esto es lo que cada uno de nosotros necesita hacer.

Hoy en día está casada con un hombre maravilloso, y ambos trabajan en el ministerio con nosotros.

## Puestos sus ojos en Jesús

*"Por tanto, nosotros también, teniendo en derredor nuestro tan grande nube de testigos, despojémonos de todo peso y del pecado que nos asedia, y corramos con paciencia la carrera que tenemos por delante, puestos los ojos en Jesús, el autor y consumador de la fe, el cual por el gozo puesto delante de él sufrió la cruz, menospreciando el oprobio, y se sentó a la diestra del trono de Dios. Considerad a aquel que sufrió tal contradicción de pecadores contra sí mismo, para que vuestro ánimo no se canse hasta desmayar".*

—Hebreos 12:13

No se necesita ningún talento especial para darse por vencido, para desmayar en el camino de la vida, y decir: "Me rindo". Cualquier incrédulo puede hacer eso.

No tiene que ser un cristiano para rendirse.

Pero cuando usted abraza a Jesús, o mejor dicho, cuando Él lo abraza a usted, Él comienza a inyectar fuerza, energía y ánimo en su vida, y algo extraño y maravilloso comienza a suceder. ¡Él no lo dejará rendirse!

Usted dirá: "Oh, Señor, déjame solo. No quiero seguir más". Pero Él no le dejará rendirse aunque usted lo quiera.

Hubo un tiempo en que yo antes quería rendirme y dejar todo. Pero ahora salgo de mi cama y comienzo cada día con ánimo. Comienzo mi día orando, leyendo la Biblia, proclamando la Palabra y teniendo comunión con Dios.

El diablo puede estar gritando en sus oídos: "Eso no te está haciendo ni chispa de bien. Has estado haciendo eso por años y mira a dónde te ha llevado; todavía tienes problemas".

Ahí es cuando yo digo: "¡Cállate, diablo! La Biblia me dice que debo poner mis ojos en Jesús y seguir su ejemplo. Él es mi líder y mi ejemplo. Él es mi autor y el consumador de mi fe".

Eso fue lo que mi hija hizo para mantener su espíritu y seguir adelante a pesar de lo que le había sucedido. Ella hubiera podido mirar hacia atrás y haber pensado: "Bueno, me sucedió otra vez, más rechazo. Me pasó una vez, una segunda vez y ahora me ha sucedido por tercera vez". En cambio, ella puso sus ojos en Jesús.

Usted y yo necesitamos decidir hoy que, venga lo que venga, vamos a seguir luchando y caminando hacia delante, sin importar lo que pase.

## VOLVER A ILUSIONARSE

*"Tened el mismo sentir unos con otros; no seáis altivos en vuestro pensar, sino condescendiendo con los humildes. No seáis sabios en vuestra propia opinión".*
—ROMANOS 12:16 (LBLA)

Recientemente he estado pensando en todo lo que el Señor ha hecho por mí durante el transcurso de mi vida y ministerio. Es asombroso ver hasta donde hemos llegado. Pero no siempre ha sido fácil. Hubo muchas veces cuando desesperadamente quería tirar la toalla y renunciar a todo.

He compartido con ustedes como, cuando me deprimía y me desalentaba, el Señor me decía: "Joyce, cuando se asoma el desaliento, tienes que volver a ilusionarte, porque si no terminarás desanimada y luego desolada".

Por eso es que tenemos que aprender a adaptarnos y cambiar de dirección. Eso fue lo que hizo mi hija y fue lo que la dirigió hacia una vida totalmente nueva y diferente.

Por supuesto que eso no siempre será fácil. Es más difícil sobreponernos del rompimiento de un noviazgo que de un pasadía arruinado por la lluvia. Pero la respuesta sigue siendo la misma, independientemente de las circunstancias que tenemos que encarar y manejar.

A menos que aprendamos a adaptarnos, a buscar una nueva dirección, nunca descubriremos o disfrutaremos la vida nueva, maravillosa y emocionante que Dios tiene preparada para nosotros.

# 6

## MEDITE EN LAS COSAS DE DIOS

*"Por nada estéis afanosos, sino sean conocidas vuestras*
*peticiones delante de Dios en toda oración y ruego,*
*con acción de gracias. Y la paz de Dios, que sobrepasa*
*todo entendimiento, guardará vuestros corazones*
*y vuestros pensamientos en Cristo Jesús".*
• FILIPENSES 4:6–7 •

Sɪ ɴᴏ ǫᴜɪᴇʀᴇ sentirse desolado por el desánimo, entonces no piense en sus desilusiones.

¿Sabía usted que sus sentimientos están ligados a sus pensamientos? Si no cree que esto es cierto, solo tome veinte minutos y piense nada más que en sus problemas. Le aseguro que al final de esos veinte minutos sus sentimientos, y hasta su semblante, habrán cambiado. Sé sentirá deprimido, enojado o molesto. Pero su situación no ha cambiado en lo absoluto.

Por eso es que puede ir a la iglesia, cantar himnos, escuchar el sermón y salir con el mismo espíritu negativo y la misma perspectiva con la que salió de su casa. Es porque se sentó en la silla de la iglesia y se puso a pensar en sus problemas y no en el Señor.

### ¿CON QUIÉN TIENE COMUNIÓN?

En una edición de mi revista mensual, hice una pregunta: ¿Tiene comunión con Dios o con sus problemas?

La razón por la cual hice esa pregunta fue porque el Señor me preguntó lo mismo una mañana.

Recuerdo que esa mañana me levanté con mi mente llena de pensamientos acerca de mis problemas. De repente, el Espíritu Santo me habló y supe por el tono de su voz que estaba molesto conmigo.

Me dijo: "¿Joyce, vas a tener comunión con tus problemas o conmigo?". Entonces Él continuó diciéndome lo que le estoy diciendo a usted: No medite en sus decepciones.

A veces, es un poco difícil de entenderlo, porque el diablo trata fuertemente de hacernos pensar que somos los únicos que tenemos una situación muy difícil.

Eso no es verdad.

Una vez alenté grandemente a mi hija; me senté con ella y le compartí lo que mi vida había sido desde los dieciocho hasta los veintitrés años de edad. Cuando terminé de hablar, ella se sintió bendecida por la vida que había tenido.

Como a todos los demás, a ella le habían sucedido cosas inoportunas una y otra vez, pero por años y años mi vida fue un largo y terrible desastre.

Por ejemplo, le dije que para la época en que yo tenía dieciocho o diecinueve años de edad, me encontré muchas veces sentada en una casa de alojamiento en Oakland, California, tres mil millas lejos de mi casa, sin automóvil, sin televisión, sin teléfono y sin nadie que me cuidara. Le conté que todas las noches me sentaba a escribir poemas tristes y tenía lástima de mí misma. Al día siguiente, me levantaba y me iba a trabajar, solo para regresar a lo mismo.

"Gracias a Dios que tú tienes una buena familia, un buen trabajo, un buen hogar y un buen automóvil", le dije, "porque yo no tuve nada de esas cosas".

Cuando terminé de contarle mi historia, ella se sentía alentada y entusiasmada con sus futuros planes y prospectos.

Esa es la decisión a la que todos tenemos que enfrentarnos. Nos podemos entusiasmar al pensar en todo lo que tenemos o podemos llegar a tener, o nos podemos desanimar pensando en todo lo que no tenemos.

La realidad es esta: No lo tenemos, y pensar en tenerlo no va a cambiar nada. Nos gustaría pensar que eso cambia las cosas, pero no lo hace.

Si queremos vencer la desilusión, evitar el desánimo y decirle adiós a la desolación, tenemos que ser realistas y tratar con los hechos.

El hecho es lo siguiente, tan malas como pueden parecer las cosas, todavía tenemos una opción. Podemos tener comunión con nuestro problema o comunión con Dios.

No importa lo que hayamos perdido o cuán mal nos sintamos, todavía tenemos la capacidad de pensar en lo positivo y no en lo negativo.

## ¡PIENSE EN ESTAS COSAS!

*"Por lo demás, hermanos, todo lo que es verdadero, todo lo honesto, todo lo justo, todo lo puro, todo lo amable, todo lo que es de buen nombre; si hay virtud alguna, si algo digno de alabanza, en esto pensad".*

—FILIPENSES 4:8

En el versículo 6 y 7 de este pasaje se nos dice que si tenemos un problema no debemos estar preocupados o ansiosos, sino que debemos llevarlo al Señor en oración. Se nos ha prometido que si hacemos eso, la paz del Señor nos mantendrá alejados del temor y la ansiedad, y guardará nuestra mente y corazón.

Pero aquí en el versículo 8 vemos que hay otra cosa que tenemos que hacer para recibir y disfrutar el maravilloso gozo y la preciosa paz del Señor. Tenemos que tomar el control de nuestros pensamientos. Tenemos que dirigir nuestra mente hacia lo positivo y alejarnos de lo negativo.

Podrá notar que lo primero que nos dice que debemos hacer es pensar en lo verdadero. Eso no quiere decir que debemos pensar en las cosas negativas que nos han sucedido en el pasado, porque verdaderamente sucedieron.

Hay una diferencia entre lo verdadero y los hechos. Las cosas que han sucedido en el pasado son hechos, pero Jesús y la Palabra son la verdad, y la verdad es más grande que los hechos.

Se lo explicaré usando un ejemplo de la vida de una amiga nuestra.

Hace un tiempo, el esposo de mi amiga murió y pasó a morar con el Señor. Ahora él está en el cielo y no lo volverá a ver hasta que ella llegue ahí.

Eso es un hecho.

Sin embargo, la verdad es que su vida no ha terminado y que ella tiene mucho por qué vivir. El diablo no quiere que ella crea eso, pero esa es la verdad.

El hecho es que el hombre joven con quien mi hija estaba comprometida le mintió y la lastimó profundamente. Pero la verdad es que su vida no terminó con esa desilusión. La verdad es que todavía tenía toda una vida por delante, una vida llena de bendiciones.

El hecho es que había perdido a su novio, pero la verdad era que todavía tenía un futuro, un buen hogar, una familia cristiana, su propio automóvil, un buen trabajo, amigos que la amaban y el amor de Dios.

Esta pérdida ocurrió poco antes de que cumpliera diecinueve años de edad. Qué regalo de cumpleaños tan especial, ¿cierto? Pero en vez de ponerse triste y amargada, ella decidió escoger una nueva perspectiva y un nuevo rumbo para su vida.

Ella dijo: "¡Mañana cumplo diecinueve años, y he decidido que es el primer día del resto de mi vida!".

Estuve tan impresionada con su actitud y su punto de vista que le compré un pequeño diario, y le dije: "Escribe en este diario todos los milagros que Dios hará por ti en este próximo año. Lo leeremos y celebraremos juntos el año que viene cuando cumplas veinte".

Y así lo hicimos.

Eso es lo que usted y yo tenemos que hacer. No siempre tenemos el poder para evitar las decepciones, pero sí tenemos el poder para escoger cómo vamos a reaccionar ante ellas.

O permitimos que nuestros pensamientos persistan en las desilusiones de nuestra vida, hasta el punto de desanimarnos y desolarnos, o nos enfocamos en las cosas buenas que nos han sucedido y todas las cosas buenas que Dios tiene preparadas para nosotros.

# 7

# ESPERANZA Y EXPECTATIVA

*"...a fin de conocer a Cristo y el poder de su
resurrección, y de participar de sus padecimientos,
para llegar a ser semejante a él en su muerte".*
• FILIPENSES 3:10 (RVC) •

EN ESTE VERSÍCULO, Pablo dice que él había hecho algo que todos nosotros tenemos que hacer: él se había trazado una meta.

Usted y yo tenemos que tener una meta. Debemos tener esperanza, dirección y expectativa en la vida.

A veces las personas pierden su dirección y expectativa cuando han sido decepcionadas una y otra, y otra vez. Tienen miedo a colocar su esperanza en cualquier cosa o persona por temor a ser desilusionados una vez más. Ellos odian tanto el dolor de la decepción que prefieren no creer en nada a correr el riesgo de ser heridos nuevamente.

Lo triste es que, en el juego de la vida, ellos son los perdedores y no los ganadores, porque la victoria viene a través del riesgo.

## EL DOLOR ENGENDRA SOSPECHA

*"...si es que de alguna manera llego a la resurrección de entre
los muertos".*
—FILIPENSES 3:11 (RVC)

Cuando una muchacha ha sido herida dos o tres veces por un muchacho al que ella quiere mucho, ella puede pensar: *Nunca confiaré en otra persona.*

Eso es exactamente lo que el diablo quiere que hagamos.

Si usted y yo tenemos amigos que nos fallan o nos decepcionan, Satanás quiere que digamos: "Hasta aquí, jamás confiaré en otra persona". Cuando hacemos esto, estamos cayendo en la trampa del enemigo.

Alguien dijo una vez: "Si te hieren, sospecharás de otros".

Eso puede ser cierto, pero es sencillamente otro de los mecanismos que el enemigo utiliza para engañarnos y evitar que alcancemos la meta que Dios nos ha dado en la vida.

Satanás quiere que creamos que todas las personas son como las que nos han herido.

Pero no lo son.

El enemigo trata de tomar algunas malas experiencias y utilizarlas para convencernos de no confiar en nadie más.

Si ha sido herido, no comience a pensar que no puede confiar en nadie. Si lo hace, permitirá que Satanás le robe muchas de las grandes bendiciones que Dios tiene para usted.

El apóstol Pablo tenía una meta; un sueño espiritual. Él quería llegar al punto donde pasara lo que pasara, sus circunstancias no afectarían o evitarían que él viviera su vida en la tierra al máximo potencial, mientras cumplía con los propósitos de Dios.

Para lograr esta meta tenía que tomar riesgos. Además de confiar en Dios, él tenía que confiar en otras personas. Tenía que arriesgarse a la pérdida y al dolor.

Nosotros debemos arriesgarnos de la misma forma. Tenemos que seguir adelante a pesar de todo lo que el enemigo nos arroje en el camino para intentar desanimarnos. El diablo quiere que nos rindamos y que no lleguemos a la meta.

## ¡SIGA ADELANTE!

*"No que lo haya alcanzado ya, ni que ya sea perfecto; sino que prosigo, por ver si logro asir aquello para lo cual fui también asido por Cristo Jesús. Hermanos, yo mismo no pretendo haberlo ya alcanzado; pero una cosa hago: olvidando ciertamente lo que queda atrás, y extendiéndome a lo que está delante,*

*prosigo a la meta, al premio del supremo llamamiento de Dios en Cristo Jesús".*

—Filipenses 3:12–14

En el versículo 12, Pablo dice que aunque no haya llegado a su meta o logrado su ideal, él no se rinde. Al contrario, seguía hacia delante.

Luego, en el versículo 13, él continúa diciendo que había una cosa que él hacía.

Esta única cosa debe ser de nuestro interés e importancia, porque proviene del hombre que escribió dos terceras partes del Nuevo Testamento por revelación del Espíritu Santo.

¿Cuál fue ese único principio por el cual Pablo basaba su vida? ¿Cuál fue ese principio al que él acreditaba el cumplimiento de sus sueños y metas?

Hay dos partes en este principio: Lo primero es olvidar aquello que quedó en el pasado, y lo segundo, seguir adelante alcanzando aquello que está en nuestro futuro. Esto es una enseñanza que todos tenemos que aprender.

Por ejemplo, considere a la mujer que perdió a su esposo. Cuando decimos que debemos olvidar el pasado y caminar hacia el futuro, no estamos sugiriendo que ella se olvide de su esposo. Estamos diciendo que ella estará en problemas si piensa demasiado en su pasado. Estará viviendo en el pasado en vez de seguir adelante hacia el futuro.

Me acuerdo de una mujer en nuestra iglesia cuyo hijo murió de leucemia a la edad de dieciséis años. Todos nosotros habíamos orado y creído en Dios para que él fuera sanado, pero no sucedió. Sin embargo, el Señor sostuvo a esta madre joven aún en medio de su trágica pérdida.

Un día después del funeral, ella estaba lavando la ropa cuando se encontró con una camisa de su hijo. Al ver la camisa la abrazó y comenzó a llorar inconsolablemente. Ella nos dijo después que sintió cuando la amargura comenzó a llenar su ser.

Entendiendo ella lo que le estaba sucediendo, comenzó a proclamar el nombre de Jesús en voz alta. Agarrando una de las camisas de su hijo, ella declaró: "Satanás ¿ves esto? Voy a usarla como manto de alabanza. ¡No voy a hundirme en la tristeza, sino que voy a levantarme en la adoración!".

Es natural afligirnos por algo que ha sucedido en el pasado, pero solo hasta cierto punto y únicamente hasta cierto momento. Tarde o temprano tenemos que enfrentar nuestra aflicción y pérdida, y decidir dejarla atrás para continuar con nuestra vida.

Cuando Pablo estaba hablando de imperfecciones hablaba de olvidarse de lo que está atrás y extenderse hacia lo que está por delante. Sin embargo, podemos aplicar el principio a todos los aspectos de la vida.

Si vamos a cumplir con el llamado de Dios en nuestra vida y vamos a hacer todo para lo que Él nos ha ungido, entonces tenemos que hacer como Pablo: fijarnos una meta y seguir tras ella.

# 8

## UNA COSA NUEVA

*"No os acordéis de las cosas pasadas, ni traigáis a memoria las cosas antiguas. He aquí que yo hago cosa nueva; pronto saldrá a luz; ¿no la conoceréis? Otra vez abriré camino en el desierto, y ríos en la soledad".*
• Isaías 43:18–19 •

A L TRATAR CON el pasado, debemos evitar el peligro de permitir que este nos mantenga en aflicción a causa de lo sucedido. Más bien, debemos ser agradecidos por lo que tenemos y estar a la expectativa de lo que está por venir.

Al comenzar mi propio ministerio, tuve que renunciar a una posición de pastora asociada en una iglesia. Fue algo muy difícil de hacer, y por mucho tiempo me afligí pensando en las relaciones que perdí con personas en esa iglesia. Pasaba mucho tiempo pensando en las cosas que compartimos juntos, y de las cuales ya yo no era parte.

Tenía que despojarme del pasado y seguir adelante, pero mi mente y mis emociones todavía estaban viviendo en el pasado. Finalmente gané la victoria. Me entusiasmé con el futuro, pero a la misma vez todavía estaba desilusionada de haber perdido la posición y las relaciones cercanas que teníamos con esas personas.

La desilusión estaba adversamente afectando el gozo de mi nuevo ministerio. Era un tiempo muy confuso para mí, pero a través de esa experiencia aprendí mucho sobre cómo dejar ir el pasado y abrirle paso a lo que estaba por venir.

Una y otra vez, Dios me recuerda: "Tienes que dejar ir lo que quedó atrás. El pasado ya no es tu vida. Ahora yo estoy haciendo cosa nueva".

## ¡Yo soy!

*"Y respondió Dios a Moisés...Así dirás a los hijos de Israel: YO SOY me envió a vosotros. Además dijo Dios a Moisés: Así dirás a los hijos de Israel: Jehová, el Dios de vuestros padres, el Dios de Abraham, Dios de Isaac y Dios de Jacob, me ha enviado a vosotros. Este es mi nombre para siempre; con él se me recordará por todos los siglos".*

—Éxodo 3:14–15

Si nos concentramos mucho en el pasado, vamos a meternos en problemas. Por eso es que de vez en cuando el Señor tiene que recordarnos de la misma forma que lo hizo con los israelitas: Él es el YO SOY, no el YO FUI.

Necesitamos recordar todas las cosas buenas que Dios ha hecho por nosotros en el pasado, como lo hizo con Abraham, Isaac, Jacob, y por todos los hombres y las mujeres fieles de la Biblia. No podemos estar tan apegados a las victorias y los gozos del pasado que fallemos en apreciar y disfrutar lo que Dios está haciendo ahora y lo que está preparando para el futuro.

En Juan 8:58 leemos: *"Jesús les dijo: De cierto, de cierto os digo: Antes que Abraham fuese, yo soy".* En Hebreos 13:8 leemos: *"Jesucristo es el mismo ayer, y hoy, y por los siglos".*

¡Así debe ser siempre nuestra fe: eterna, sin límites de tiempo, sin cambio!

## ¡No mire hacia atrás!

*"Y Jesús le dijo: Ninguno que poniendo su mano en el arado mira hacia atrás, es apto para el reino de Dios".*

—Lucas 9:62

Dios no nos quiere viviendo en el pasado. Él sabe que aunque pudiéramos retroceder el tiempo y recrear todo como era en "los días buenos", las cosas no serían iguales. ¿Sabe por qué? Porque eso era entonces y esto es ahora.

El pasado se fue; está perdido en los recesos del tiempo. Ahora es hoy. Tenemos un Dios del ahora, somos gente del ahora, y debemos vivir la vida ahora, un día a la vez.

Muchas veces, las personas pierden su gozo porque tenían algo en su pasado que los mantenía contentos, pero ahora eso ya no existe. Muchos viven en el mover de Dios del ayer, un mover que ya no existe.

Es triste que no exista, pero así es, y no hay nada que usted y yo podamos hacer. Al contrario, tenemos que aprender a vivir en el presente. Dios se está moviendo ahora, gocemos el presente.

Tenemos que dejar el pasado atrás y seguir adelante con lo que Dios está haciendo hoy en nuestra vida.

Gracias a Dios que podemos seguir adelante con lo que Él tiene para nosotros. Y mientras el futuro llega, debemos mantener las manos en el arado y dejar de mirar en aquello que fue una vez, pero nunca más será.

## ¿Volver atrás o seguir adelante?

*"Porque los que esto dicen, claramente dan a entender que buscan una patria; pues si hubiesen estado pensando en aquella de donde salieron, ciertamente tenían tiempo de volver. Pero anhelaban una mejor, esto es, celestial; por lo cual Dios no se avergüenza de llamarse Dios de ellos; porque les ha preparado una ciudad".*
—Hebreos 11:14–16

Este pasaje se refiere a los israelitas que salieron de su hogar en Egipto, y quienes tuvieron que atravesar tiempos difíciles antes de llegar a la tierra prometida.

Nos dice que si ellos hubieran tenido pensamientos de nostalgia, recordando las cosas que tuvieron que dejar atrás, hubieran tenido la gran oportunidad de regresar. En cambio, ellos siguieron adelante a pesar de los obstáculos y las dificultades, porque buscaban una tierra nueva que Dios les había preparado.

Esa es la decisión que usted y yo tenemos que hacer. Podemos escoger mirar hacia atrás con nostalgia o podemos mirar hacia delante con gozosa anticipación.

Este pasaje no sugiere que nunca debemos recordar los tiempos buenos del pasado o a los seres queridos que han fallecido. Pero sí sugiere que no debemos fijar nuestra mente y corazón constantemente en el pasado, porque si lo hacemos perderemos lo que Dios tiene preparado para el futuro.

Por eso es que tenemos que hacer una promesa de no malgastar nuestras vidas pensando en lo que quedó atrás, sino que debemos extendernos a lo que está delante.

Este es un mensaje para *hoy*. Es algo que podemos y debemos hacer hoy y todos los días que vivamos.

Yo pensaba que este mensaje sobre olvidar el pasado aplicaba únicamente a los errores y fracasos previos. Pero un día entendí que igualmente me sentía miserable al constantemente revivir las victorias y los logros del pasado.

Cuando algo termina, debemos dejar que la cortina caiga y seguir hacia lo próximo, sin hacer comparaciones. No debemos comparar los logros y las victorias del presente con las del pasado. Si lo hacemos, abriremos nuestro espíritu al desánimo u orgullo.

Debemos disfrutar nuestra vida completamente a través de lo que experimentamos en el presente. Esto lo logramos si dejamos de comparar las experiencias de hoy con las del pasado.

Por eso es que el Señor nos dice en Isaías 43:18–19 que no debemos recordar las cosas antiguas, ni considerar las cosas viejas. ¿Por qué? Porque ya no están y Dios está haciendo cosas nuevas. Están resurgiendo ante nuestros ojos, y necesitamos percibirlas y prestarles atención, si queremos participar y recibir los beneficios de ello.

## SIEMBRE CON LÁGRIMAS, SIEGUE CON REGOCIJO

*"Los que sembraron con lágrimas, con regocijo segarán".*
—SALMO 126:5

No importa lo que nos haya sucedido en el pasado, o lo que nos esté sucediendo ahora, nuestra vida no ha terminado. No debemos dejar que el enemigo nos convenza de esto.

El enemigo nos dirá que hemos cometido un error muchas veces, y que ahora es muy tarde para nosotros.

No debemos escucharle. Al contrario, debemos decirle: "Satanás, tú eres un mentiroso y padre de mentira. Este es un nuevo día y estoy esperando un milagro".

La razón por la cual debemos atravesar la vida esperando un milagro en cualquier momento es porque nunca sabemos cuándo va a llegar. Nunca sabemos cuándo Dios va a hacer algo especial por nosotros. Eso es lo que hace la vida más emocionante.

El diablo quiere que nosotros pensemos que nuestro momento y nuestro milagro nunca llegarán. Pero si nos mantenemos arraigados y sobreedificados en Cristo, eventualmente nuestro momento llegará y nuestro milagro *sucederá*.

Pero tenemos que estar preparados para cuando llegue. Para hacerlo, tenemos que detener a Satanás y evitar que nos desilusione hasta el punto de rendirnos y renunciar. Si lo hacemos, entonces no importa lo que Dios haya planificado para nosotros, no sucederá.

Por eso es que Dios nos sigue amonestando a través de la Biblia a que no desmayemos. Él sabe que aunque "...*por la noche durará el lloro...a la mañana vendrá la alegría*" (Salmo 30:5).

## Dios terminará su obra

*"Estando persuadido de esto, que el que comenzó en vosotros la buena obra, la perfeccionará hasta el día de Jesucristo".*
—Filipenses 1:6

Dios nunca comienza algo que Él no piensa terminar. Él es el autor y consumador (ver Hebreos 12:2).

Muchas veces, el problema no es Dios, sino nosotros. Estamos estancados en el pasado, en las cosas viejas, y fallamos en percibir y ver lo nuevo que Dios está haciendo hoy y ahora. La razón por la cual no podemos prestarle atención a lo nuevo es porque todavía estamos aferrados a lo viejo.

Lo que Dios hizo ayer por nosotros es maravilloso, pero Él tiene la capacidad de hacer el doble hoy y mañana.

La pregunta que tenemos que hacernos es: ¿Qué queremos? ¿Lo viejo o lo nuevo?

# 9

## VINO NUEVO, ODRES NUEVOS

*"Les dijo también una parábola: Nadie corta un pedazo de un vestido nuevo y lo pone en un vestido viejo; pues si lo hace, no solamente rompe el nuevo, sino que el remiendo sacado de él no armoniza con el viejo. Y nadie echa vino nuevo en odres viejos; de otra manera, el vino nuevo romperá los odres y se derramará, y los odres se perderán. Mas el vino nuevo en odres nuevos se ha de echar; y lo uno y lo otro se conservan".*
• Lucas 5:36–38 •

En los últimos años, el Señor me ha dado un nuevo entendimiento de este pasaje.

Yo pensaba que este pasaje aplicaba únicamente a la salvación que recibimos por gracia y no por la ley. Ahora veo que aplica a la nueva forma de pensar y vivir de aquellos que son una nueva criatura en Cristo.

Siempre queremos alcanzar lo nuevo y aferrarnos a lo viejo. Pero Jesús dice que eso no es posible. Para ilustrar este punto, Él nos dice, en forma de parábola, que no debemos cocer un pedazo de ropa nueva en un vestido nuevo, y que no debemos echar el vino nuevo en odres viejos.

### EL PROVERBIO DE LA COSTURA

Cualquiera que conoce algo de costura sabe que no podemos usar un pedazo de tela nueva para remendar una ropa vieja.

Si usted trata de remendar un vestido viejo, el cual ha sido lavado muchas veces y está encogido y descolorido, usando un pedazo de material nuevo, al pasar el tiempo, la tela nueva se romperá y se encogerá. Y aún si no sucede, el pedazo nuevo no se verá bien dentro del vestido viejo, porque no se ha usado ni descolorado.

En esta parte del proverbio, Jesús nos está diciendo que no debemos tomar nuestra vida nueva y tratar de remendarla a la vida antigua. No funciona.

Tampoco funciona poner vino nuevo en odres viejos.

## ¿Cuál es mejor?

*"Y ninguno que beba del añejo, quiere luego el nuevo; porque dice: El añejo es bueno y mejor".*
—Lucas 5:39

¿Sabe por qué una persona dice que el vino viejo es mejor que el nuevo? Lo dice por la misma razón que usted y yo preferimos la vida antigua. Porque la antigua es más cómoda.

Muchos de nosotros preferimos la vida antigua sobre la vida nueva, porque estamos acostumbrados a ella. Aunque hay una parte de nosotros que quiere escoger el vino nuevo, o la cosa nueva, o el nuevo día, o el nuevo cambio, hay otra parte de nosotros que quiere aferrarse a lo viejo, porque es con lo que más cómodos nos sentimos.

En vez de seguir adelante con el Señor, tratamos de quedarnos donde estamos porque es más fácil.

Seguir adelante es difícil.

Es difícil moverse a una nueva ciudad, establecer nuevas amistades, encontrar un nuevo médico, una nueva escuela y una nueva iglesia. (¡A veces se me hace difícil mover un mueble a un nuevo lugar!) Para nosotros es mejor quedarnos donde estamos y disfrutar de lo que tenemos y conocemos.

Pero lo que tendemos a olvidar es que, como cristianos, nosotros mismos hemos sido hechos nuevos.

## ¡HA SIDO HECHO NUEVO!

*"De modo que si alguno está en Cristo, nueva criatura es; las cosas viejas pasaron; he aquí todas son hechas nuevas".*
—2 Corintios 5:17

Tenemos que entender que somos nuevas criaturas en Cristo. Hemos sido llamados a una nueva vida en Él. No debemos tener tanto miedo de dejar ir lo que éramos y lo que teníamos que no podamos recibir y disfrutar libremente lo que Dios tiene para nosotros en nuestra vida nueva.

Entendí esto cuando el Señor me habló y me dijo: "¿Joyce, no entiendes que esta es la realidad y el fundamento para una nueva criatura; que las cosas viejas han pasado y todas han sido hechas nuevas?".

Esto no sucede solo cuando respondemos al llamado al altar y decidimos seguir a Cristo. Es un principio que debe ser parte del estilo de vida de la nueva criatura.

## ¡BOTE LO VIEJO, RECIBA LO NUEVO!

*"…porque Dios había provisto algo mejor para nosotros…".*
—Hebreos 11:40 (LBLA)

¿Entiende ya que sus circunstancias aparentan ser peores de lo que realmente son porque las está comparando con su pasado?

Cuando vamos a ministrar en la India, donde la pobreza y las condiciones de vida son absolutamente horrendas, la forma en que vive la gente nos molesta más a nosotros que a ellos. ¿Por qué? Porque no existe nada con qué comparar su forma de vivir.

Lo que las personas en la India tienen hoy es lo que siempre han tenido. Nosotros (el equipo de mi ministerio), por supuesto, vivimos en Estados Unidos, una tierra de abundancia. Por lo tanto, cuando vamos a la India, vemos condiciones de vida que son horribles *comparadas* con las condiciones que siempre hemos conocido.

¿Qué sentido tiene vivir día tras día decepcionado, deprimido y desanimado por causa de la vida antigua que ya no existe?

No se detenga para pensar en las cosas viejas. No se acuerde más de las cosas antiguas. Si solo entendiera que ahora todo eso está perdido y ha sido reemplazado por algo nuevo y mejor.

Siga buscando las cosas que están por delante.

¿Qué va a hacer cuando la decepción toque a su puerta? Le puedo asegurar que tarde o temprano llegará, porque es un hecho de la vida. Puede ser algo pequeño o algo grande. Puede ser tan insignificante como la lluvia que arruina un pasadía o tan importante como un noviazgo roto.

De cualquier manera, la decepción llegará. Cuando sienta un peso como una piedra, tendrá la opción de dejar que eso lo desanime y asole, o puede usarla como un escalón para subir a lugares más altos y cosas mejores.

Es imposible tener una vida positiva mientras nos sentamos a pensar negativamente. Eso no funciona. Mientras más piense en sus desilusiones y decepciones, más disgustado se va a sentir. Y si se queda desilusionado y decepcionado mucho tiempo, terminará desolado. Y cuando llega a la desolación, entonces tiene un gran problema.

¡Pero Dios tiene cosas mejores para usted!

Este es un día nuevo. Así que la próxima vez que la decepción toque a la puerta, prepárese para empezar de nuevo. Adáptese y ajuste su forma de pensar. Olvidando ciertamente lo que queda atrás, y extendiéndonos a lo que está delante.

Recuerde que el Señor está haciendo algo nuevo en su vida. Olvide el pasado y aprenda a vivir en la plenitud y el gozo de la vida nueva que Él ha preparado para usted.

# CONCLUSIÓN

*"...para que habite Cristo por la fe en vuestros corazones,
a fin de que, arraigados y cimentados en amor...".*

• **EFESIOS 3:17** •

L O ALIENTO A que tenga cuidado en dónde deposita su confianza y su esperanza.

En Efesios 3:17 se nos dice que seamos arraigados y cimentados en amor. Que seamos arraigados y cimentados en el amor de Cristo, no en otras personas u otras cosas (hijos, amigos, trabajo, ministerio, etc.).

La Biblia dice que Jesús es la Roca. Él es la roca inmovible.

Si sus raíces crecen firmes alrededor de la Roca, cuando le vengan decepciones pequeñas, usted podrá decir: "Ah, qué bien", y continuar caminando por la vida. Cuando se enfrente a las decepciones grandes, entonces podrá recibir sanidad emocional del Señor y podrá seguir adelante gracias a su poder.

Si está arraigado y cimentado en cualquier otra cosa, terminará decepcionado, desanimado, deprimido y desolado, porque nada ni nadie puede sustituir a la Roca sólida: ¡Jesús!

Aprenda a adaptarse. ¡Puede hacerlo! ¿Por qué debe hacerlo? Por su propio bien.

Considérelo como un privilegio el poder adaptarse a diferentes personas y situaciones.

No piense en la decepción que tenga en su vida. Deshágase de eso y permita que Dios se haga cargo de usted. Enfréntese a la decepción desde su inicio y haga rápidamente los ajustes requeridos para remediar la situación.

En vez de concentrarse en sus problemas y desilusiones, enfoque su mirada en Dios. Medite en sus promesas. Confíe en su Palabra y entréguele a Él su situación.

Haga un inventario de lo que tiene y no de lo que ha perdido. Esto le hará mantener su mente en el presente, donde Dios está. Recuerde que Jesús dijo de sí mismo: "YO SOY", no "YO FUI", ni "YO SERÉ". Él está aquí en este momento, listo para ayudarle. ¡Hoy puede comenzar a disfrutar la vida!

# ❧ SEGUNDA PARTE ❧

## ESCRITURAS PARA
## VENCER EL DESÁNIMO

*"Hubiera yo desmayado, si no creyese que veré la bondad de Jehová en la tierra de los vivientes. Aguarda a Jehová; esfuérzate, y aliéntese tu corazón; sí, espera a Jehová".*

—SALMO 27:13–14

*"A toda perfección he visto fin; amplio sobremanera es tu mandamiento".*

—SALMO 119:96

*"Como diente roto y pie descoyuntado es la confianza en el prevaricador en tiempo de angustia".*

—PROVERBIOS 25:19

*"Porque yo sé los pensamientos que tengo acerca de vosotros, dice Jehová, pensamientos de paz, y no de mal, para daros el fin que esperáis".*

—JEREMÍAS 29:11

*"Mas yo a Jehová miraré, esperaré al Dios de mi salvación; el Dios mío me oirá".*

—MIQUEAS 7:7

*"Unánimes entre vosotros; no altivos, sino asociándoos con los humildes. No seáis sabios en vuestra propia opinión".*

—ROMANOS 12:16

*"No os venguéis vosotros mismos, amados míos, sino dejad lugar a la ira de Dios; porque escrito está: Mía es la venganza, yo pagaré, dice el Señor".*

—ROMANOS 12:19

*"Fiel es Dios, por el cual fuisteis llamados a la comunión con su Hijo Jesucristo nuestro Señor".*

—1 CORINTIOS 1:9

*"Antes bien, como está escrito: Cosas que ojo no vio, ni oído oyó, ni han subido en corazón de hombre, son las que Dios ha preparado para los que le aman".*

—1 CORINTIOS 2:9

*"Mas a Dios gracias, el cual nos lleva siempre en triunfo en Cristo Jesús, y por medio de nosotros manifiesta en todo lugar el olor de su conocimiento".*

—2 CORINTIOS 2:14

*"No nos cansemos, pues, de hacer bien; porque a su tiempo segaremos, si no desmayamos".*

—GÁLATAS 6:9

*"...en amor habiéndonos predestinado para ser adoptados hijos suyos por medio de Jesucristo, según el puro afecto de su voluntad, para alabanza de la gloria de su gracia, con la cual nos hizo aceptos en el Amado..."*

—EFESIOS 1:5–6

*"Y a Aquel que es poderoso para hacer todas las cosas mucho más abundantemente de lo que pedimos o entendemos, según el poder que actúa en nosotros..."*

—EFESIOS 3:20

*"Y vosotros, hermanos, no os canséis de hacer bien".*

—2 TESALONICENSES 3:13

## ORACIÓN PARA VENCER EL DESÁNIMO

Padre,

Tu Palabra es lámpara a mis pies y lumbrera a mi camino.

Guárdame, te pido, de poner mis esperanzas y expectativas en personas como yo, porque somos capaces de decepcionarnos los unos a los otros.

*Desato ahora el perdón hacia esas personas que me han fallado en el pasado y dejo ir las memorias dolorosas de esas decepciones.*

*Aumenta tú en mí, Señor, que pueda ser más y más cómo tú, y menos como yo.*

*Te pido estas cosas en el nombre de Jesús. Amén.*

# ¡HABLEMOS CLARO SOBRE LA INSEGURIDAD!

# INTRODUCCIÓN

¿Está cansado de jugar el papel de alguien que no es, o de esconderse detrás de una máscara falsa? ¿Está cansado de tratar de ser otra persona en lugar de ser quien verdaderamente es? ¿No le gustaría tener la libertad de ser aceptado tal y como es, sin la presión de ser lo que en realidad no es?

¿Le gustaría aprender cómo tener éxito en ser usted mismo?

Dios quiere que nos aceptemos a nosotros mismos, que nos agrade ser quiénes somos y que aprendamos a manejar nuestras debilidades; después de todo, todos las tenemos. Él no quiere que nuestras debilidades nos lleven al punto de rechazarnos a nosotros mismos.

Jesús entendió nuestras debilidades (ver Hebreos 4:15).

El Espíritu Santo nos ayuda en nuestras debilidades (ver Romanos 8:26).

Dios escoge a los débiles y necios de este mundo para avergonzar a los sabios (ver 1 Corintios 1:27).

Si yo mirara mis debilidades y les contara lo que considero que valgo como persona, mi valor sería menor que cero. Sin embargo, nuestro valor no está basado en lo que hacemos, sino en lo que Dios ha hecho.

Dios nos acepta tal y como somos, pero el diablo trabaja fuertemente para que no entendamos eso. Él nos presiona desde diferentes puntos para que sigamos sintiendo que no hemos llegado al nivel donde deberíamos estar. Él no quiere que descubramos que podemos aceptarnos y querernos tal y como somos. Él sabe que algo maravilloso nos sucederá, si llegamos a entender esa verdad.

La opinión que tenemos de nosotros mismos afecta todas nuestras relaciones: con otras personas y con Dios. Si afecta nuestra relación con Dios, también afecta nuestra vida de oración.

Podemos orar y orar, basando nuestras oraciones en las promesas que Dios nos ha dado. Podemos usar las palabras correctas. Pero aún así la oración no será efectiva. Una de las razones por las cuales nuestras oraciones no dan fruto es que, cuando tenemos un mal concepto de nosotros mismos, no podemos creer que Dios quiera hacer por nosotros lo que le pedimos. ¡Tenemos dificultad orando, y dudamos que Dios haga las grandes cosas por las cuales estamos orando! No tenemos la esperanza de que Él intervenga. Basamos nuestra autoestima en logros y permitimos que nuestras debilidades, fallas y fracasos afecten negativamente la opinión que tenemos de nosotros mismos.

La gente se enfoca extremadamente en el desempeño. Desde pequeños aprendemos que mientras mejor hacemos las cosas más amor recibimos. Muchas veces pensamos lo mismo sobre nuestra relación con Dios. Creemos que el hacer mejor las cosas nos ayudará a recibir más amor y bendiciones de parte de Dios. Sin embargo, debido a que no podemos comportarnos correctamente todo el tiempo, comenzamos a trabajar y esforzarnos para sobreponer nuestras debilidades. Creemos que al lograr eso, Dios nos amará lo suficiente como para hacer lo que necesitamos.

Nuestro valor no está basado en lo que *nosotros* hacemos, sino en lo que *Dios* ha hecho en nosotros por medio de Él mismo. Todo cristiano reconoce este principio que es la base de la salvación. Somos justificados, o puestos en una condición justificada ante Dios, a través de lo que Jesús hizo cuando murió en la cruz. No podemos ganar la salvación por nuestros propios esfuerzos, es un regalo de parte de Dios a causa de lo que *Jesús* hizo (ver 1 Corintios 1:30; Efesios 2:8). Solo necesitamos aceptar ese regalo.

Pero aunque todo cristiano ha recibido la salvación al creer que hemos sido justificados a través de lo que Él hizo, usualmente solo los cristianos de gran madurez continúan en esta verdad y aprenden a vivir su vida basándose en este principio (ver Gálatas 3:3). Como hemos visto, esta forma de pensar es contraria a como muchas personas han sido instruidas. Tenemos que cambiar nuestra manera de pensar a través de la renovación de nuestras mentes. Esa renovación se logra a través de la Palabra que enseña que nuestra justicia con Dios es obtenida por medio de Jesús, no por nuestras propias obras.

Nuestro valor no está basado en cuán aceptables podemos hacernos ante Dios. Dios está buscando personas con la actitud correcta hacia Él, no un registro de comportamiento perfecto. Segundo libro de Crónicas 16:9 dice: *"Porque los ojos de Jehová contemplan toda la tierra, para mostrar su poder a favor de los que tienen corazón perfecto para con él…".*

"Los que tienen corazón perfecto para con él" significa tener una buena actitud de corazón hacia Dios: amarle lo más que podamos; querer lo que Él quiere; querer su voluntad; querer hacer su voluntad.

Dios ha hecho provisión para que nosotros estemos en una relación correcta con Él (si lo aceptamos). Él nos ama, y está buscando personas que acepten su voluntad, para Él revelarse a ellos con su favor y sus bendiciones.

No podemos ganar el amor de Dios. No podemos ganar sus bendiciones. Pero sí podemos acercarnos a Él para que nuestras necesidades sean suplidas. Hebreos 4:16 dice: *"Acerquémonos, pues, confiadamente al trono de la gracia, para alcanzar misericordia y hallar gracia para el oportuno socorro".*

Sin embargo, el estilo de vida que escogemos afecta nuestra habilidad de recibir lo que Dios tiene para nosotros. Una vida de servicio y obediencia le permite a Dios colocarnos en una posición donde Él puede bendecirnos constantemente. ¡La fidelidad trae bendición (ver Proverbios 28:20)!

Un estilo de vida de desobediencia definitivamente afecta lo que Dios puede hacer en nuestras vidas, porque la Biblia enseña que al sembrar semillas malas, nuestra cosecha será mala (ver Gálatas 6:8).

Las personas que andan y viven intencionalmente en desobediencia, pero quieren que Dios los bendiga de todas formas, tal vez piensan que no tenemos que hacer un esfuerzo para sobreponernos a nuestras debilidades para ganar la aprobación de Dios. Ellos creen que tenemos una excusa para pecar si somos débiles en cierta área. La verdad es esta: Dios nos usará a pesar de nuestras debilidades y nos ayudará a vencerlas; no tenemos que luchar para vencerlas solos, pero debemos estar progresando en el proceso de vencerlas.

El Señor le dijo a Pablo: *"... mi poder se perfecciona en la debilidad"* (2 Corintios 12:9). Además, 2 Corintios 13:4 nos dice que somos *"...débiles en él, pero viviremos con él por el poder de Dios..."*.

Cuando Pablo le estaba enseñando el mensaje de gracia a los Romanos, él dijo:

*"¿Qué, pues, diremos? ¿Perseveraremos en el pecado para que la gracia abunde? En ninguna manera. Porque los que hemos muerto al pecado, ¿cómo viviremos aún en él?"*

—ROMANOS 6:1-2

En otras palabras, ¿debemos continuar pecando porque eso le da la oportunidad a Dios de darnos más gracia? Se puede decir que la respuesta de Pablo fue algo como esto: "¡Por favor! ¿Cómo pueden pecar si están muertos al pecado?".

El punto de Pablo era enseñarles quiénes eran ellos en Cristo. Los creyentes somos aceptados porque Dios nos ha hecho aceptables (ver Romanos 6:5-16).

Dios quiere que aprendamos quiénes somos en Él, y que entendamos que nuestro valor consiste en lo que *somos* y no en lo que *hacemos*. Él quiere que seamos personas reales, tal y como somos, con debilidades y todo.

¡Cuán maravilloso es que se despierte cada mañana y sin que haya pasado media hora de haberse levantado de la cama no se esté odiando a sí mismo! O poder despertarse sin que el enemigo le esté recordando todos los errores que cometió el día anterior, diciéndole que es un fracaso y que no debe esperar que Dios haga algo bueno por usted hoy. ¡Muchas personas son golpeadas por el enemigo todas las mañanas, aún antes de poner sus pies en el piso!

El plan del enemigo es engañarnos haciéndonos creer que nuestro valor está basado en lo que hacemos y nos mantiene enfocados en nuestras faltas y defectos. Satanás quiere que seamos personas inseguras y que tengamos una opinión pobre de nosotros mismos. El diablo sabe que esa es la forma de hacernos inefectivos para el Señor, hacernos sentir miserables y no ser receptivos a recibir las bendiciones de Dios, porque no creemos que las merezcamos.

Al tener paz con nosotros mismos, tendremos entonces paz con los demás. Si aprendemos a aceptarnos y querernos a nosotros mismos, entonces comenzaremos a querer y aceptar a otros. Yo sé por experiencia propia que mientras más pueda aceptarme y quererme a mí misma, a pesar de mis debilidades y faltas, más podré amar a otros a pesar de sus faltas.

Cada uno de nosotros es imperfecto, y Dios nos ama tal y como somos.

Al aplicar los principios bíblicos presentados en este libro usted podrá vencer la inseguridad personal. Prepárese para cumplir el maravilloso plan que Dios tiene para su vida.

# PRIMERA PARTE
## ACEPTADO

# 1

## ELIMINE LO NEGATIVO

S I QUIERE MEJORAR su aceptación propia y su opinión de sí mismo, decida aquí y ahora que ninguna cosa negativa saldrá de su boca.

### RECONOZCA LAS COSAS BUENAS

*"Para que la participación de tu fe sea eficaz en el conocimiento de todo el bien que está en vosotros por Cristo Jesús".*

—FILEMÓN 1:6

La participación de nuestra fe se hace eficaz con el conocimiento de *todo el bien* que está *en nosotros por Cristo Jesús*, no en el conocimiento de *todo el mal* que está en *nosotros*.

El enemigo quiere que reconozcamos todo lo malo que hay en nosotros, puesto que él no quiere que la participación de nuestra fe sea eficaz. Él quiere que gastemos cada minuto del día, reconociendo con nuestra mente y verbalizando con nuestra boca lo malos que somos. Como acusador de los creyentes (ver Apocalipsis 12:9–10), él trata continuamente de cambiar nuestro enfoque para que, en lugar de concentrarnos en lo que somos en Cristo, estemos atentos y abrumados por nuestras faltas.

El diablo quiere bombardearnos con oportunidades para tener pensamientos negativos acerca de nosotros mismos de manera que regresemos al patrón de pensamiento que aprendimos cuando niños. De nuevo, caemos en la decepción de que nuestro valor está basado en lo que hacemos, y que valemos poco por culpa de nuestras fallas.

Una de las razones por la cual es importante no hablar negativamente de sí mismo es porque creemos más lo que decimos nosotros que lo que dicen otros. Pero cuando verdaderamente entendamos quiénes somos en Cristo y veamos lo que Él ha hecho por nosotros a través del derramamiento de su sangre, entonces entenderemos que estamos insultando al Padre cuando meditamos excesivamente en nuestras faltas, fallas y fracasos. Hechos 10:15 dice: *"... lo que Dios limpió, no lo llames tú común"*.

## EN POSICIÓN CORRECTA CON DIOS

Una de las primeras revelaciones que Dios me dio de su Palabra fue su justicia. Al decir "revelación" me refiero a cuando uno entiende algo de repente, hasta el punto que se convierte en parte de uno mismo. Es cuando el conocimiento no está solo en su mente; cuando ya no es necesario renovar su mente, porque ya no piensa si es verdad o no. ¡Usted ya está convencido y sabe que es verdad!

Yo *entendí* que era justa en Cristo, porque Dios me dio un entendimiento sobre 2 Corintios 5:21:

> *"Al que no conoció pecado, por nosotros lo hizo pecado, para que nosotros fuésemos hechos justicia de Dios en él".*

## LA JUSTICIA COMO REGALO DE DIOS

Romanos 4:24 nos dice: *"Sino también con respecto a nosotros a quienes ha de ser contada, esto es, a los que creemos en el que levantó de los muertos a Jesús, Señor nuestro"*.

Entendí que la justicia es algo que es dado. La justicia nos es "imputada, acreditada y concedida" a causa de nuestra creencia en lo que Dios hizo a través de su Hijo Jesucristo, quién no conoció pecado para que nosotros seamos hechos la justicia de Dios en Jesús.

Más importante aún, el enemigo no quiere que entendamos la realidad de que hemos sido justificados ante Dios. Él quiere que contemplemos lo que está mal en nosotros y que no miremos lo que está bien en nosotros a través de la sangre de Jesús.

Llevaba varios años enseñando la Palabra del Señor y caminando bajo esta revelación de justicia, cuando sucedió algo que me mostró la importancia de no hablar negativamente acerca de nosotros mismos.

Cuando recibimos una revelación, somos responsables por ella, y yo era responsable por decir cosas negativas acerca de mí misma.

## LA IMPORTANCIA DE HABLAR DE ACUERDO A LA PALABRA DE DIOS

Dave y yo oramos acerca de tener otro hijo. Nosotros planificamos la llegada de nuestro hijo Daniel. Él no fue un accidente, nosotros deseábamos su nacimiento. Pero después que él nació, yo permití que el cambio en mi estilo de vida me afectara negativamente.

No estaba acostumbrada a pasar tanto tiempo en mi casa. Había ganado algunas libras y mi piel había atravesado ciertos cambios, los cuales son normales cuando se tiene un bebé. Pero yo me veía fea y gorda, y pensaba que me iba a quedar así para siempre. A consecuencia de eso, entré en un estado de mal humor permanente.

Una mañana, antes de que Dave se fuera al trabajo, él estaba tratando de animarme y alentarme. En el proceso él me dijo que dejara de actuar de esa manera, que yo era más inteligente que eso. Me enojé con él. Entonces él dijo otra cosa, yo dije algo, y por fin encontré la excusa para hacer lo que tenía deseos de hacer desde hacía muchos días: estallar.

Mi trasfondo era sumamente negativo. Tenía una boca negativa y una actitud negativa acerca de todo y de todo el mundo, incluyéndome a mí misma. Cuando cometía un error o hacía mal las cosas, me era normal pensar: *Nunca puedo hacer nada bien. Soy tremenda idiota. Todo lo que hago está mal todo el tiempo.*

Después que se fue Dave, me quedé sola en la mesa de la cocina dándole el pecho al niño y pensando en lo que acababa de ocurrir. Comencé a decirme cosas malas a mí misma: "Es verdad, Joyce, eres una gran tonta. Eres un problema. ¿Crees que el estudio de la Palabra te va ayudar? ¡Nada te puede ayudar! Haz sido un problema desde que llegaste a la Tierra y siempre serás un caso caótico. Olvídalo, nunca vas a cambiar".

De repente sentí una presencia maligna y sofocante, que atravesaba la habitación y se acercaba a mí. Era tan fuerte que casi podía verla. Gracias a mi conocimiento de la Palabra de Dios, entendí que un poder demoníaco estaba a punto de adherirse a mí por causa de lo que me había estado diciendo a mí misma.

Gracias a Dios por la Palabra que sembramos en nosotros, porque sin pensarlo, automáticamente, comencé a decir en voz alta: "*Yo* soy la justicia de Dios en Cristo. Yo *soy* la justicia de Dios en Cristo. Yo soy la *justicia* de Dios en Cristo. Yo soy la justicia de Dios *en Cristo*. Su sangre me cubre".

De la misma manera que entró, la presencia maléfica retrocedió y la atmósfera de la cocina se aclaró. Sin duda alguna, esa experiencia puso en mí un temor santo sobre la importancia de hablar de acuerdo a lo que dice la Palabra, ¡especialmente lo que dice acerca de mí!

En los seres humanos hay una tendencia natural a pensar negativamente. "*...porque el intento del corazón del hombre es malo desde su juventud...*" (Génesis 8:21). Esa tendencia negativa continuará hasta que aprendamos a cambiar nuestra forma de pensar.

Dios ha obrado en mí y me ha transformado por medio de mis estudios de la Palabra. He dejado de ser una persona negativa que llenaba su mente de pensamientos negativos respecto a sí misma, y me he convertido en alguien que no piensa ni habla más así.

"*...porque cual es su pensamiento en su corazón, tal es él*".
—PROVERBIOS 23:7

Le exhorto a que nunca piense ni diga cosas malas de sí mismo. La opinión que tenga de usted mismo hará una gran diferencia: en oraciones contestadas, en lo que reciba de Dios y en cuanto a cómo Dios lo usa. Dios es capaz de usarle, pero usted tiene que permitírselo. Permitimos que Dios nos use cuando *creemos* que Él nos ha hecho dignos de recibir las cosas buenas que nos quiere dar. Permitimos que nos use cuando creemos que somos capaces de hacer lo que Él quiere, porque reconocemos que Él nos capacitará. Aprenda a hablar cosas de usted mismo que únicamente estén basadas en esas creencias.

## EL AMOR DE DIOS ECHA
### FUERA LA INSEGURIDAD

*"Nosotros le amamos a él, porque él nos amó primero"* (1 Juan 4:19). Si no permitimos que Dios nos ame, será casi imposible amarlo a Él. Si no llegamos a encontrar paz con nosotros mismos, no podremos amar a otras personas como la Biblia nos pide: *"Amarás a tu prójimo como a ti mismo"* (Marcos 12:31).

Más que nada, las personas necesitan una revelación personal del amor que Dios tiene por ellos. El amor de Dios es el fundamento de nuestra fe. Es lo que nos libra del pecado y nos da la habilidad de ministrar a otros sin temor ni inseguridades.

Dios nos creó a todos con la necesidad, el deseo y el anhelo en nuestro corazón de ser amados. ¡Y la Palabra nos enseña que Dios nos ama de la misma forma que ama a Jesús (ver Juan 17:23)!

Las personas que creen que su justificación ante Dios está basada en poder vencer sus defectos, piensan que han angustiado a Dios con sus fracasos y desórdenes. Lo cierto es que no podemos angustiar a Dios. El amor de Dios no se extingue. Tampoco podemos evitar que Dios nos ame. ¡El amor no es algo que Dios hace, es algo que Él es (ver 1 Juan 4:8)!

Las acciones injustas y crueles de diferentes personas, como los padres, maestros, amigos, familiares, hacen que muchas personas desarrollen una identidad basada en la vergüenza. Las actitudes y opiniones que tenemos de nosotros mismos son programadas a través de un espacio de tiempo. Si no entendemos quiénes somos en Cristo, llegaremos a ser personas inseguras. No permita que su valor como persona sea determinado por la forma en que otros lo tratan.

Las personas que carecen de confianza en sí mismo casi siempre sostienen una pequeña lucha interna. Si nos enfocamos en el mundo natural, es fácil levantarse todos los días y hacer una lista de todas las cosas malas que hay en nosotros. El diablo coloca mentiras en nuestras mentes para que desarrollemos una imagen de nosotros mismos basada en la opinión de los demás.

## Satanás tiene una actitud negativa, ¡y quiere que usted la tenga también!

Hay una actitud que Satanás quiere que tengamos que se centraliza en la autodependencia, y se manifiesta de dos formas igualmente peligrosas. No creo que a Él le interese cuál escojamos, porque ambas actitudes nos mantienen fuera de la voluntad de Dios y nos impiden movernos en el poder que está disponible para nosotros como hijos de Dios. Ambas actitudes se originan en la creencia de que nuestro valor está basado en el yo, en nosotros, y no en Dios.

Una actitud altanera, orgullosa, independiente, segura de sí misma y autosuficiente dice: "No importa lo que venga, lo puedo manejar; no necesito a Dios". Muchos de nosotros no creemos que tenemos está actitud. Decimos que necesitamos a Dios, pero esta actitud es revelada sutilmente en nuestras acciones. No actuamos como si necesitáramos a Dios.

Como creyentes se supone que no seamos autosuficientes, sino que nuestra suficiencia y confianza sea en Dios. La Biblia nos dice repetidamente que no debemos tener confianza en nosotros mismos. En cambio, debemos tener confianza en Dios, en que Él obrará a través de nosotros.

Las personas con la otra actitud se condenan a sí mismos. Ellos están enojados consigo mismos por sus errores y faltas. Se odian y se consideran inútiles, feos y sin valor. Algunos creen ser lo más grande del mundo, mientras que otros se consideran poca cosa.

Muchas personas están disgustadas con su apariencia. Se consideran poco atractivos o se han convencido que son feos, cuando en realidad son atractivos. El enemigo es un mentiroso (ver Juan 8:44). El arma que él utiliza para distraernos de entender la verdad de quiénes somos y de lo que Dios tiene para nosotros es la decepción. Él quiere alejarnos de la vida plena que Dios tiene para nosotros, y disminuir o destruir nuestra efectividad para con Dios.

Recuerdo una vez que estaba teniendo una reunión y el Señor me habló para que orara y llamara al frente ¡a todos aquellos que se sentían feos! Me quedé verdaderamente sorprendida cuando Él me pidió que hiciera esto. En todos mis años de ministerio, esa ha sido la única vez que he hecho eso.

Dije: "Todos los que se sientan feos, pasen al frente". ¡La respuesta fue enorme! Había una joven en la fila que parecía una modelo. Era bellísima. Fui donde ella para ver si había malentendido mis palabras.

"¿Entendiste que la invitación era para los que se creen feos?", le pregunté.

Lágrimas comenzaron a rodar por sus mejillas mientras me contestaba: "Toda mi vida he creído que soy fea". Cuando sucede algo así, uno piensa: *¿Necesita espejuelos o qué?* Este caso es un ejemplo perfecto de cómo Satanás engaña a las personas. Si el enemigo no lo puede mantener ocupado pensando en sus debilidades, tratará de usar algo que no está mal o algo bueno, ¡y le hará creer que está mal!

## Dios aprueba

*"Antes que te formase en el vientre te conocí, y antes que nacieses te santifiqué".*

—Jeremías 1:5

Dios no nos creó para entonces decirnos: "Creo que ahora te voy a conocer". La Biblia dice que antes que nos formara en el vientre, Él nos conoció y nos *aprobó.*

En Efesios 1:6 se nos dice que Dios nos hizo aceptos en el Amado. Eso quiere decir que somos aceptables para Dios a través del sacrificio de Jesucristo.

Dios nos aprobó antes de que alguien nos desaprobara. Si Dios aprueba y nos acepta tal y como somos, ¿por qué preocuparnos con lo que piensen los demás? *Si Dios* es por nosotros, entonces ¿quién está contra nosotros que pueda cambiar las cosas? (ver Romanos 8:31).

## Perfección: La búsqueda imposible

*"Ninguna palabra corrompida salga de vuestra boca, sino la que sea buena para la necesaria edificación, a fin de dar gracia a los oyentes".*

—Efesios 4:29

A la edad de nueve años, mi hijo Danny ya jugaba golf con mi esposo Dave y conmigo. A esa edad ya era un buen golfista, pero tenía un problema serio. Danny tenía la tendencia de estar contento cuando estaba jugando bien, pero se enojaba y se insultaba a sí mismo cuando daba un tiro malo. Él se decía cosas como: "¡Oh Danny, qué estúpido eres, lo haces todo mal!".

Él sentía que si no lo podía hacer perfecto, entonces no servía para nada. Si no lo hacía todo bien, comenzaba a hacer comentarios negativos acerca de sí mismo. ¡El enemigo trató de atar a Danny desde muy temprana edad con esa actitud de autocondenación!

Dave y yo comenzamos a trabajar con él y a enseñarle que ese era un hábito peligroso.

"Danny", le decíamos, "decir cosas como esas acerca de ti mismo no te hace ningún bien; ni tampoco beneficia a la persona que está contigo cuando dices esas palabras".

Lo mismo aplica a todos nosotros. No tan solo nos sentimos mal cuando hablamos negativamente de nosotros mismos, sino que los que escuchan también se sienten mal. En el versículo siguiente donde Pablo nos advierte a no permitir que salga por nuestra boca un lenguaje contaminado o palabras vanas, él enfatiza: *"Y no contristéis al Espíritu Santo de Dios…"* (Efesios 4:30). Obviamente, tal negativismo contrista al Espíritu Santo. Pero también contrista a nuestro propio espíritu. Dios no nos ha diseñado para hablar o recibir cosas negativas. Por eso, ninguno de nosotros quiere estar alrededor de alguien que siempre tiene una actitud negativa.

Si una persona que comete un error dice: "No estoy contento de haber cometido el error, pero estoy aprendiendo; lo haré mejor la próxima vez; gracias a Dios estoy haciendo lo mejor posible", entonces todos son edificados. La persona se siente bien de sí mismo, así como los que están a su alrededor. La persona está asumiendo responsabilidad por sus acciones sin sentirse condenado. Esa es la actitud y la acción que debemos tomar.

Para enseñarle a Danny a no decir cosas negativas de sí mismo, se me ocurrió una idea: *Bueno, voy a actuar como él, para ver si se da cuenta lo tonto que es comportarse así.*

Comencé diciendo: "Oh Joyce, no seas estúpida, tú sabes que nunca haces nada bien". Danny ni tan siquiera me oyó. Traté de decirlo de nuevo, pero era muy desagradable para mí, aunque no lo creyera. El solo pronunciar esas palabras con mi boca y escucharlas con mis oídos entristecieron mi espíritu.

## EL PODER ESTÁ EN NUESTRA BOCA

*"Porque por tus palabras serás justificado, y por tus palabras serás condenado".*

—MATEO 12:37

Si hablamos mal acerca de nosotros mismos, nos sentiremos condenados. Como primer paso, debemos aplicar activamente lo que Jesús nos enseñó en este versículo acerca de hablar positivamente de nosotros mismos para vencer la inseguridad, y *jamás pronunciar algo negativo acerca de sí mismo*. Hable con palabras que le den poder, no con palabras que lo debiliten.

## PROSIGO A LA META

*"Hermanos, yo mismo no pretendo haberlo ya alcanzado; pero una cosa hago: olvidando ciertamente lo que queda atrás, y extendiéndome a lo que está delante, prosigo a la meta, al premio del supremo llamamiento de Dios en Cristo Jesús".*

—FILIPENSES 3:13–14

A Dios no le preocupa si alcanzamos la perfección, sino si estamos extendiéndonos hacia la meta de la perfección. Hable y actué con la certeza de que Jesús está vivo y obrando en su vida, y no importa cuán grande sea el error que cometa, la sangre de Jesús derramada en la cruz lo cubre.

# 2

# CELEBRE LO POSITIVO

LA SEGUNDA CLAVE para vencer la inseguridad está relacionada con la primera: *Medite y hable cosas positivas acerca de sí mismo.*

Hemos aprendido lo destructivo que es pensar y decir cosas negativas de sí mismo. Ahora, veamos el poder que hay en pensar y decir cosas positivas acerca de nosotros mismos. Cosas positivas que concuerden con la Palabra de Dios.

Como hemos visto, lo que pensamos y decimos acerca de nosotros es tremendamente importante. Necesitamos meditar en las cosas buenas acerca de nosotros, *a propósito*. Necesitamos buscar las cosas buenas que hay en nosotros, pensar en esas cosas y hablarlas a nosotros mismos.

Si hablamos de nosotros mismos en forma negativa, comenzaremos a mirarnos en forma negativa. Entonces, transmitiremos ese negativismo a todos los que nos rodean. De hecho, la opinión que otros se forman acerca de mí nunca irá más allá de la opinión que yo tenga de mí misma.

He encontrado que si estoy con personas seguras de sí mismas que trasmiten autoconfianza, automáticamente tengo confianza en ellos. Pero si ellos reflejan falta de seguridad en sí mismos, se me hace muy difícil tener confianza en ellos.

Ese mismo principio es aplicable a nosotros. Si queremos que otros tengan confianza en nosotros, tenemos que demostrar que tenemos confianza en nosotros mismos.

## ¿GIGANTES O LANGOSTAS?

*"También vimos allí gigantes, hijos de Anac, raza de los gigantes, y éramos nosotros, a nuestro parecer, como langostas; y así les parecíamos a ellos".*

—Números 13:33

En el libro de Números hay un relato de doce espías que fueron enviados a la Tierra Prometida para inspeccionar la tierra. Diez regresaron con un informe malo, y dos regresaron con un informe bueno. Los diez que regresaron con el informe malo vieron gigantes y estaban atemorizados: *"Y éramos nosotros, a nuestro parecer como langostas; y así le parecíamos a ellos"*. En otras palabras, el enemigo los vio de la misma manera que ellos se veían.

Estos diez espías regresaron derrotados. ¿Por qué? ¿Por qué no tenían la habilidad de derrotar a los gigantes? No. Ellos corrieron a sus casas derrotados por la manera en que se veían a sí mismos, por la actitud negativa que tenían acerca de sí mismos.

## EL PODER DE UNA CONFESIÓN POSITIVA

*"Entonces Caleb hizo callar al pueblo delante de Moisés, y dijo: Subamos luego, y tomemos posesión de ella; porque más podremos nosotros que ellos".*

—Números 13:30

Aquí vemos la respuesta de Caleb, uno de los otros dos espías. Ante posibilidades abrumadoras, su informe fue: "Más podremos nosotros que ellos". La razón por la que él dijo esto era porque sabía que Dios les había dicho que entraran y tomaran posesión de la tierra.

La manera de vencer el negativismo en el pensar y en el hablar, que por tanto tiempo ha sido parte de nuestro estilo de vida, es haciendo un esfuerzo consciente de pensar y decir cosas buenas acerca de nosotros mismos a través de confesiones positivas.

Tal vez usted cree que no está hablándose a sí mismo, pero lo hace. Aun si no habla en voz alta, usted tiene lo que se llama una "autoconversación" todo el tiempo.

Le recomiendo que comience a hablarse positivamente en privado. Por ejemplo, cuando esté en la bañera o conduciendo su auto por la carretera, comience a hablar deliberadamente cosas buenas de sí mismo.

## Confiese de acuerdo a la Palabra de Dios

*"Porque ¿quién conoció la mente del Señor? ¿Quién le instruirá? Mas nosotros tenemos la mente de Cristo".*

—1 Corintios 2:16

Cuando digo que tenemos que hacer confesiones positivas de nosotros mismos, quiero decir que tenemos que alinear nuestra boca con lo que dice la Palabra de Dios. Por ejemplo, la Palabra de Dios dice que tenemos la mente de Cristo. Así que eso es lo que debemos estar diciendo acerca de nosotros.

La Biblia también dice que hay un llamado sobre nuestras vidas; que cada uno de nosotros hemos sido llamados al ministerio de reconciliación e intercesión (ver 2 Corintios 5:18-20; 1 Timoteo 2:1-3). Eso no quiere decir que todos estemos en el oficio de intercesor, pero todos tenemos el llamado de Dios sobre nuestras vidas para ser usados por Dios, y así debemos decirlo.

## Haga confesiones bíblicas

*"...cobrando ánimo en el Señor [...] se atreven mucho más a hablar la palabra sin temor".*

—Filipenses 1:14

Hace varios años, el Señor puso en mi corazón hacer una lista de confesiones acerca de mi vida. Al terminar había escrito más de cien cosas.

Encontré escrituras en la Biblia para apoyar cada confesión que estaba en mi lista. Me tomó tiempo hacerlo. Pero si usted separa el tiempo para estudiar la Biblia por su cuenta, le aseguro que encontrará una mina de oro.

Cuando comencé a verbalizar estas confesiones, lo que estaba diciendo no estaba sucediendo. En ese momento, esas cosas no eran realidades en mi vida.

Por ejemplo, durante ese tiempo yo vivía bajo una nube de culpabilidad y condenación. Pero varias veces al día decía: "Soy la justicia de Dios en Jesucristo. He sido separada y hecha santa por el Cordero. Hay un llamado sobre mi vida y Dios me va a usar".

Yo tenía una mala actitud acerca de mi persona y tenía que convencerme de que yo estaba bien, antes de que Dios pudiera hacer algo conmigo.

Durante seis meses, leí esa lista diligentemente por lo menos una o dos veces al día. Todavía recuerdo una gran porción de esas confesiones positivas. Ahora esas palabras están arraigadas dentro de mí.

## CREA EN USTED MISMO, EN LO QUE DIOS PUEDE HACER A TRAVÉS DE USTED

*"No podremos subir contra aquel pueblo, porque es más fuerte que nosotros".*
—NÚMEROS 13:31

Dios lo necesita. Sin embargo, usted se perjudicará si no cree en sí mismo o en los talentos que Dios ha puesto en su interior. Se quedará en la orilla como espectador, y verá a otras personas ser usadas por Dios en su lugar.

Dios escoge deliberadamente a lo débil y lo necio de este mundo para hacer su obra, para confundir a los sabios, y para que ningún mortal pueda tener razón de gloriarse o presumir en su propia carne (ver 1 Corintios 1:27–29).

Dios no está preocupado con su debilidad como usted lo está. El problema con los espías en Números 13 fue que miraron a los gigantes en vez de mirar a Dios. Es cierto que había gigantes, pero los israelitas tenían que mirar a Dios y no a los gigantes.

Existen gigantes en mi vida. Pero no tengo que fijar mis ojos en esos gigantes. Necesito fijar mis ojos en Dios, y creer que Él puede hacer lo que Él dice que puede hacer.

Lo mismo pasa con usted. Su espíritu quiere producir cosas tremendas en su vida. Pero si mantiene su hombre espiritual degradado a través de sus palabras, actitudes y pensamientos negativos, él nunca se levantará para llevarlo al lugar que Dios quiere que ocupe, en la tierra que Él quiere que posea.

## Dios da vida a los muertos

*"Como está escrito: Te he puesto por padre de muchas gentes delante de Dios, a quien creyó, el cual da vida a los muertos, y llama las cosas que no son, como si fuesen".*
—Romanos 4:17

Abraham sabía que no era pecado hacer algo o ser alguien siempre que estuviera de acuerdo con la Palabra de Dios.

Antes que Abraham tuviera un hijo, Dios le había dicho que iba a ser el padre de muchas naciones. ¿Pero cómo puede ser esto? Abraham era un hombre viejo y su esposa era estéril.

Es que Dios "da vida a los muertos". Él comprobó eso al darle vida al vientre muerto de Sara y al reactivar el cuerpo muerto de Abraham. Y Dios "llama las cosas que no son, como si fuesen".

Basándonos en esta escritura, debemos alinear nuestras bocas con todo lo que Dios nos ha prometido en la Palabra. Eso no quiere decir que debemos andar por ahí hablando cualquier cosa loca que se nos ocurra. Debemos hablar únicamente las cosas que nos han sido prometidas en la Palabra de Dios.

## Confesar la Palabra
### produce resultados

*"…y hallarás gracia y buena opinión ante los ojos de Dios y de los hombres".*
—Proverbios 3:4

Anteriormente, yo tenía problemas serios en mi vida. Ahora estoy caminando en victoria, porque la Palabra de Dios ha obrado en mi vida. Pero no fue porque me levanté de la cama un día y comencé a experimentar victoria inmediata y total. Ni tampoco porque asistía a una reunión cada tres semanas o escuchaba un mensaje de vez en cuando. Lo cierto es que tuve que sumergirme de cabeza en la Palabra del Señor desde que fui bautizada con el Espíritu Santo. Comencé a tener victorias, porque exaltaba continuamente la Palabra de Dios en mi vida.

Yo recibo el favor de Dios, porque he estado reclamando y proclamando por muchos años lo que la Palabra de Dios dice acerca de su favor para mi vida. La Biblia nos dice repetidamente que tenemos favor ante Dios y que Dios nos dará favor con los hombres. Yo espero tener favor con los hombres. Esa no es una actitud orgullosa o mala, ni tampoco es inapropiada. ¿Por qué? Porque es una promesa de Dios para mí que está en la Biblia.

Si aprende a repetir lo que la Palabra de Dios dice acerca de usted, obtendrá resultados positivos, pero eso tomará tiempo y esfuerzo.

Cuando Dios comenzó a mostrarme estas verdades que estoy compartiendo en este libro, yo tenía un problema de sobrepeso. Siempre he tenido de 20 a 25 libras de más. Me acuerdo de estar parada frente a un espejo, mirar todo mi cuerpo, y decir: "Yo como bien, me veo bien, me siento bien y peso 135 libras".

Para ese tiempo *nada* de eso era cierto. Yo no comía bien, no me sentía bien y *ciertamente* pesaba más de 135 libras. Pero yo creía que ese era un buen peso para mí, así que comencé a confesármelo a mí misma.

Yo no iba pregonándolo a todo el mundo, y diciendo: "¡Mira! Me veo bien, me siento bien, como bien y peso 135 libras". Esa era una confesión privada que me hacía a mí misma.

## SEGÚN HABLA LA BOCA, ASÍ LE IRÁ EN LA VIDA

*"Porque todos ofendemos muchas veces. Si alguno no ofende en palabra, éste es varón perfecto, capaz también de refrenar todo el cuerpo".*

—SANTIAGO 3:2

La confesión positiva de la Palabra de Dios debe ser un hábito en la vida de cada creyente.

Si no ha comenzado a desarrollar este hábito importante, debe comenzarlo hoy. Comience diciendo y hablando cosas buenas de sí mismo: "Soy la justicia de Dios en Jesucristo. Todo lo que mi mano toca, prospera. Tengo dones y talentos, y Dios me está usando. Me muevo en el fruto del Espíritu. Camino en amor. El gozo fluye a través de mí. Como bien, me veo bien y peso exactamente lo que debo pesar".

Aunque Dios quiere ayudarnos, la Biblia nos enseña que alineamos nuestras vidas cuando alineamos nuestras bocas. La Palabra nos enseña que podemos apropiarnos de las bendiciones de Dios sobre nuestras vidas cuando confesamos y creemos las cosas positivas que Dios ha dicho de nosotros en su Palabra.

# 3

# EVITE LAS COMPARACIONES

E L PRÓXIMO PASO para vencer la inseguridad es sencillo: *Nunca se compare con otra persona.*

Si le hace falta seguridad en sí mismo, este es un punto importante. Puede pensar que está perfectamente bien hasta que mire a su alrededor y se encuentre a alguien que parece estar haciendo las cosas un poco mejor que usted.

Por ejemplo, piense en la oración. Muchas veces, aún la comunicación personal con Dios puede ser causada por la condenación. Si se compara con otra persona puede pensar que no está orando el tiempo necesario, ni lo suficientemente bueno ni con la "espiritualidad" necesaria.

## LAS COMPARACIONES
## INVITAN A LA CONDENACIÓN

*"¿Tienes tú fe? Tenla para contigo delante de Dios. Bienaventurado el que no se condena a sí mismo en lo que aprueba".*
—ROMANOS 14:22

Hubo un tiempo en mi vida en el que yo oraba media hora al día. Estaba de lo más contenta, porque había unción sobre mí para orar treinta minutos todos los días. Estaba perfectamente contenta y satisfecha con mi media hora de comunión con el Señor.

Entonces escuché a un ministro predicar acerca de cómo él oraba cuatro horas al día y se levantaba a una hora espantosa para hacerlo. (Por lo menos, a mí me parecía espantosa, creo que comenzaba a las cuatro o las cinco de la mañana). Cuando me comparé con él, me sentí inadecuada, aunque hasta ese momento había estado verdaderamente contenta y satisfecha con mi vida de oración. Después de escuchar ese mensaje, me sentí como que no amaba a Dios lo suficiente.

A veces escuchaba a predicadores hablar de cómo Dios los levantaba en medio de la noche para orar. Yo pensaba: *Señor, ¿qué me sucede a mí? ¡Yo me voy a la cama y me duermo!*

¿Por qué me sentía con tanta condenación? Porque no estaba segura de quién yo era en Cristo.

Como ministro he aprendido a ser cuidadosa acerca de lo que digo, porque muchas de las personas a quienes les predico no están seguras de sí mismas. Existe el peligro de que ellos escuchen mi testimonio y se comparen conmigo. Así que tiendo a reservar los detalles de cuánto tiempo oro, cómo oro y sobre qué cosas oro.

## Todos somos únicos

*"Porque el que en esto sirve a Cristo, agrada a Dios, y es aprobado por los hombres".*
—Romanos 14:18

Nos podemos sentir perfectamente bien, en lo que a nosotros respecta, hasta que comenzamos a compararnos con otras personas. Entonces, de repente, creemos que somos un desastre.

Quiero exhortarle a que deje de compararse con otras personas; cómo usted luce en comparación a cómo ellos lucen; la posición que usted ocupa en comparación con la posición de ellos; cuánto tiempo usted ora en comparación al tiempo que ellos oran; cuántas veces usted profetiza en comparación a cuántas veces ellos profetizan.

De la misma manera, usted no puede comparar su tribulación con la tribulación de otro. No puede comparar su sufrimiento con el sufrimiento de otro. Algunas situaciones parecen ser difíciles para usted. Pero no puede mirar a otra persona y decir: "¿Por qué me sucede todo esto a mí y, a otros, todo le sale a pedir de boca?".

Por ejemplo, tal vez dos mujeres en la misma vecindad aceptan a Cristo como Salvador y son nacidas de nuevo. Diez años después, las dos todavía están pidiendo por la salvación de sus esposos, pero ninguno de ellos es salvo. Entonces, otra mujer vecina acepta a Cristo como Salvador. Ella cree en Dios para que su esposo sea salvo, y dos semanas después, él acepta a Cristo, es lleno del Espíritu Santo, y está listo para ir predicando por todo el mundo.

## Dios sabe lo que hace

*"Porque yo sé los pensamientos que tengo acerca de vosotros, dice Jehová, pensamientos de paz, y no de mal, para daros el fin que esperáis".*

—Jeremías 29:11

Si no entiende que Dios tiene un plan individual para su vida, comenzará a mirar a su alrededor y hará comparaciones con otras personas y a decir: "¿Qué anda mal en mi vida? He estado orando por diez años y no he tenido respuesta; tú has estado orando por dos semanas y mira lo que Dios ha hecho por ti".

Las personas me hablan todo el tiempo de cómo ellos trabajan en la iglesia, diezman, aman a Dios y están esforzándose lo más posible. Pero parece ser como si nada se les diera, mientras que otros a su alrededor reciben todo lo que desean. ¿Por qué ocurre esto?

No tengo una respuesta concreta, pero sí puedo asegurarle esto: Tenemos que creer sobre todas las cosas que Dios sabe lo que está haciendo. Es asombrosa la paz que viene con esta creencia.

## Andar por fe, no por vista

*"(porque por fe andamos, no por vista)".*

—2 Corintios 5:7

Cuando las personas tienen un llamado de Dios sobre sus vidas, algunas veces atraviesan cosas que otras personas jamás atravesarán.

Debido a las circunstancias que atravesé durante un periodo de cuatro a cinco años, hoy día tengo un profundo entendimiento y una gran compasión por las personas heridas que vienen a mí para que les ministre. Hay algunas cosas que no se pueden recibir por la imposición de manos. Se reciben únicamente a través de la experiencia personal. La experiencia que yo tuve me ayudó a prepararme para el ministerio.

Durante el comienzo de mi ministerio, yo lloraba: "¿Por qué, Dios, por qué? Estoy creyendo en ti. No entiendo por qué esto me está sucediendo".

Muchas veces no entendemos algo hasta que estamos al otro lado, cuando todo ha concluido y nos estamos regocijando en la victoria. Tal vez al año o más tarde de haber terminado la experiencia, nuestros ojos se abren y podemos decir: "Ahora entiendo".

O puede ser que nunca entendamos. Pero cuando aprendemos a confiar en Dios, aunque no lo entendamos, nuestra fe crecerá.

## ¡NO SE COMPARE, SOLAMENTE SIGA A DIOS!

*"Esto dijo, dando a entender con qué muerte había de glorificar a Dios. Y dicho esto, añadió: Sígueme. Volviéndose Pedro, vio que les seguía el discípulo a quien amaba Jesús, el mismo que en la cena se había recostado al lado de él, y le había dicho: Señor, ¿quién es el que te ha de entregar? Cuando Pedro le vio, dijo a Jesús: Señor, ¿y qué de éste?"*

—JUAN 21:19–21

De igual modo que nos guardamos de no comparar nuestros talentos y dones con los talentos y dones de otros, así mismo no debemos comparar nuestras pruebas y tribulaciones.

Jesús le reveló a Pedro con antelación algunos de los sufrimientos por los que él atravesaría. Pedro inmediatamente quería comparar su sufrimiento y su destino en la vida con la de otro, y dijo: "¿Y qué de este hombre?".

*"Jesús le dijo: Si quiero que él quede hasta que yo venga, ¿qué a ti? Sígueme tú"* (Juan 21:22).

Esa es su respuesta para nosotros también. No hemos sido llamados a compararnos con otros, sino a cumplir.

## NO CODICIE LAS BENDICIONES DE OTROS

*"No codiciarás…"*

—ÉXODO 20:17

Cuando esté atravesando por un momento difícil, nunca mire a otros y diga: "Dios, no entiendo. ¿Por qué estoy teniendo un tiempo difícil mientras ellos parecen ser bendecidos?". Esta clase de pregunta solo trae tormento. ¿Por qué? Porque es una señal de codicia.

Cuando sus hermanas y hermanos son bendecidos, esté contento por ellos; cuando sufran dolor, acompáñeles en su dolor (ver Romanos 12:15). Pero no se compare con ellos. Al contrario, confíe en Dios. Créame que Él tiene un plan individual y especializado para su vida. Debemos convencernos de que a pesar de lo que esté sucediendo o de qué tan mal se vea la situación, Él se ocupa de nosotros y está obrando en todo para nuestro bien (ver 1 Pedro 5:7; Romanos 8:28).

# 4

# ENFÓQUESE EN EL POTENCIAL, NO EN LAS LIMITACIONES

Este es el cuarto punto que nos ayudará a tener éxito en ser nosotros mismos. Este punto nos ayudará a aumentar nuestra autoconfianza y vencer la inseguridad: *Enfóquese en el potencial, no en las limitaciones*. En otras palabras, enfóquese en sus fortalezas y no en sus debilidades.

## Concéntrese
### EN EL POTENCIAL

*"De manera que, teniendo diferentes dones, según la gracia que nos es dada, si el de profecía, úsese conforme a la medida de la fe."*

—Romanos 12:6

La reconocida actriz estadounidense Helen Hayes tenía solo un metro y medio (cinco pies) de estatura. En el comienzo de su carrera se le dijo que si hubiera tenido un poco más de diez centímetros (como cuatro pulgadas) de altura, hubiera tenido la oportunidad de ser una gran estrella de cine. Aunque no podía hacer nada para crecer más, ella se concentró en mejorar su porte y su presencia, y siempre se paraba muy derecha para aparentar ser más alta de lo que era en el escenario.[1]

En vez de concentrarse en su estatura, ella se concentró en su gran potencial como actriz, y no se rindió. Más tarde en su carrera, Helen fue seleccionada para protagonizar el papel de María, reina de los escoceses, una de las reinas más alta en estatura de la historia.[2]

Enfóquese en su potencial en vez de sus limitaciones.

## Puede hacer lo que Dios le ha llamado a hacer

*"Pues todo lo puedo hacer por medio de Cristo, quien me da las fuerzas".*
—Filipenses 4:13 (ntv)

Recientemente vi un letrero en una iglesia que decía: "Confíe en Dios, crea en sí mismo, y podrá hacer cualquier cosa". Eso no es correcto.

Hubo un tiempo en mi vida cuando yo hubiera visto ese letrero y hubiera dicho: "¡Amén!". Pero ahora no. Nosotros no podemos hacer *cualquier cosa* que queramos hacer. No podemos hacer todo lo que están haciendo los demás. Pero sí podemos hacer todo lo que *Dios nos ha llamado a hacer.* Y podemos ser todo lo que *Dios dice que podemos ser.*

Tenemos que tener equilibrio en esta área. Podemos ir a seminarios motivacionales donde se nos dice con gran exageración emocional: "Usted puede hacer cualquier cosa. ¡Piense que lo puede hacer; crea que lo puede hacer; diga que lo puede hacer; y podrá hacerlo!". Eso es así hasta cierto punto. Pero cuando se excede de cierto punto, puede caer en el humanismo. Tenemos que hablar acerca de nosotros mismos basándonos en lo que la Palabra de Dios dice acerca de nosotros.

Podemos hacer lo que hemos sido *llamados* a hacer, para lo que hemos recibido dones. Existen maneras para aprender a reconocer los dones de gracia que se nos han impartido.

He aprendido esto acerca de mí misma: Cuando comienzo a frustrarme, sé que es una señal de que estoy haciendo las cosas por mí misma y ya no estoy recibiendo la gracia de Dios, o estoy tratando de hacer algo en lo cual no tuvo la gracia de Dios desde un principio.

## No deseche la gracia de Dios

*"No desecho la gracia de Dios…".*
—Gálatas 2:21

Dios no nos ha llamado a vivir frustrados.

Cada uno de nosotros tiene muchos dones, talentos y habilidades.

Si comenzamos a cooperar con Dios, podemos alcanzar lo mejor que Dios tiene para nosotros. Pero si tenemos ideas y establecemos metas que están fuera de nuestras habilidades y de los dones de gracia que están en nuestra vida, nos frustraremos. No lograremos esas cosas, y hasta podríamos culpar a Dios por nuestro fracaso.

## TODO LO PUEDO EN CRISTO QUE ME FORTALECE

*"Todo lo puedo en Cristo que me fortalece".*

—FILIPENSES 4:13

Si sacamos esta escritura del contexto bíblico, pareciera que podemos hacer todo lo que deseamos hacer, ¿verdad? Si escogemos los versículos que queremos, podemos hacer que la Biblia diga lo que uno quiere. Pero vamos a leer este pasaje en el contexto total para ver lo que en realidad dice. Comencemos con el versículo 10:

> *"En gran manera me gocé en el Señor de que ya al fin habéis revivido vuestro cuidado de mí; de lo cual también estabais solícitos, pero os faltaba la oportunidad".*

Los creyentes de la iglesia de Filipos le habían enviado a Pablo una ofrenda, lo cual le agradó. Pablo les estaba escribiendo para decirles: "Amigos, me gozo de que al fin se acordaran de mí después de tanto tiempo". Entonces, él añadió en los versículos 11 y 12:

> *"No lo digo porque tenga escasez, pues he aprendido a contentarme, cualquiera que sea mi situación. Sé vivir humildemente...".*

(Eso significa que hubo tiempos en que Pablo no *tuvo* todo lo que él quería; tiempos cuando las circunstancias *no eran* como él hubiera querido que fueran).

> *"...y sé tener abundancia; en todo y por todo estoy enseñado, así para estar saciado como para tener hambre, así para tener abundancia como para padecer necesidad".*

El mensaje de Pablo no era que él podía hacer todo lo que él se proponía, sino que había aprendido el secreto de hacer lo mejor que podía en cualquier situación a la que se enfrentara. Es en ese contexto que él hace la declaración que escuchamos muy a menudo sobre "todo lo puedo en Cristo".

## La verdad sobre "todo lo puedo"

*"Todo lo puedo en Cristo que me fortalece".*
—Filipenses 4:13

Al leer el versículo 13 en su contexto, entendemos que lo que Pablo estaba verdaderamente diciendo era: "Dios ha hecho una obra en mi vida. He aprendido el secreto de estar en paz aunque tenga todo lo que quiera o no. Si mis circunstancias son emocionantes, sé cómo manejar la situación y mantenerme humilde. Si mis circunstancias no son favorables, tengo la fuerza interior para manejar la situación. Estoy dispuesto a manejar todas las situaciones variables de la vida a través de Cristo que me da la fortaleza".

Si Filipenses 4:13 es sacado fuera de contexto, es fácil creer que podemos hacer cualquier cosa que deseamos hacer, en cualquier momento y en cualquier lugar. Eso no es cierto. Tenemos que mantenernos en la unción, que únicamente se recibe dentro de la voluntad de Dios.

## Permanezca bajo la unción

*"Y el que nos confirma con vosotros en Cristo, y el que nos ungió, es Dios".*
—2 Corintios 1:21

Usted puede haber experimentado una confusión profunda al intentar hacer algo para lo cual Dios no le había consagrado ni ungido. Creía que era la voluntad de Dios y descubrió que no lo era. Si así fuera, usted no es la única persona que ha pasado por esto. Yo he pasado por esa situación más veces que las que quiero recordar. ¿Cómo se puede llegar a saber que algo es verdaderamente de Dios?

Si cree que Dios le ha hablado, tiene una base bíblica y tiene paz sobre el asunto, entonces muévase hacia eso. Pero si descubre que nada de lo que hace funciona, no pierda su tiempo golpeando su cabeza contra una pared, tratando de forzar algo en lo que Dios no está ayudándole. Si no hay unción, nunca obtendrá buenos resultados.

Muchas personas desperdician sus vidas tratando de correr con un caballo muerto. Recientemente escuché a alguien decirme: "El caballo ha estado muerto por siete años, es tiempo de desmontarse de él".

Haga su parte. Haga las cosas conforme a lo que usted cree que es correcto. Siga la dirección de Dios hasta donde le sea posible y luego deje el resultado en sus manos. De esta manera está haciendo todo lo que puede, pero no está desperdiciando su vida tratando de hacer lo que no puede, que le corresponde a Dios.

## DÉJELO EN LAS MANOS DE DIOS

*"...y habiendo acabado todo, estar firmes".*
—EFESIOS 6:13

Recuerde que si Dios lo ha llamado a hacer algo, haga su parte, y entonces esté firme. Cuando usted ha hecho todo lo que puede, deje la situación en las manos de Dios, y siga por su camino. Si Él no hace su parte, entonces no era el tiempo, no era lo correcto o no era para usted.

Las personas me preguntan: "¿Cómo puedo hacer lo que usted hace? Dios me ha llamado a predicar. Dígame cómo fue que empezó". Yo les digo: "No es tan fácil. No le puedo dar tres clases en cómo comenzar un ministerio. Pero si Dios le ha llamado, Él abrirá las puertas. Él lo preparará, proveerá las finanzas, le dará favor y hará que suceda".

No hay nada malo en confesar que va a tener un ministerio similar a otro, si usted cree que Dios lo ha llamado a hacerlo. Asegúrese de hacer esa confesión en la privacidad de su casa y no públicamente. Manténgalo entre usted y Dios, hasta que Dios lo haga público. Si ese deseo es de Dios, se va a cumplir. Pero si no es de Dios y nada sucede, eso no debe afectar su valor propio.

Tiene que creer en sí mismo. Está bien mirar a alguien con éxito en el ministerio o en los negocios, y decir: "Creo que Dios me quiere en esa posición. Tengo el potencial y las habilidades". Asegúrese que es la voluntad de Dios y no su deseo egoísta. Si es la voluntad de Dios, encontrará gozo en ella.

## HAGA LAS COSAS QUE AMA, AME LO QUE HAGA

Si Dios le ha llamado a hacer algo, se encontrará amándolo a pesar de cualquier adversidad que venga a su vida.

A veces, Dave y yo tenemos que irnos de un lugar a las tres de la mañana, después de haber dormido solo tres horas. Muchas veces he tenido que dormir en la parte de atrás del auto, eso es como tratar de dormir y correr a caballo a la misma vez. Algunos de los baños que hemos tenido que usar en la carretera han sido horribles. Algunos de los restaurantes donde hemos comido han sido terribles. Algunos de los hoteles han sido pésimos, y me despierto por la mañana sintiéndome como si tuviera cien años. A veces, he tenido que estudiar sentada en la cama, porque la habitación no ha tenido un escritorio o una silla en donde sentarme.

Como Pablo, mi esposo y yo nos hemos encontrado dentro de situaciones indeseables una y otra vez. Pero amamos lo que hacemos. ¿Cómo pudiéramos amarlo si no fuera de Dios? Nos gozamos en viajar a través del mundo haciendo la obra del Señor, a pesar de todo el infortunio y todas las inconveniencias.

Si Dios le ha llamado a hacer algo, Él le dará la habilidad para hacerlo. Pero si se la pasa luchando todo el tiempo y diciendo: "*¡odio esto!*", ¡algo anda mal!

## DIOS ES EL QUE EXALTA

*"Porque ni del oriente ni del occidente, ni del desierto viene el enaltecimiento. Mas Dios es el juez; a éste humilla y aquél enaltece".*

—SALMO 75:6–7

Muchas veces, le preguntamos a otras personas: "¿Cuál es su ocupación?". Y cuando nos responden, a veces implicamos con nuestra actitud que creemos que ellos deben desear una posición más alta que la que ocupan.

Está bien creer en Dios para tener una posición mejor o más responsabilidad, pero es igualmente aceptable permanecer en la posición en la que estamos, si es allí donde Dios nos quiere.

Dios nos dará la habilidad para llenar una posición y hacer un trabajo, aunque no estemos preparados en lo natural. Pero hay personas inseguras que creen que pueden ganar valor y dignidad a través de una posición más alta. Hacen las cosas por su propia cuenta y sin la dirección de Dios. Su motivación es incorrecta y caen de cara al piso.

He descubierto que es imprudente buscar una posición que Dios no nos ha dado. Podemos obrar en la carne y hacer que las cosas sucedan, pero nunca tendremos paz con los resultados.

*"Humillaos, pues, bajo la poderosa mano de Dios, para que él os exalte cuando fuere tiempo".*
—1 PEDRO 5:6

Dios hace cosas en nuestras vidas cuando Él sabe que verdaderamente estamos listos. Fije metas altas, pero que su enfoque esté en hacer lo mejor que pueda, dondequiera que se encuentre, sabiendo que cuando Dios quiera ascenderle, si Él quiere, Él es capaz de hacerlo.

## ENFÓQUESE EN SU POTENCIAL

*"Pero todas estas cosas las hace uno y el mismo Espíritu, repartiendo a cada uno en particular como él quiere".*
—1 CORINTIOS 12:11

Los dones y talentos son repartidos por el Espíritu Santo de acuerdo a la gracia que existe en cada persona para manejarlos. Dios no está enojado con nosotros porque tenemos un solo don mientras otra persona tiene cinco. Lo que a Él no le agrada es que no desarrollemos el don que sí tenemos (ver Mateo 25:14–30).

En el libro de Números vimos a los doce espías que fueron enviados a explorar la Tierra Prometida que Dios les había mandado a poseer. Diez de ellos regresaron diciendo: "Hay gigantes en la tierra, así que no podemos tomarla". Pero dos de ellos dijeron: "Sí, hay

*Enfóquese en el potencial, no en las limitaciones*

gigantes en la tierra, pero somos capaces de tomarla porque *Dios* ha dicho que lo hagamos".

Diez de los espías hebreos fijaron sus ojos en sus limitaciones; dos se fijaron en su potencial. Diez de ellos miraron a los gigantes; dos miraron a Dios.

Si va a estimarse a sí mismo y si va a tener éxito en ser usted mismo, entonces tiene que enfocarse en su potencial, en lo que Dios le ha creado para que sea, no en sus limitaciones.

271

# 5

## EJERCITE SUS DONES

Este es el quinto punto en vencer la inseguridad: *Busque algo que le gusta hacer, hágalo bien, y hágalo una y otra vez.* ¿Sabe lo que sucederá? Comenzará a tener éxito, porque estará haciendo aquello para lo que fue dotado a hacer. Y comenzará a sentirse mejor de sí mismo, porque no estará fracasando constantemente.

### ENCUENTRE SU DON

> *"De manera que, teniendo diferentes dones, según la gracia que nos es dada, [...] o si de servicio, en servir; o el que enseña, en la enseñanza...".*
>
> —ROMANOS 12:6–7

Esa escritura no nos dice: "Si eres un maestro, enseña, pero al mismo tiempo trata de ser el director de alabanza".

Hubo un tiempo en mi vida cuando estaba bien frustrada, porque lo único que podía hacer era enseñar. Yo quería hacer todas las otras cosas que veía a otros hacer. Oraba, luchaba y "derribaba fortalezas". Le decía al diablo: "¡Voy a hacer más!". Pero tuve que llegar al punto donde estuviera satisfecha con solo predicar la Palabra.

Pasé un año tratando de cultivar tomates y coser la ropa de mi esposo, porque mi vecina lo hacía. Me comparé con ella y concluí que algo estaba mal conmigo, porque no podía ser un ama de casa "normal". Lo cierto es que no quería cultivar tomates, ni mucho menos coser la ropa de mi esposo. Pero me enredé en querer hacer lo que otros estaban haciendo.

## No siga haciendo lo que no hace bien

*"Si Jehová no edificare la casa, en vano trabajan los que la edifican…"*

—Salmo 127:1

Pasé un año tratando de hacer algo que no hacía bien. Día tras día tenía una continua derrota. Estaba muy desanimada. Podía pasar todo un día cociendo una camisa, para entonces cocer el dobladillo en el lado incorrecto y tener que gastar más horas sacando el dobladillo. Continuamente me sentía derrotada.

No malgaste todo su tiempo haciendo algo que no sabe hacer bien. En cambio, deje que Dios le enseñe las cosas que usted puede hacer bien. Casi siempre, las cosas que hacemos bien son las cosas que nos gustan hacer.

Dios no lo hará hacer algo que ha odiado toda su vida. ¿Por qué estamos siempre tratando de hacer algo que no podemos hacer? ¿Por qué no buscar algo que podemos hacer y seguir haciéndolo? Es asombroso ver lo bien que nos hará sentir.

## Busque la unción

*"Pero la unción que vosotros recibisteis de él permanece en vosotros, y no tenéis necesidad de que nadie os enseñe".*

—1 Juan 2:27

Muchas personas en el ministerio tratan de hacer cosas para las cuales no han sido ungidos. Son cosas que quieren hacer simplemente, porque otras personas lo hacen.

En mis viajes veo a muchos ministros pasando por dificultades. Muchas veces están tratando de hacer lo que otra iglesia o ministerio está haciendo, aunque Dios no los ha ungido para hacerlo. Creen que si no pueden hacer lo que el otro está haciendo, no son tan buenos ministros como el otro.

Podemos hacer únicamente lo que Dios nos ha dotado y ungido para hacer. Si tratamos de hacer otra cosa, estaremos viviendo en continua presión.

## NO EXCEDA
## LA GRACIA DE DIOS

*"Respondió Juan y dijo: No puede el hombre recibir nada, si no le fuere dado del cielo".*

—JUAN 3:27

¿Cuánto puede recibir un hombre? ¿Cuánto puede reclamar un hombre? ¿Cuánto puede tomar para sí un hombre? Solo lo que se le es dado del cielo.

Como cristianos, debemos estar *satisfechos*. Si no puedo predicar tan bien como otro predicador, entonces tengo que estar satisfecho con predicar lo mejor que me sea posible. Si mi ministerio no logra llegar a ser tan grande como el del hermano Fulano o la hermana Mengana, tengo que estar satisfecha con lo que tengo.

Usted y yo no podemos exceder la gracia de Dios que está en nuestra vida.

No podemos recibir un don de Dios meramente porque lo queremos. El Espíritu Santo nos da dones de acuerdo a su voluntad para con nosotros, y tenemos que estar satisfechos con lo que recibimos de Él.

Hay veces que Dios quiere otorgarnos un don, pero no es el tiempo de hacerlo. Podemos luchar, armar un escándalo, murmurar, pelear y dar tremenda pataleta, pero no vamos a recibir nada hasta que Dios no determine hacerlo y diga: "*¡Ahora!*".

¿Sabe usted cuándo es que vamos a recibir lo que Dios quiere que tengamos? Cuando Él esté listo para hacerlo. No lo vamos a recibir hasta entonces, así que es mejor que aprendamos a estar satisfechos con lo que tenemos (ver Hebreos 13:5). Tenemos que recordar que "¡el Padre sabe lo que es mejor!".

## USE SU TALENTO

*"De manera que, teniendo diferentes dones, según la gracia que nos es dada, si el de profecía, úsese conforme a la medida de la fe; o si de servicio, en servir; o el que enseña, en la enseñanza; el*

*que exhorta, en la exhortación; el que reparte, con liberalidad; el que preside, con solicitud; el que hace misericordia, con alegría".*
—ROMANOS 12:6–8

No malgaste su tiempo tratando de descifrar cuál es su don. Use su tiempo haciendo las cosas para las cuales es bueno.

Me acuerdo de una mujer que dirigió la alabanza en una iglesia que nosotros visitamos en Maine. Ella era una exhortadora. Cuando terminé de predicar, ella me persiguió por las escaleras de trasfondo. "Venga acá, venga acá", me dijo, y comenzó a orar por mí.

Entonces comenzó a hablarme: "Ay, amada, eso fue maravilloso, eso fue estupendo. ¡Tienes una unción!".

¡Y continuó alentando mi espíritu! Cuando llegó el momento de irme, me sentía *formidable*, ¡como si estuviera flotando sobre una nube!

A veces trabajo muy fuerte y me siento extenuada. Son en esos momentos cuando se me acerca alguien con el don de exhortación y me anima. No importa lo cansada que me sienta, puedo comenzar de nuevo.

Pero ¿qué es lo que el enemigo le dice a un exhortador? "Animar a las personas no es un don verdadero". Satanás no le va a decir a esa persona que la exhortación es un ministerio importante dentro de la Iglesia.

¡Si usted tiene el don de exhortación, Satanás le dirá que debe predicar, enseñar, ser pastor o edificar una iglesia! Pero la Biblia nos dice que si nuestro don es exhortar, entonces debemos exhortar. Si nuestro don es enseñar, entonces debemos enseñar. Si nos vamos a entregar al servicio, entonces debemos servir a los demás. Si vamos a ayudar a otros, entonces es hora de ayudar.

## EL MINISTERIO DE AYUDA

*"…el que hace misericordia, con alegría".*
—ROMANOS 12:8

Si se supone que usted tenga un ministerio de ayuda dentro del Cuerpo de Cristo, entonces haga todo lo posible para ayudar. Si Dios lo llama a ser un dador, es obvio que Él proveerá los medios para que lo haga.

La frase "el que hace misericordia" se refiere a los que ayudan a otros. Hay muchos en el Cuerpo de Cristo que han sido llamados a ser servidores y ayudadores, cuyo trabajo es asistir al ministerio.

Dios llama a líderes fuertes, personas en quienes Él puede colocar una poderosa unción de liderazgo. El poder guiar a un gran número de personas, y al mismo tiempo mantener el orden, es un don. Si la persona no tiene el don para hacer eso, tarde o temprano se verá en grandes problemas.

Pero aunque sea dotado para esa posición, el líder no puede hacerlo todo, así que Dios unge a otros para que lo ayuden, para que levanten sus manos y para que oren por él o ella. Nadie puede ejercer o dirigir un ministerio exitoso sin la ayuda de aquellos que han sido llamados y ungidos para ayudar.

Si este es su llamado y está ungido para hacerlo, hágalo con todas sus fuerzas, porque es importante y vital.

Algunas personas dicen: "Bueno, solo estoy en el ministerio de ayuda". No, no solo están en el ministerio de *ayudar*. Están en unos de los ministerios más grandes de la Biblia. Hay más personas en el ministerio de ayuda que en cualquier otro ministerio de la Iglesia.

Si usted cree que ha sido llamado al ministerio de ayuda, espero que nunca jamás se sienta insultado porque "todos están en el ministerio de ayuda". Al fin y al cabo, ese es el ministerio del Espíritu Santo.

## El Espíritu Santo
### es el ayudador

*"Y yo rogaré al Padre, y os dará otro Consolador, para que esté con vosotros para siempre".*
—Juan 14:16

El ministerio de ayuda es un ministerio grande, maravilloso, estupendo y poderoso. El Espíritu Santo está en el ministerio de ayuda. Él lo dirige. Él es *el* Ayudador. Él es quien está con cada creyente proveyendo cualquier asistencia que sea necesaria.

Algunas personas se ofenden cuando son llamadas al ministerio de ayuda. Luchan consigo mismas tratando de ser lo que no son.

Simplemente no entienden que ellas ejercen el mismo ministerio que el Espíritu Santo.

## SEA UNA BENDICIÓN
## DONDEQUIERA QUE ESTÉ

*"...el que hace misericordia, con alegría".*
—ROMANOS 12:8

Como resultado de nuestro don, hay ciertas cosas que a nosotros nos gustaría hacer. Tal vez no pensamos que esas cosas son importantes, pero sí lo son (como descubriremos, si tan solo comenzáramos a hacerlas).

Usted puede ser una bendición a otros, no importa cuán sencillo sea su don. Si le gusta cocinar, use sus dones y talentos para bendecir a otras personas que no sean usted mismo.

Una noche, una amiga nos trajo a mi esposo y a mí un caldero de sopa. Era la mejor sopa que había comido en toda mi vida. Me encantó. Nos pasamos varios días hablando de lo buena que estaba esa sopa.

Más adelante, mi amiga me dijo que mientras cocinaba la sopa, ella pensó: *Tengo que llevarle un poco de esto a Joyce.* Pero despidió la idea pensando que era ridícula. *Joyce no va a querer mi sopa.*

¿Cuántas veces el enemigo nos roba de una bendición? ¿Sabe que lo más grande que usted puede ser es una bendición? Deje de tratar de averiguar cuál es su don y empiece a hacer algo que le gusta hacer, ocúpese y hágalo.

Si le gusta hacer que la gente esté contenta, haga todo lo posible para alentarlos. Si le gusta ser dadivoso, encuentre algo y delo. Si le gusta ayudar, entonces ayude a todos los que pueda. Simplemente bendiga a la gente.

No siempre tenemos que hacer algo espiritualmente *grande.* Es verdad que algunas de las cosas que no creemos que son muy espirituales son más importantes para Dios que las cosas que creemos que son tan grandes.

## Avive el don
## que está en usted

*"Por lo cual te aconsejo que avives el fuego del don de Dios que está en ti…"*

—2 Timoteo 1:6

Muchas veces buscamos una gran experiencia "espiritual". Nos vamos a la cama de noche y el diablo dice: "Bueno, hoy no hiciste nada que valiera la pena". Pero si tocamos la vida de otra persona, si hacemos que otra persona sea feliz, si ponemos una sonrisa en el rostro de otra persona, hicimos *algo* de valor. Esa habilidad es un don de Dios.

El gran apóstol Pablo le dice a Timoteo que avive el fuego que estaba en Él. Esto es un buen consejo para todos nosotros. A veces nos ponemos vagos con nuestros dones. Tenemos que agitar esos dones a propósito.

Si quiere vencer ese sentimiento de inseguridad, avive el don que está dentro de usted. Comience a usar lo que Dios ha puesto en usted. Debe de estar ocupado haciendo lo que puede con lo que Dios le ha dado.

Haga lo que le gusta hacer, y hágalo una y otra vez.

# 6

## TENGA LA VALENTÍA
## DE SER DIFERENTE

S I VA A vencer la inseguridad y ser la persona que es en el Cuerpo de Cristo, *tiene que tener la valentía de ser diferente.*

Aunque todos *somos* diferentes, aun así tratamos de parecernos el uno al otro. Eso es lo que causa la infelicidad.

### NO SEA COMO TODO EL MUNDO

*"Pues, ¿busco ahora el favor de los hombres, o el de Dios? ¿O trato de agradar a los hombres? Pues si todavía agradara a los hombres, no sería siervo de Cristo".*

—GÁLATAS 1:10

Si va a tener éxito en ser la persona que es, va a tener que tomar el riesgo de no ser como todo el mundo.

¿Por qué no se hace la misma pregunta que Pablo se hizo? ¿Está tratando de ganar el favor de los hombres o el de Dios?

### ¿BUSCAR AGRADAR AL HOMBRE
### O BUSCAR AGRADAR A DIOS?

*"No sirviendo al ojo, como los que quieren agradar a los hombres, sino como siervos de Cristo, de corazón haciendo la voluntad de Dios".*

—EFESIOS 6:6

Ser una persona cuya meta es agradar a los demás es lo más fácil que podemos hacer, pero al fin de cuentas seremos personas infelices. Cuando comenzamos a complacer a otras personas, escuchamos comentarios que nos hacen sentir bien acerca de nosotros mismos. Eso está bien después que no basemos nuestro sentido de valor en ellos. Como creyentes, nuestro sentido de valor debe estar arraigado y cimentado en el amor de Dios y no en las opiniones de las personas.

Valemos algo porque Dios envió a su único Hijo a morir por nosotros. Valemos algo porque Dios nos amó, no por lo que otros piensan o dicen acerca de nosotros.

Nos convertimos en personas cuya meta es complacer a los demás cuando no hacemos las cosas que queremos, pero hacemos lo que todo el mundo quiere que hagamos, porque creemos que así es la forma de lograr su aceptación y aprobación.

Esa no era la actitud que tenía ni por la que abogaba Pablo.

## No permita que
### OTROS LO MANIPULEN

*"Ahora bien, se requiere de los administradores, que cada uno sea hallado fiel. Yo en muy poco tengo el ser juzgado por vosotros, o por tribunal humano; y ni aun yo me juzgo a mí mismo".*
—1 Corintios 4:2–3

Esa es una actitud que nos trae mucha libertad: el no estar preocupados de la opinión pública, ni aún de nuestra propia opinión.

¿Cuántas cosas hubiera hecho Jesús si Él se hubiera preocupado por lo que pensaba la gente? Filipenses 2:7 dice que Jesús "se despojó a sí mismo" intencionalmente. Un día, mientras pensaba en estos versículos, el Señor me dijo: "Hice eso de inmediato". Eventualmente hice lo mismo. Ahora no trato de agradar a la gente todo el tiempo.

Tengo que admitir que no me gusta cuando la gente está molesta conmigo. Ni me gusta cuando uno de mis hijos está disgustado conmigo. Pero sé que no puedo permitirle a la gente que me manipule con sus demandas.

Como seguidores de Cristo, debemos ser dirigidos por el Espíritu, no controlado por las personas. De la misma manera, no debemos tratar de controlar a otros, sino permitir que ellos también sean dirigidos por el Espíritu.

## ANDEMOS EN AMOR

*"Y andad en amor, como también Cristo nos amó, y se entregó
a sí mismo por nosotros…"*
—EFESIOS 5:2

El punto es este, si sabemos que estamos haciendo lo mejor posible, no debemos dejar que la opinión de otros nos moleste.

Aun así, debemos andar en amor. No podemos hacer lo que queremos, en el momento que queremos. No podemos decir: "Pues al que no le guste, ese es su problema". El amor no se comporta de esa manera.

Sin embargo, no debemos permitir que las personas nos manipulen y nos controlen hasta el punto que no seamos libres para ser quienes somos. Si es así, siempre estaremos tratando de ser lo que otros esperan que seamos.

## SEAMOS TRANSFORMADOS, NO CONFORMADOS

*"No os conforméis a este siglo, sino transformaos por medio de
la renovación de vuestro entendimiento, para que comprobéis
cuál sea la buena voluntad de Dios, agradable y perfecta".*
—ROMANOS 12:2

El mundo está tratando continuamente de conformarnos a su imagen. Cuando digo "el mundo", me refiero a las personas que conocemos y con quienes lidiamos a diario. Pueden ser familiares, amigos, vecinos y hasta personas en la iglesia.

La palabra *conformar* significa "ser similar en forma o carácter, cumplir con algo, comportarse de acuerdo a modos o costumbres predominantes".[1]

Las personas siempre tratarán de encajonarnos en sus moldes, en parte, a causa de sus propias inseguridades. Les hace sentirse mejor si logran que otra persona haga lo mismo que ellos están haciendo.

Muy poca gente tiene la habilidad de ser lo que es y dejar que otros sean lo que quieran ser. ¿Se imagina qué lindo sería el mundo si todos fuésemos así? Cada persona estaría segura de quién es y dejaría que otros fueran quienes son. No trataríamos de ser clones el uno del otro.

## Sea diferente, sea un innovador

*"He aquí que yo hago cosa nueva; pronto saldrá a luz; ¿no la conoceréis?"*

—Isaías 43:19

Todos los grandes reformadores de la iglesia, como Martín Lutero, han sido personas que se han salido del molde e hicieron las cosas diferentes. Lo mismo es cierto con los grandes hombres y mujeres de la Biblia.

Jeremías era muy joven para ser llamado un profeta de Dios. La excusa que le dio a Dios fue: *"Soy muy joven"*.

Timoteo también dijo: *"Soy muy joven"*. Pablo tenía que animar a Timoteo una y otra vez: "No te preocupes de tu juventud, Timoteo. Dios te ha llamado y te ha ungido. Fija tu vista en tu llamado".

¿Qué hubiera pasado si Juan el Bautista, el apóstol Pablo o aun Jesús no hubieran tenido el valor de ser diferentes? Vemos a grandes hombres y mujeres en la Biblia y pensamos en lo maravillosos que eran. Pero ellos pagaron un precio. Tuvieron que dar un paso de fe y ser innovadores. Tuvieron que ser diferentes. Tuvieron que evitar ser controlados y dirigidos por lo que todo el mundo creía que debían ser.

## Opere en el fruto del Espíritu

*"Mas el fruto del Espíritu es amor, gozo, paz, paciencia, benignidad, bondad, fe, mansedumbre, templanza; contra tales cosas no hay ley".*

—Gálatas 5:22–23

Aunque decidamos ser diferentes e innovadores, aun así necesitamos operar en el fruto del Espíritu. No podemos andar con una actitud sarcástica o rebelde. Dios quiere usarnos, y por eso no podemos vivir nuestras vidas siendo moldeados a este mundo. Él tiene cosas que quiere hacer a través de nosotros.

## Dios quiere usarnos

*"Ministrando éstos al Señor, y ayunando, dijo el Espíritu Santo: Apartadme a Bernabé y a Saulo para la obra a que los he llamado".*

—Hechos 13:2

Dios quiere tomarnos en sus manos y transformar nuestras debilidades. Dios quiere trabajar en nosotros de adentro hacia afuera y quiere usarnos para hacer algo poderoso en la Tierra.

Satanás usará al mundo y al sistema del mundo para tratar de mantenernos fuera de la voluntad de Dios y lejos de los mejores planes que Dios tiene para nosotros. Satanás tratará de que nos ajustemos al mundo, diciéndonos que seremos rechazados si no lo hacemos.

Si vamos a detener y vencer la inseguridad, y vamos a ser exitosos al ser nosotros mismos, no podemos continuar temiendo lo que piensen los demás.

Si estamos buscando ser populares, hay una gran probabilidad de que perderemos la voluntad de Dios para nuestras vidas.

## Dígale sí al llamado de Dios

*"Después oí la voz del Señor, que decía: ¿A quién enviaré, y quién irá por nosotros? Entonces respondí yo: Heme aquí, envíame a mí".*

—Isaías 6:8

Hoy día yo sería una persona miserable si le hubiera dicho "no" al llamado de Dios en mi vida. Tal vez me hubiera quedado en casa sembrando tomates y cociendo la ropa de mi esposo, porque eso era lo que creía que me haría apta ante mis vecinos. Pero hubiera sido una miserable toda mi vida. Escuche hoy esta verdad y hágala suya en su vida.

Cuando Dios comenzó a hablarnos a Dave y a mí, enseñándonos sobre la sanidad, el bautismo del Espíritu Santo y el fruto del Espíritu, estábamos yendo a una iglesia donde esas ideas y prácticas no eran populares ni aceptables. Tuvimos que irnos de esa iglesia y dejar a todos nuestros amigos.

En esa iglesia estábamos envueltos en toda clase de ministerio. Nuestra vida entera giraba alrededor de esa congregación. Pero nos dijeron: "Si van a creer las cosas que dicen que creen, entonces no podemos convivir más con ustedes". Lo que en verdad estaban diciendo era: "Joyce, mira, tenemos un sistema aquí, y lo que tú y Dave están haciendo no encaja con él. Si te quieres quedar aquí, tienes que olvidarte de estas cosas y quedarte dentro de nuestro molde".

La decisión de salir de esa iglesia fue una muy difícil. Pero si hubiésemos cedido a sus demandas, hubiéramos perdido la voluntad de Dios para nuestra vida.

## SALDRÁ VICTORIOSO

*"Respondió Jesús y dijo: De cierto os digo que no hay ninguno que haya dejado casa, o hermanos, o hermanas, o padre, o madre, o mujer, o hijos, o tierras, por causa de mí y del evangelio, que no reciba cien veces más ahora en este tiempo; casa, hermanos, hermanas, madres, hijos, y tierras, con persecuciones; y en el siglo venidero la vida eterna".*

—MARCOS 10:29–30

Atravesé momentos de soledad intensa después de dejar esa iglesia, pero ahora tengo más amigos que antes.

Si Dios le pide que haga algo, el mundo le pedirá que se conforme a sus ideas. Decida a favor de Dios. Atravesará por pruebas, eso es parte del reto. Atravesará momentos de soledad y habrá otros problemas. Pero saldrá victorioso al otro lado. Podrá acostarse de noche y tener paz interna sabiendo que, aunque no sea del agrado de los demás, es del agrado de Dios.

## COMPLAZCA A DIOS,
### NO AL HOMBRE

*"...Tú eres mi Hijo amado; en ti tengo complacencia".*

—LUCAS 3:22

Jesús debe haberse sentido bien cuando se escuchó la voz desde la nube que dijo: *"Este es mi Hijo amado, en quien tengo complacencia"*

(Mateo 17:5). Cuando eso ocurrió, eran pocas las personas que entendían lo que Él estaba haciendo.

Como podemos ver, Pablo rehusó ser juzgado por otros o por él mismo. Satanás lo hubiera derrotado si hubiera caído en esa trampa.

El mensaje de Pablo a esos que cuestionaban sus habilidades para el ministerio era: *"De aquí en adelante nadie me cause molestias; porque yo traigo en mi cuerpo las marcas del Señor Jesús"* (Gálatas 6:17).

## MANTÉNGASE FIRME

*"Y les señaló el rey ración para cada día, de la provisión de la comida del rey, y del vino que él bebía; y que los criase tres años para que al fin de ellos se presentasen delante del rey".*
—DANIEL 1:5

Después de la caída de Judá en las manos de Babilonia, Nabucodonosor, el rey de Babilonia durante ese tiempo, decidió entrenar y moldear a cuatro hombres jóvenes hebreos. Su propósito era enseñarles el estilo de vida de su corte.

Pero Daniel, uno de esos hombres de Judá, amaba al Señor y *"propuso en su corazón no contaminarse con la porción de la comida del rey, ni con el vino que él bebía"* (Daniel 1:8).

Daniel determinó que iba a complacer a Dios y no a los hombres. Él rehusó ser moldeado a la imagen del rey. Daniel se mantuvo firme y ganó el favor del rey y su corte. Como resultado de su firmeza, Dios lo usó de una manera poderosa.

## EXALTADO EN EL REINO

*"Entonces el rey engrandeció a Daniel, y le dio muchos honores y grandes dones, y le hizo gobernador de toda la provincia de Babilonia, y jefe supremo de todos los sabios de Babilonia".*
—DANIEL 2:48

Daniel pasó por un periodo de gran prueba, pero al final, el rey, el mismo que trató de moldearlo, le tuvo mucho respeto y lo exaltó a una gran posición en el reino.

Lo mismo me sucedió a mí hace muchos años en el mundo de

los negocios. De forma indirecta, mi jefe me pidió que le ayudara a robar un dinero. Yo era contable y él quería que borrara el balance de crédito de un cliente. El cliente había pagado una factura dos veces y mi jefe no quería que se reflejara en el estado de cuenta del cliente.

Me rehusé a hacerlo.

Años después, el Señor me dio gran favor en la compañía. Me promovieron como la segunda en mando y estaba encargada de la oficina, del almacén, del inventario y de todos los choferes de camiones. Me llamaban para resolver problemas que aún no entendía.

Para ser una mujer joven, yo tenía una gran posición de liderazgo en la compañía. Me faltaba la educación y el entrenamiento para la posición.

¿Cómo sucedió eso? Sucedió porque, como Daniel, me rehusé a ser moldeada a un estándar inferior. Fui respetada en la compañía y fui ascendida a una posición de honor.

Los que tratan de conformarnos a su manera no nos respetan cuando nos conformamos. Es más, ellos despreciarán esa debilidad. Ellos sabrán que lo están controlando y que lo que están haciendo es malo. Pero si se mantiene firme, usted será el que ganará el respeto. Por un tiempo lo tratarán como si fuera lo más bajo del mundo, pero al fin y al cabo, usted ganará el respeto de esas personas.

## Obedezca a Dios

*"Habló Nabucodonosor y les dijo: ¿Es verdad, Sadrac, Mesac y Abed-nego, que vosotros no honráis a mi dios, ni adoráis la estatua de oro que he levantado?"*
—Daniel 3:14

Este mismo rey hizo una nueva ley y ordenó un nuevo decreto. Levantó una estatua de bronce en el centro de la ciudad y dijo que era necesario que todos se postraran ante ella y la adoraran. Cualquiera que no lo hiciera sería echado al horno ardiente.

Sadrac, Mesac y Abed-nego, los otros tres hombres hebreos que el rey había traído a su corte y los amigos más cercanos a Daniel, rehusaron postrarse. Ellos tenían el mismo espíritu que tenía Daniel. El rey les dijo: "Si no hacen como les digo, los voy a quemar vivos".

¿No es esto básicamente lo que el mundo nos dice a nosotros? Si nos rehusamos a conformarnos a sus estándares, el mundo nos amenaza diciendo: "Si no te postras y haces lo que te digo que hagas, si no te conformas a nuestro molde, te vamos a quemar vivo".

Es entonces cuando tenemos que confiar en Dios y hacer como los tres jóvenes hebreos.

## Confíe en Dios

*"Sadrac, Mesac y Abed-nego respondieron al rey Nabucodonosor, diciendo: No es necesario que te respondamos sobre este asunto. He aquí nuestro Dios a quien servimos puede librarnos del horno de fuego ardiendo; y de tu mano, oh rey, nos librará. Y si no, sepas, oh rey, que no serviremos a tus dioses, ni tampoco adoraremos la estatua que has levantado".*
—Daniel 3:16–18

¿Sabe lo que me agrada de Sadrac, Mesac y Abed-nego? Su absoluto rechazo a no ser intimidados o asustados. Ellos le dijeron al rey: "Creemos que Dios nos va a liberar, pero *si no lo hace*, no nos vamos a postrar ante la imagen de lo que tú crees que debemos ser. Vamos a hacer lo que Dios nos está diciendo que hagamos. Haz lo que tú quieras con tu horno. Pero no importa lo que nos suceda a nosotros, tendremos paz".

Esa es la actitud que debemos tener frente aquellos que tratan de presionarnos a desobedecer lo que sabemos es la voluntad de Dios.

## Haga con audacia lo que Dios ha ordenado

*"Cuando Daniel supo que el edicto había sido firmado, entró en su casa, y abiertas las ventanas de su cámara que daban hacia Jerusalén, se arrodillaba tres veces al día, y oraba y daba gracias delante de su Dios, como lo solía hacer antes".*
—Daniel 6:10

Aquí les doy un ejemplo final del libro de Daniel.

Años más tarde, hubo un edicto real prohibiendo que nadie orara a ningún Dios, excepto al rey. La ley fue una trampa usada por los enemigos de Daniel para destruirlo. Pero Daniel entró en su cuarto tal y como lo solía hacer todos los días, y con audacia oró al Señor con las ventanas abiertas hacia Jerusalén.

Si eso nos hubiera pasado a nosotros, ¿no habríamos cerrado las ventanas para que nadie nos viera? ¿Habríamos cerrado las ventanas y orado solo una vez? ¿Habríamos hecho lo necesario con la esperanza de que Dios no se enojara con nosotros? ¿Habríamos tratado de complacer tanto a Dios como al rey?

Si creemos que estamos haciendo la voluntad de Dios y encontramos oposición, necesitamos continuar haciendo lo que Dios nos ha ordenado.

## Atrévase a ser diferente

*"Y este Daniel prosperó durante el reinado de Darío y durante el reinado de Ciro el persa".*
—Daniel 6:28

En cada relato sobre Daniel, encontramos que fue presionado a conformarse a lo que otros querían que él fuera o hiciera. Él rehusó rendirse a la presión. Después de un tiempo de prueba y tribulación, Dios lo exaltó y lo puso a cargo del reino entero.

Atrévase a ser diferente. Cambiará su vida y Dios lo exaltará en el proceso.

# 7

## APRENDA A HACERLE FRENTE A LA CRÍTICA

Si va a vencer la inseguridad, tiene que *aprender a hacerle frente a la crítica*.

### Sea dirigido por el Espíritu Santo

*"Pero la unción que vosotros recibisteis de él permanece en vosotros, y no tenéis necesidad de que nadie os enseñe; así como la unción misma os enseña todas las cosas, y es verdadera..."*

—1 Juan 2:27

¿Es usted una persona que conoce su valor propio o necesita validez externa de parte de otras personas? Al decir validez externa me refiero a cuando necesitamos que alguien nos diga que todo está bien. Por otro lado, el valor propio, o la validez interna, nos hace tomar acción cuando el Espíritu Santo nos dirige y hacemos lo que creemos que Dios nos está pidiendo que hagamos.

Un día decidí decorar mi casa de nuevo. Busqué libros con muestras de papel de pared y escogí diseños que creía se veían bien. Entonces, se lo enseñé a otras personas y les dije: "Voy a poner este aquí y este otro acá y acá. ¿Qué creen?".

Como me sentía insegura en esta área, estaba buscando validez externa. Necesitaba escuchar lo que la gente pensaba acerca de mis planes de decoración.

Bueno, no encontré ni una sola persona que estuviera de acuerdo conmigo. Todos tenían una opinión diferente y, por consiguiente, me confundí y no sabía qué hacer.

Todos somos diferentes; todos somos individuales. No debía

haber esperado que a alguien le gustara lo que a mí me gustaba. La verdadera pregunta era si yo estaba satisfecha con el resultado o no. Después de todo, yo era la que tenía que vivir con mi decoración.

No malgaste su tiempo preguntándole a la gente si su ropa se ve bien o si su pelo está bien o si le agrada su auto. Encuentre su valor por sí mismo.

## HAGA SUS PROPIAS DECISIONES

*"Pero cuando agradó a Dios, que me apartó desde el vientre de mi madre, y me llamó por su gracia, revelar a su Hijo en mí, para que yo le predicase entre los gentiles, no consulté en seguida con carne y sangre".*
—GÁLATAS 1:15–16

Pablo dijo que cuando fue llamado por Dios a predicar el evangelio a los gentiles, él no consultó con nadie acerca del asunto.

Muchas veces, cuando recibimos un mensaje de Dios, consultamos mucho con otras personas. Buscamos a nuestro alrededor a alguien que nos asegure que estamos haciendo lo correcto. Juan nos dice que como tenemos el Espíritu Santo, el Espíritu de verdad, dentro de nosotros, no necesitamos consultar con otras personas.

Por supuesto, hay otro lado que analizar en esta pregunta. El escritor de Proverbios dice que: *"...mas en la multitud de consejeros hay seguridad"* (Proverbios 11:14).

La respuesta es ser obediente al Espíritu Santo, sin rehusar el consejo de otros quienes son más sabios y más capacitados en el tema que nosotros.

Aprendí principios valerosos y cosas que no sabía, cuando escuché lo que otras personas me decían acerca de la decoración. Pero no permití que sus opiniones alteraran mi decisión final.

No debemos ser influenciados por otros, simplemente porque no podemos tomar nuestras propias decisiones. Si vamos a ser personas con validez propia, tenemos que aprender a enfrentar la crítica.

¿Qué habría pasado si hubiera decorado mi casa entera de acuerdo a la opinión de otros, y entonces otra persona entra y dice: "Oh, yo no creo que lo hubiera decorado de esa manera"? Me habría encontrado en tremendo dilema.

Algunas personas creen que la misión de sus vidas es dar su opinión personal acerca de todo y a todos. Una de las mejores lecciones que podemos aprender es no ofrecer, o recibir, las opiniones y consejos que no han sido solicitados.

## No caiga en la esclavitud

*"Estad, pues, firmes en la libertad con que Cristo nos hizo libres, y no estéis otra vez sujetos al yugo de esclavitud".*

—Gálatas 5:1

Sea lo suficientemente seguro de sí mismo para saber cómo hacerle frente a la crítica, sin sentir que algo anda mal en usted. No caiga bajo esclavitud al pensar que tiene que conformarse a las opiniones de otras personas.

Suponga que alguien visita mi casa recién decorada y me dice: "Sabes, no sé si tú estás consciente de esto o no, Joyce, pero si colocas ese arreglo de flores en una mesa un poco más alta, se vería mejor que en esa mesa pequeña".

Si estuviera segura de mí misma y segura de mi propio punto de vista, yo podría escuchar la opinión de esa persona sin sentir que tendría que hacer lo que ella dice. Y si tuviera un poco de humildad dentro de mí, al menos consideraría lo que me dijo.

"Sabes, creo que estás en lo correcto".

Hay veces que yo sé que algo no se ve bien, pero no sé cómo arreglarlo. Si alguien que sabe más tiene una sugerencia, le puedo decir: "Sí, creo que estás en lo cierto, lo intentaré".

Tenga la suficiente autoconfianza en saber quién usted es en Cristo como para escuchar a otros. Tenga la autoconfianza para estar dispuesto a cambiar algo sin sentir que tiene que estar de acuerdo con, o recibir el apoyo de, otra persona. Aprenda a manejar la crítica.

# 8

## DETERMINE SU VALOR PROPIO

Determine su valor *propio, no permita que otros lo hagan por usted.*

### LA NECESIDAD DE AFIRMACIÓN

*"Tú eres mi Hijo amado; en ti tengo complacencia".*
—MARCOS 1:11

Un niño necesita la afirmación de sus padres. Es responsabilidad de los padres demostrarles a sus hijos que son amados, a pesar de sus debilidades y faltas.

Los niños crecerán afirmados en su personalidad, si se les inculca eso desde temprana edad. No estarán siempre tratando de ser perfectos, pensando que esa es la única manera en que serán aceptados y amados.

Muchos padres no saben cómo brindar esa afirmación. Muchas veces tienen problemas porque ellos mismos no han recibido afirmación de *sus* padres.

Leí una historia de un hombre que nunca recibió afirmación de su padre. El padre nunca le había dicho: "Te amo, y estoy complacido contigo".

Este hombre fue muy exitoso, pero era muy infeliz y se la pasaba llorando sin saber la razón. Así que comenzó a ir a consejería y descubrió la raíz de su problema. Él aprendió que toda su vida se la había pasado tratando de mostrarle sus cualidades a su padre, y eso lo estaba desgastando física y emocionalmente.

Varias veces, a sugerencia de su consejero, viajó largas millas para llegar a la casa de su padre con el deseo de recibir la afirmación de él.

El hijo solo deseaba escuchar a su padre decir: "Te amo, y creo que eres maravilloso. Estoy contento con lo que has logrado en tu vida".

Muchas veces, lo único que queremos es que alguien nos diga: "Estoy orgulloso de ti. Estoy complacido contigo". Pero a veces tenemos que comprender que jamás vamos a recibir esa afirmación de ciertas personas.

Un día, el hombre se fue de la casa de su padre y se dijo a sí mismo: "Mi padre nunca me va a dar lo que estoy tratando de recibir de él, porque él no sabe cómo". Cuando este hombre dijo eso fue como si algo se rompiera dentro de él. Desde ese momento en adelante experimentó una libertad que jamás había conocido.

## ACEPTO EN EL AMADO

*"En amor habiéndonos predestinado para ser adoptados hijos suyos por medio de Jesucristo, según el puro afecto de su voluntad, para alabanza de la gloria de su gracia, con la cual nos hizo aceptos en el Amado".*

—EFESIOS 1:5–6

Parte de nuestra lucha puede ser simplemente que tratamos de buscar la afirmación de alguien que nunca nos la va a dar porque no sabe cómo.

La Biblia nos enseña que somos aceptos en el Amado (su Hijo Jesucristo), y que cualquiera que se acerque al Padre a través de Jesús no será echado fuera por Él (ver Efesios 1:6; Juan 6:37).

Hay ciertas cosas que necesitamos recibir de parte de nuestros seres queridos, pero aunque ellos no sepan darnos esas cosas, Dios sí sabe. Él será nuestra mamá, nuestro papá, nuestro esposo o esposa; Él será lo que necesitemos que sea.

El Señor nos dará, y desarrollará en nosotros, esas cosas que otras personas no nos pueden dar.

## SEA RESPONSABLE DE SUS ACCIONES

*"De manera que cada uno de nosotros dará a Dios cuenta de sí".*

—ROMANOS 14:12

Durante los primeros años de mi matrimonio, tuve muchos problemas, conmigo misma y con mi personalidad. Después de varios años de casados, Dave me dijo: "¿Sabes qué? Si yo determinara mi valor y mi virilidad por la forma en que tú me tratas, ciertamente no tendría una buena opinión de mí mismo".

¿Hay alguien en su vida que le está maltratando? ¿Está tratando de culpar a esa persona por sus propias faltas? ¿Hay alguien que le está haciendo sentirse miserable a causa de sus propias faltas o infelicidad?

Hace tiempo, una mujer en Chicago me dijo del arresto de su esposo por indecencia pública. "Yo lo puedo perdonar por eso", ella decía. "Él se involucró en la pornografía, y reconozco que eso es una trampa. Pero lo que me tiene desconcertada es que me está culpando a mí. Él dice que lo hizo, porque yo no estaba satisfaciendo sus necesidades".

Yo le dije: "Aunque tú no estuvieras satisfaciendo 'sus necesidades', eso no es excusa para pecar o hacer lo que hizo. No dejes que otra persona ponga sus problemas en tus hombros".

Muchas veces, las personas que tienen problemas no quieren asumir las responsabilidades de esos problemas. Buscan a otra persona para que sea el escape. Buscan a otro a quién culpar.

Yo hacía eso con mi propia familia. Todo lo que yo hacía mal era la culpa de otra persona. Si Dave no hubiera hecho cierta cosa, yo no hubiera actuado de esa manera; si mis hijos me hubieran ayudado en la casa, no me hubiera quejado todo el tiempo; si Dave no viera tanto deporte en la televisión, yo no me quejaría tanto. Siempre encontraba una forma nueva de culpar a otros por mi comportamiento y actitud negativa.

Me alegra mucho que mi esposo estuviera tan seguro de quién es en Cristo. Me alegra que él tuviera una base espiritual sólida y que fuera capaz de amarme a través de esos años tan duros. Me alegra que él no me dejara hacerlo sentir culpable o infeliz.

## Nuestro valor está basado en la sangre

*"Al que nos amó, y nos lavó de nuestros pecados con su sangre…".*
—Apocalipsis 1:5

Tenemos que llegar al punto donde estamos tan seguros de quiénes somos en Cristo que no vamos a dejar que nuestro sentido de valor esté basado en la opinión o en las acciones de otros.

No trate de encontrar su valor en su rostro o su cuerpo. No trate de encontrar su valor en las cosas que hace. No trate de encontrar su valor en cómo otros lo tratan. Vale lo que vale, porque Jesús derramó su sangre por usted.

Puede ser que tenga faltas y cosas que necesitan ser cambiadas, pero Dios está obrando en usted, así como lo está haciendo en otras personas. No permita que otra persona le eche sus problemas encima. No permita que otra persona le desvalorice o le haga sentir inútil, simplemente porque no sabe tratarlo y amarlo como se lo merece un hijo de Dios comprado por la sangre de Cristo.

## Reconozca lo que está bien con usted

*"Con Cristo estoy juntamente crucificado, y ya no vivo yo, mas vive Cristo en mí; y lo que ahora vivo en la carne, lo vivo en la fe del Hijo de Dios, el cual me amó y se entregó a sí mismo por mí".*
—Gálatas 2:20

Dios quiere que dejemos de pensar todo el tiempo en cosas como: "¿Qué está mal conmigo?". Él quiere que pensemos en lo bueno que hay dentro de nosotros.

Ciertamente debemos reconocer nuestras faltas y debilidades. Necesitamos tener esas áreas descubiertas ante Dios todo el tiempo. Necesitamos confesar: "Padre, sé que no soy perfecto. Sé que tengo faltas y debilidades. Quiero que obres en mí y me cambies. Enséñame mis faltas y ayúdame a vencerlas, Señor".

Pero no podemos dejar que otras personas nos aplasten a causa de sus debilidades y problemas.

No malgaste su vida tratando de ganar la aceptación y la aprobación de otros. Recuerde que ya ha sido aprobado y aceptado por Dios. Asegúrese de que su afirmación, validez y sentido de valor propio provenga de Él.

# 9

# MANTENGA SUS FALTAS
# EN PERSPECTIVA

S I VERDADERAMENTE VA a triunfar en ser usted mismo, tiene que *mantener sus faltas en perspectiva.*

## NO SE ENFOQUE EN SUS IMPERFECCIONES

*"...no mirando nosotros las cosas que se ven, sino las que no se ven..."*

—2 CORINTIOS 4:18

Mi secretaria, Roxane, es muy atractiva. Tiene el pelo rubio claro y la piel color rosada. Si se avergüenza de lo más mínimo, sus mejillas cambian a un rosado oscuro. Ella es una de esas personas que probablemente aparentará tener veinte años de edad, cuando en realidad tiene cuarenta. Es de estatura pequeña y de bajo peso, aunque no se ve delgada. Es muy bonita.

Sin embargo, Roxane me dijo que había pasado años y años de frustración con su cuerpo. Ella creía que sus muslos eran muy grandes y se sentía paranoica acerca de ellos. Se sentía tan mal que no usaba cierta ropa, y casi nunca usaba un traje de baño.

Salí con ella varias veces a comprar ropa. Se probaba cosas que se veían muy lindas en ella, pero yo sabía que no estaba contenta con ellas. Finalmente, me admitió lo incómoda que se sentía con sus muslos.

¡No lo podía creer! Cuando una persona pesa un poco más de 42 kilos (unas noventa y tres libras), ¡*ninguna* parte de su cuerpo puede ser muy grande!

Uso esto como ejemplo, porque no importa cuán bien usted se

pueda ver, el enemigo nos hará encontrar una parte de nuestro cuerpo que creemos es imperfecto. El enemigo hará que nos enfoquemos en esa parte del cuerpo, aunque seamos los únicos que lo notemos.

Una vez me corté el cabello y no me cortaron en la parte de atrás exactamente de la forma que a mí me gustaba. Nadie notó que mi pelo estaba diferente. Es más, cuando se lo mencioné a Dave, él me dijo: "Sabes, eso es gracioso, porque he estado pensando estos últimos días cuán linda se ve la parte de atrás de tu pelo".

Es cuestión de despegar los ojos de esa imperfección y poner todo en perspectiva.

Si vamos a lograr vencer la inseguridad, tenemos que aprender a poner nuestras imperfecciones en perspectiva. Todos tenemos imperfecciones, pero no tenemos que estar fijándonos en ellas las veinticuatro horas.

Muchos de nuestros amigos íntimos se reirían de nosotros si les compartiéramos algunas de las cosas que consideramos imperfecciones.

## SIÉNTASE SATISFECHO POR CÓMO LUCE

*"¿Dirá el vaso de barro al que lo formó: ¿Por qué me has hecho así?"*
—ROMANOS 9:20

El enemigo pone demasiada basura en nuestras mentes. ¿Quién es el que decide lo que es un cuerpo perfecto? ¿Quién selecciona el modelo y dice: "Todos los que no sean así están mal"?

Dios nos creó a todos. De acuerdo a Efesios 2:10, nosotros somos su obra, su artesanía. Por lo tanto, a Él le debe agradar lo que hizo. Para que Dios se complazca con nosotros, no tenemos que vernos como modelos o levantadores de pesas.

Todos tenemos que llegar a un punto donde estemos satisfechos con nuestro aspecto. Eso no quiere decir que no debemos de hacer ejercicio o perder unas libras de más. No estoy hablando de no hacer un esfuerzo en mantenernos saludables. Estoy hablando de esas cosas absurdas, cosas de nosotros mismos que no podemos cambiar.

¿Quiere vencer la inseguridad en su vida? Aprenda a mantener sus imperfecciones en perspectiva.

# 10

## DESCUBRA LA VERDADERA FUENTE DE LA CONFIANZA EN SÍ MISMO

E L ÚLTIMO Y más importante paso en ser una persona segura de sí misma es *descubrir la verdadera fuente de la confianza en sí mismo.*

### NO CONFÍE EN LA CARNE

*"Porque nosotros somos la circuncisión, los que en espíritu servimos a Dios y nos gloriamos en Cristo Jesús, no teniendo confianza en la carne".*
—FILIPENSES 3:3

¿En qué deposita su confianza? Esa pregunta tiene que ser contestada antes de poder recibir la confianza que proviene de Dios. Antes que su confianza en sí mismo pueda estar arraigado en Él, usted tiene que remover la confianza que está basada en otras cosas.

No deposite su confianza en la carne, las apariencias, la educación, las finanzas, las posiciones o las relaciones con otras personas.

Cuando mi hija Sandy y su novio se separaron, yo le dije a ella que era una pena porque él era quien se estaba perdiendo lo mejor. Si alguien no quiere continuar una relación con usted, ¿por qué se siente como si la culpa fuera suya? Lo más probable es que la culpa sea de la otra persona.

Si el diablo sabe que lo puede atacar con pensamientos negativos, él lo va a perseguir hasta que Cristo regrese. Tarde o temprano usted tendrá que llegar al punto donde su confianza no esté puesta en la carne o en las apariencias externas, pero sí en Cristo Jesús.

Una joven me dijo lo mucho que significaban para ella sus

calificaciones escolares. Ella tenía una incapacidad similar a la dislexia y estudiaba mucho para que nadie supiera su problema. Pero estudiaba tanto que le robaba su gozo.

Le dije: "Tienes que colocar tus estudios y tus calificaciones en el altar". Vi cómo el temor llenó su ser.

"Mis calificaciones significan mucho para mí", me dijo. "No un poco, pero mucho".

Su verdadero problema no era su incapacidad de aprendizaje, era su incapacidad de confiar. Ella estaba confiando en sus calificaciones y no en Dios.

He visto a mi hija tratar tanto y tanto de que su pelo se vea bien, que me sorprendo de ver que todavía le queda pelo. Había veces que su pelo se veía mejor *antes* de peinarlo, y no después de una hora de estar trabajando con él. Pero en su mente, ella no podía enfrentarse al mundo a menos que cada cabello estuviera en su lugar.

Eso es otro ejemplo de la confianza puesta fuera de lugar.

## CONFIANZA FUERA DE LUGAR

*"...porque Jehová será tu confianza".*
—PROVERBIOS 3:26

A veces, los padres colocan su confianza en sí mismos en los logros de sus hijos. ¡Algo que puede llevarnos a serios problemas! Por ejemplo, un padre quería que su hija fuera médico, así que ella comenzó a valorizarse en términos de esa meta. Lo que su padre no sabía era que Dios había escogido a su hija para ser mi secretaria. ¿Está Dios tratando con las cosas en las que usted ha puesto su confianza? ¿Su matrimonio? ¿Su diploma universitario? ¿Su trabajo? ¿Su cónyuge? ¿Sus hijos?

Como cristianos, no debemos poner nuestra confianza en nuestra educación, nuestra apariencia, nuestra posición, nuestras propiedades, nuestros talentos, nuestros dones, nuestras habilidades, nuestros logros o en la opinión de otras personas. Nuestro Padre celestial nos dice: "¡Se acabó! Es tiempo de dejar todas esas cosas de la carne, las cuales has estado manteniendo firmemente por tanto tiempo. ¡Es tiempo de poner tu confianza en mí, y solamente en mí!".

Pero, muy a menudo, como algunos de los apóstoles del Antiguo Testamento, nos dejamos influenciar por lo que otros dicen, piensan y cómo nos ven.

## USTED ES LO QUE DIOS DICE QUE ES

*"Vino, pues, palabra de Jehová a mí, diciendo: Antes que te formase en el vientre te conocí, y antes que nacieses te santifiqué, te di por profeta a las naciones. Y yo dije: ¡Ah! ¡Ah, Señor Jehová! He aquí, no sé hablar, porque soy niño. Y me dijo Jehová: No digas: Soy un niño; porque a todo lo que te envíe irás tú, y dirás todo lo que te mande. No temas delante de ellos, porque contigo estoy para librarte, dice Jehová".*
—JEREMÍAS 1:4–8

Jeremías tuvo miedo de predicar, y dijo: "No puedo hablar". Pero Dios dijo: "Tú sal y haz lo que te mando a hacer. Le dirás al pueblo el mensaje que te voy a dar. No mires sus rostros. Yo estoy contigo para librarte de toda su ira, porque tú eres mi siervo escogido".

Si Dios dice que somos algo entonces lo somos, aunque otros estén o no de acuerdo.

Hay personas que me decían que yo no podía predicar. De hecho, era chistoso, porque me dijeron que no podía predicar *después* que lo estaba haciendo.

Unas personas me dijeron: "No puedes predicar, porque eres una mujer".

Yo dije: "¿No puedo?".

"No, no puedes".

"Pero estoy predicando", les dije, "¡Ya lo estoy haciendo!".

Ciertamente, las críticas dieron paso a la tentación de renunciar. Pero nunca le di paso a esas tentaciones, porque sabía que estaba haciendo lo que Dios me había mandado a hacer. Como Pablo, encontré mi confianza en el Señor, no en la religión.

## La religión puede
## interferir con Dios

*"Aunque yo tengo también de qué confiar en la carne. Si alguno piensa que tiene de qué confiar en la carne, yo más: circuncidado al octavo día, del linaje de Israel, de la tribu de Benjamín, hebreo de hebreos; en cuanto a la ley, fariseo; en cuanto a celo, perseguidor de la iglesia; en cuanto a la justicia que es en la ley, irreprensible".*

—Filipenses 3:4–6

Pablo no era solo un fariseo, posiblemente el grupo más religioso de los judíos en ese tiempo, sino que era jefe de los fariseos. Era tan religioso que cumplió con todas las rigurosas leyes religiosas de su secta. Pero descubrió que su religiosidad no importaba para nada. Él estuvo dispuesto a dejarlo todo para ganar a Cristo.

## Deje las reglas por Cristo

*"Pero cuantas cosas eran para mí ganancia, las he estimado como pérdida por amor de Cristo. Y ciertamente, aun estimo todas las cosas como pérdida por la excelencia del conocimiento de Cristo Jesús, mi Señor, por amor del cual lo he perdido todo, y lo tengo por basura, para ganar a Cristo".*

—Filipenses 3:7–8

¿Qué clase de reglas está tratando de cumplir al pie de la letra, en un esfuerzo para encontrar su valor propio? Tal vez sus reglas son orar cierta cantidad de tiempo o leer cierta cantidad de capítulos de la Biblia al día.

Las reglas de la religión nos dicen: "Haz esto, haz aquello, come esto, no toques eso" (ver Colosenses 2:20–21). Pero Dios quiere que hagamos como hizo Pablo, olvidarnos de las reglas y normas para poder ganar a Cristo y ser hallados en Él.

## SEA HALLADO Y
## CONOCIDO EN CRISTO

*"Y ser hallado en él, no teniendo mi propia justicia, que es por la ley, sino la que es por la fe de Cristo, la justicia que es de Dios por la fe..."*

—FILIPENSES 3:9

Este versículo tiene una unción a la que tenemos que prestarle atención. En él, Pablo dice que él quiere lograr una cosa en su vida: ser hallado y conocido en Cristo.

Esa también debe ser nuestra actitud. No siempre vamos a poder manifestar un *comportamiento* perfecto, pero, con la ayuda de Dios, siempre podemos ser el reflejo de un *Salvador* perfecto.

¿Sabe usted por qué Dios no nos deja alcanzar la perfección? Porque si lo pudiéramos lograr, derivaríamos nuestro sentido de valor en nuestra perfección y comportamiento, y no en su gracia y amor.

Si usted y yo nos comportáramos perfectamente, pensaríamos que Dios nos debería contestar nuestras oraciones positivamente todo el tiempo, gracias a nuestra obediencia a las reglas y normas. Así que, ¿sabe lo que Dios hace? Nos deja algunas debilidades para que tengamos que correr a Él constantemente y pedir su ayuda; así tenemos que depender de Él, aunque nos guste o no.

Dios no va a permitir que ganemos un sentido de paz y gratificación a través de nuestras obras. Pero sí nos permite trabajar hasta el punto de caer en la desesperación. ¿Por qué? Para que podamos ver que las obras de la carne solo producen miseria y frustración (ver Romanos 3:20).

Si eso es así, ¿qué debemos hacer? Debemos aprender a relajarnos y disfrutar la vida. Tenemos que aprender a disfrutar más de Dios. Eso no tan solo nos ayudará, sino removerá la presión que ponemos en las personas que nos rodean. Tenemos que dejar de demandar que todo sea perfecto en todo momento. Tenemos que comenzar a disfrutar a las personas tal y como son.

La esencia de lo que Pablo decía es que él quería estar delante de Dios y poder decir: "¡Bueno, aquí estoy Señor, un gran desastre como siempre! No tengo obras buenas para ofrecerte, no tengo un registro perfecto, pero sí creo en Jesús".

Nosotros necesitamos vivir cada día con esa misma actitud o nunca gozaremos la paz y la satisfacción que deseamos. No podemos disfrutar la vida si todo está basado en nuestras propias obras. Tenemos que aprender a reconocer nuestra dependencia en Dios.

## TRES PASOS PARA DEPENDER EN DIOS

*"Confía en Jehová, y haz el bien; y habitarás en la tierra, y te apacentarás de la verdad".*
—SALMO 37:3

Hay tres pasos para llegar al punto donde podemos depender totalmente en Dios.

Primero, *aprenda lo que usted no es.* Acepte el hecho de que no va a tener éxito en la vida, si basa todo en sus obras. Al contrario, le guste o no, tendrá que confiar en Dios:

*"Encomienda a Jehová tu camino, y confía en él; y él hará".*
—SALMO 37:5

El segundo paso es *aprender quién es Dios*:

*"A ti te fue mostrado, para que supieses que Jehová es Dios, y no hay otro fuera de él".*
—DEUTERONOMIO 4:35

El tercer paso es *aprender que según es Dios, así es usted*:

*"…para que tengamos confianza…pues como él es, así somos nosotros en este mundo"*
—1 JUAN 4:17

## NO SOLO DE PAN

*"Y te acordarás de todo el camino por donde te ha traído Jehová tu Dios estos cuarenta años en el desierto, para afligirte, para probarte, para saber lo que había en tu corazón, si habías de guardar o no sus mandamientos. Y te afligió, y te hizo tener hambre, y te sustentó con maná, comida que no conocías tú, ni*

*tus padres la habían conocido, para hacerte saber que no sólo de pan vivirá el hombre, mas de todo lo que sale de la boca de Jehová vivirá el hombre".*
—Deuteronomio 8:2–3

Una vez atravesé por ciertas circunstancias concernientes a mi ministerio que fueron confusas e inquietantes. Algunos días llegaba toda clase de cartas y dinero para el ministerio. Para el próximo día, iba al correo y encontraba solo dos o tres cartas. Una semana tenía una reunión con un grupo grande de personas, y la próxima semana no había mucha gente. Satanás me decía: "Bueno, a las personas no le agradó lo que dijiste la semana pasada, así que no regresaron".

Cuando las circunstancias me dictaban que todo estaba bien, mis emociones estaban bien. Cuando las circunstancias me dictaban que nada estaba bien, mis emociones estaban mal. Cada experiencia positiva me hacía sentir bien, y cada circunstancia negativa me hacía sentir mal. (A eso lo llamo "el yo-yo cristiano").

Esta situación continuó por años. Dave trataba de decirme que era un ataque del enemigo, pero yo no lo podía ver. Veía la situación con mi cabeza, pero no la entendía en mi corazón. Un día, mientras iba en mi auto por la ciudad, le dije al Señor: "¿Por qué me está sucediendo esto?". El Espíritu del Señor me dijo: "Te estoy enseñando que no solo de pan vivirá el hombre, sino de toda palabra que sale de la boca de Dios".

El pan era el sustento diario para los hijos de Israel. El pan los mantuvo caminando. Cuando el Señor me hablaba acerca del pan, Él me decía: "Estoy tratando de enseñarte que no puedes vivir de estas otras cosas que te están manteniendo. Tienes que buscarme a mí para recibir tu fortaleza diaria".

Después de liberar a los israelitas de sus opresores egipcios, Dios los mantuvo en el desierto por cuarenta años y les enseñó esa misma lección. Eran lentos para aprender. Deuteronomio 1:2 dice: *"Once jornadas hay desde Horeb, camino del monte de Seir, hasta Cades-barnea"*. Cades-barnea estaba en la frontera de Canaán, a solo once días de camino, ¡pero a Israel le tomó cuarenta años llegar!

## DIOS COMO
## LIBERTADOR Y SUSTENTADOR

*"Los sacó con plata y oro; y no hubo en sus tribus enfermo".*
—SALMO 105:37

Los israelitas eran un pueblo bendecido cuando salieron de Egipto. Ellos habían visto los milagros de Dios y todo lo que Dios había hecho a su favor en contra del Faraón. Ya que Dios estaba con ellos, los israelitas pudieron salir de la tierra de esclavitud con muchas de las riquezas de los egipcios, y con salud y gran resistencia física.

Pero Dios quería que ellos supieran que fue Él quien los sacó y no ellos mismos. Él quería que aprendieran que si se iban a mantener fuera de problemas tenían que seguir dependiendo de Él.

Yo llegué a creer que la cantidad de personas que iban a mis reuniones se debía a mi buena predicación. Yo no entendía todavía que no era Joyce Meyer la que traía las personas a las reuniones. Tenía que aprender que si venían, era Dios el que las traía. Tuve que aprender a depender totalmente en Dios. Eso me tomó también casi cuarenta años.

## LA CLAVE DEL GOZO
## Y LA PAZ EN DIOS

*"Y digas en tu corazón: Mi poder y la fuerza de mi mano me han traído está riqueza".*
—DEUTERONOMIO 8:17

Ahora entiendo que mi gozo tiene que estar en Dios, no en mi ministerio. Mi paz tiene que estar en el Señor, no en mis obras.

No todo lo que llega a nuestras vidas es de Dios. Pero Dios usa las cosas de la vida, tanto lo bueno como lo malo, para enseñarnos a depender de Él.

Ya no pienso que los grupos grandes son el resultado de mis esfuerzos. Ahora, cuando termino de predicar digo: "Bueno, Señor, lo que ocurra en la próxima reunión es tu asunto. Tú trajiste la gente aquí. Si quieres que regresen, tú te encargarás de hacerlo. Yo simplemente voy a pararme y a predicar lo mejor que pueda. Te entrego los resultados".

Esa es la actitud que usted debe tener si verdaderamente quiere vivir en paz y con confianza. Tiene que hacer lo mejor de su parte y entonces dejar el resultado en las manos del Señor.

Permita que el Señor le sacuda y elimine todas esas cosas terrenales de las cuales usted se está apoyando para derivar su confianza en sí mismo, valor, seguridad y bienestar. Es mejor que se lo entregue todo, porque Él no se va a rendir hasta cumplir con su propósito y su propósito es siempre el mejor.

# CONCLUSIÓN

Es muy importante tener un sentido de autoestima y valor propio positivos; estar seguros de quiénes somos en Cristo y verdaderamente querernos a nosotros mismos. Aprendemos a querernos a nosotros mismos cuando aprendemos lo mucho que Dios nos ama. Al estar arraigados y cimentados en el amor de Dios, podemos llegar al punto de sentirnos complacidos con la persona que somos.

## Diez pasos para desarrollar su confianza

A continuación hay una lista de diez pasos para desarrollar su confianza. Le recomiendo que la copie y la coloque en un lugar donde pueda verla todos los días.

1. Nunca hable negativo sobre sí mismo.

2. Celebre lo positivo.

3. Evite las comparaciones.

4. Enfóquese en el potencial, no en las limitaciones.

5. Ejercite sus dones.

6. Tenga la valentía de ser diferente.

7. Aprenda a hacerle frente a la crítica.

8. Determine su valor propio.

9. Mantenga sus faltas en perspectiva.

10. Descubra la verdadera fuente de la confianza en sí mismo.

## SEGUNDA PARTE

# ESCRITURAS PARA
# VENCER LA INSEGURIDAD

A SATANÁS LE ENCANTA atormentar las personas en varias maneras. La inseguridad, el autorechazo, el autocastigo y la autoestima baja, son algunas de ellas. La inseguridad es nada más que una versión diminuta del espíritu de temor.

Permita que las Escrituras le ministren el amor que Dios le tiene a usted. Le aseguro que sus inseguridades se disiparán.

> *"En el amor no hay temor, sino que el perfecto amor echa fuera el temor; porque el temor lleva en sí castigo. De donde el que teme, no ha sido perfeccionado en el amor".*
> —1 JUAN 4:18

> *"Porque tú eres pueblo santo para Jehová tu Dios; Jehová tu Dios te ha escogido para serle un pueblo especial, más que todos los pueblos que están sobre la tierra. No por ser vosotros más que todos los pueblos os ha querido Jehová y os ha escogido, pues vosotros erais el más insignificante de todos los pueblos".*
> —DEUTERONOMIO 7:6–7

> *"Tendrás confianza, porque hay esperanza; mirarás alrededor, y dormirás seguro. Te acostarás, y no habrá quien te espante; y muchos suplicarán tu favor".*
> —JOB 11:18–19

> *"Mis huidas tú has contado; pon mis lágrimas en tu redoma; ¿no están ellas en tu libro?"*
> —SALMO 56:8

*"Porque de tal manera amó Dios al mundo, que ha dado a su Hijo unigénito, para que todo aquel que en él cree, no se pierda, mas tenga vida eterna".*

—JUAN 3:16

*"…para que habite Cristo por la fe en vuestros corazones, a fin de que, arraigados y cimentados en amor, seáis plenamente capaces de comprender con todos los santos cuál sea la anchura, la longitud, la profundidad y la altura, y de conocer el amor de Cristo, que excede a todo conocimiento, para que seáis llenos de toda la plenitud de Dios".*

—EFESIOS 3:17–19

*"Porque no nos ha dado Dios espíritu de cobardía, sino de poder, de amor y de dominio propio".*

—2 TIMOTEO 1:7

*"Y otra vez: Yo confiaré en él. Y de nuevo: He aquí, yo y los hijos que Dios me dio".*

—HEBREOS 2:13

*"Y nosotros hemos conocido y creído el amor que Dios tiene para con nosotros. Dios es amor; y el que permanece en amor, permanece en Dios, y Dios en él".*

—1 JUAN 4:16

*"Nosotros le amamos a él, porque él nos amó primero".*

—1 JUAN 4:19

## ORACIÓN PARA VENCER LA INSEGURIDAD

*Padre glorioso,*

*He sido creado a tu imagen y semejanza, por lo tanto no soy una persona insegura. Mi confianza está en ti. Tú eres mi justicia y mi paz.*

*Rechazo el temor al hombre y cualquier sentimiento que me dice que no soy capaz. Ayúdame a no compararme con otros. Ayúdame a verme como tú me ves: una persona completa y segura de sí misma. ¡Ayúdame a recordar que a* través de Jesucristo puedo vencer todas mis inseguridades! ¡Ayúdame a caminar todos los días de mi vida con confianza, seguro de mí mismo, pero sin hacer alarde de ello!

En el nombre de Jesús. Amén.

# ¡HABLEMOS CLARO SOBRE LA PREOCUPACIÓN!

# INTRODUCCIÓN

DIOS QUIERE HACER un intercambio con usted. Él quiere que usted le entregue todas sus cargas, sus problemas, sus fracasos, en otras palabras, sus "cenizas", y Él le dará belleza. Él tomará sus preocupaciones, y a cambio, Él tendrá cuidado de usted.

> *"Humillaos, pues, bajo la poderosa mano de Dios, para que él os exalte cuando fuere tiempo; echando toda vuestra ansiedad sobre él, porque él tiene cuidado de vosotros".*
> —1 PEDRO 5:6–7

> *"El Espíritu de Jehová el Señor está sobre mí, porque me ungió Jehová; a ordenar que a los afligidos de Sión se les dé gloria en lugar de ceniza, óleo de gozo en lugar de luto…".*
> —ISAÍAS 61:1, 3

Dios quiere cuidar de nosotros, pero para permitírselo, nosotros debemos dejárselo a Él. Muchas personas quieren que Dios cuide de ellos, mientras están preocupados o tratando de buscar una respuesta en vez de esperar la dirección de Dios. En verdad están revolcándose en sus "cenizas", pero todavía quieren que Dios les dé belleza. Para que Dios nos dé belleza, tenemos que entregarle a Él nuestras "cenizas".

Depositamos en Él todas nuestras ansiedades confiando en que Él puede y cuidará de nosotros. Hebreos 4:3 dice: *"Pero los que hemos creído entramos en el reposo…".*

Entramos en el descanso del Señor al creer. La preocupación es lo opuesto a la fe. La preocupación nos roba nuestra paz, nos desgasta físicamente, y hasta nos puede enfermar. Si estamos preocupados o ansiosos, no estamos confiando en Dios, y no estamos entrando en el descanso del Señor.

¡Qué gran intercambio! Usted le ofrece a Dios sus cenizas y Él le da belleza. Usted le entrega a Él todas sus preocupaciones y ansiedades, y Él le da protección, estabilidad, un lugar de refugio y llenura de gozo; ese es el privilegio de ser cuidados por Él.

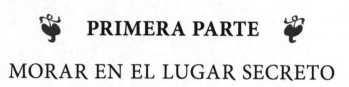

# PRIMERA PARTE

## MORAR EN EL LUGAR SECRETO

# 1

## HABITAR BAJO PROTECCIÓN

*"El que habita al abrigo del Altísimo morará*
*bajo la sombra del Omnipotente".*

• SALMO 91:1 •

DIOS TIENE UN lugar secreto (al abrigo del Altísimo) donde
nosotros podemos morar en paz y seguridad.

Este lugar secreto es el lugar del descanso en Dios, un lugar de paz
y consuelo. Este lugar secreto es un "lugar espiritual" donde la preocupación desaparece y la paz reina. Es el lugar de la presencia de
Dios. Cuando nosotros pasamos tiempo orando, teniendo comunión
con Dios y morando en su presencia, estamos en el lugar secreto.

La palabra *habitar* significa "hacer nuestra morada; morar; vivir".[1]
Cuando usted y yo *habitamos en Cristo, en el lugar secreto*, no solo
es una visita ocasional, sino que allí hacemos nuestra residencia
permanente.

En el Nuevo Testamento, una de las palabras griegas que traduce
*habitar* como sinónimo es la palabra *morar, y lo vemos* en Juan 15:7,
cuando Jesús dice: *"Si permanecéis en mí, y mis palabras permanecen*
*en vosotros, pedid todo lo que queréis, y os será hecho".*

Si usted y yo habitamos en Dios, es lo mismo que morar en Dios.
La *Amplified Bible* traduce Juan 15:7 de la siguiente manera: "Si vive
en mí [mora vitalmente unido a mí] y mis palabras moran en vosotros y continúan en sus corazones, pedid todo lo que queréis, y os
será hecho".

En otras palabras, necesitamos estar firmemente plantados en

Dios. Necesitamos conocer el origen de nuestra ayuda en cada situación y cada circunstancia. Necesitamos tener nuestro lugar secreto de paz y seguridad. Necesitamos depender de Dios y confiar en Él completamente.

## EN EL LUGAR SECRETO

*"Los que viven al amparo del Altísimo encontrarán descanso a la sombra del Todopoderoso".*
—SALMO 91:1 (NTV)

El salmista dice que el que vive al amparo del Altísimo, ese *lugar secreto*, encontrará descanso, seguridad y tranquilidad.

El lugar secreto es un escondite, un lugar privado o un lugar de refugio. Es el lugar donde corremos cuando estamos adoloridos, agobiados o a punto de desmayar. Es el lugar a donde corremos cuando estamos siendo maltratados o perseguidos, cuando estamos en gran necesidad, o cuando creemos que ya no podemos más.

Recuerdo que cuando niña vivíamos en una casa grande y espaciosa. (Mi madre limpiaba esa casa, y así era cómo obteníamos nuestro alquiler). Era un edificio grande, recargado con muchas esculturas de madera, y muchos pequeños lugares secretos. Un día encontré uno de esos pequeños lugares secretos. Era un pequeño banco esculpido por debajo de la escalera al lado de una vidriera de colores.

Aun ahora, puedo verme sentada sobre el banco reflexionando. No sé sobre qué reflexionaba, como niña pequeña al fin, pero sí sé que tenía unos cuantos dolores y problemas.

Mi vida familiar fue marcada por muchos disgustos y perturbaciones de situaciones domésticas. Ese lugar, el pequeño banco esculpido, se convirtió en mi lugar secreto. Era allí donde yo iba cuando sentía miedo o necesitaba consuelo.

Este versículo nos dice que Dios quiere ser nuestro amparo, nuestro lugar de refugio.

Algunas personas en el mundo se refugian en el alcohol; otros en las drogas; y otros en la televisión. Algunos se deprimen y se refugian debajo de las cobijas. Existen muchas personas en el mundo que están refugiándose en muchas cosas.

En vez de mirar al mundo buscando dónde refugiarnos, Dios quiere que encontremos nuestro refugio en Él. Esto es lo que Él quiso decir con la frase: "El que habita al abrigo del Altísimo". Cuando tenemos problemas, cuando estamos en peligro, Dios quiere que nos amparemos bajo la sombra protectora de sus alas. ¡Él quiere que corramos hacia Él!

## BAJO LA SOMBRA DEL OMNIPOTENTE

*"...bajo la sombra del Omnipotente".*

—SALMO 91:1

Si vivimos en el lugar secreto del Altísimo, ¿dónde nos pueden encontrar? De acuerdo al salmista, estamos habitando "bajo la sombra del Omnipotente". Este es el lugar donde Dios quiere que su pueblo viva.

Nuestro Padre celestial no quiere que nosotros lo visitemos de vez en cuando o que corramos hacia Él cuando estamos agobiados. Él quiere que habitemos bajo la sombra de sus alas, que moremos allí, que vivamos allí. Cuando hacemos esto, estamos seguros y tranquilos, porque ningún enemigo puede resistir el poder del Altísimo. Si nos mantenemos en ese lugar, el enemigo no nos puede hacer ningún daño.

Hubo un tiempo en mi vida cuando entraba y salía del lugar secreto, pero luego descubrí que cuando entro y me quedo, cuando habito allí, no me siento tan agobiada.

Necesitamos al Señor todo el tiempo, no tan solo ocasionalmente. En Juan 15:5 Jesús dice: *"...porque sin mí nada podéis hacer".*

¿Qué precisamente significa habitar bajo la *sombra* del Omnipotente? En primer lugar, la *sombra* implica un lugar de protección del sol caliente o del calor del mundo. Una sombra, como nosotros la conocemos, tiene sus límites. Si intentamos mantenernos bajo la sombra de las alas de Dios, hay límites definidos en los cuales nos tenemos que mantener.

Un *límite* es un área intermedia o limítrofe entre dos cualidades o condiciones. En el caso de una sombra, el límite es donde termina la sombra y comienza la luz del sol.

Suponga que es el mediodía, el sol está en todo su esplendor y vemos un árbol grande. Si nos paramos debajo de ese árbol, estaremos más cómodos en la sombra que si continuamos debajo del sol.

Cuando las personas trabajan afuera, debajo del sol, y comienzan a sudar, les gusta buscar un árbol de sombra para colocarse bajo él cuando es hora de descansar. Algunas personas siembran árboles de sombra alrededor de sus casas, porque reduce la temperatura interior de la casa y la pone más fresca. Así que la sombra es un lugar deseado, especialmente en un día caluroso.

Si decidimos quedarnos en la sombra, bajo la sombra de las alas de Dios, nuestra vida será más agradable. No será tan caliente y no vamos a estar "todos sudados" como decimos. En vez de preocuparnos de nuestros problemas, estaremos descansando en Dios.

Si decidimos estar parados en el sol, estaremos incómodos, sudados, miserables, sedientos y secos. Nosotros tenemos que decidir dónde vamos a estar parados: en la sombra (confiando en Dios) o en el sol (sudando); en Jesús o en el mundo con todos sus problemas.

¿Dónde decidirá usted estar parado? Yo quiero estar en la sombra. Pero, como todos tendemos a hacer de vez en cuando, me extraviaba algunas veces de la sombra y terminaba de nuevo en el calor donde las condiciones no son muy buenas. Entonces, cuando ya estaba casi lista a desfallecer, corría de nuevo a la sombra para reposar otra vez. Luego, eventualmente, me aventuro a buscar el calor del sol otra vez.

Romanos 1:17 dice que podemos vivir "por fe y para fe". Pero, a veces vivimos por la fe, y luego vivimos por la duda, la incredulidad, y después volvemos a vivir por la fe.

¿Y qué si verdaderamente queremos mantenernos bajo la protección de la sombra, pero a veces nos encontramos fuera de ella? ¿Cuándo saber si estamos fuera de la protección de Dios? Sabremos por medio de las señales de tránsito que el Señor ha puesto en nuestro camino.

# 2

# LEA LAS SEÑALES DE TRÁNSITO: CONFÍE EN DIOS

IMAGÍNESE MANEJANDO POR una carretera. Esta carretera es el camino de la vida. En el medio de la carretera, hay unas líneas. A veces, hay líneas amarillas dobles que nos advierten: "Si cruza estas líneas dobles, tendrá problemas; corre un alto riesgo de tener un accidente".

A veces, hay líneas blancas interrumpidas que significan: "Puede cruzar a la otra vía, y pasar al auto del frente si lo desea. Si cruza estas líneas probablemente estará bien, pero puede encontrarse con problemas si no mira el carril opuesto para asegurarse que pueda cruzar".

También hay señales de tránsito al lado de la carretera que nos proveen dirección o advertencias específicas: "Cuidado con el badén", "Deslizamiento de rocas", "Cruce de venados", "Una sola vía", "Desvío", "Bajo construcción", "Curva adelante". Si hace caso a las instrucciones de estas señales de tránsito, le ayudarán a mantener su auto en la carretera. Evitará que vaya muy pegado a la izquierda y tenga un accidente, o muy hacia la derecha y se deslice a una cuneta.

De la misma manera, en la vida hay señales de tránsito espirituales también. Para mantenerse bajo la protección de Dios, necesitamos hacer caso a estas señales de tránsito que nos dicen que confiemos en Él y no nos preocupemos, que no nos pongamos ansiosos o atemorizados, sino que echemos toda nuestra ansiedad sobre Él. Entonces, en vez de excesivamente tratar de racionalizar una solución, debemos de tornar nuestros pensamientos a cosas que son "verdaderas", "honestas", "justas", "puras", "amables", "de buen nombre", "de alguna virtud" o dignas de "alabar" (ver Filipenses 4:8).

Si hacemos caso a estas señales de tránsito y nos mantenemos dentro de los límites de la carretera, podremos llegar a nuestro destino. Estaremos protegidos y experimentaremos durante el transcurso de nuestra vida el cumplimiento de todas esas promesas maravillosas y estupendas de la Palabra de Dios.

## ¡Hágale caso a las señales de tránsito!

*"Entonces tus oídos oirán a tus espaldas palabra que diga: Este es el camino, andad por él; y no echéis a la mano derecha, ni tampoco torzáis a la mano izquierda".*
—Isaías 30:21

Suponga que usted está manejando en el camino de la vida y comienza a desviarse hacia la derecha. Se da cuenta que el camino se ha puesto más difícil y comienza a prestar más atención a la carretera. Entonces se acuerda de una señal de tránsito que usted pasó hace unas millas que decía: "Confíe en Dios y no se preocupe".

Si decide continuar en su curso, seguirá acercándose más hacia el lado de la carretera y puede terminar en la cuneta. Entonces tendrá que llamar a una grúa para que le ayude a salir de la cuneta.

Así es cuando decidimos preocuparnos en vez de confiar en Dios. Nos salimos de su protección y el enemigo puede atacarnos más fácilmente. Cuando esto sucede, inevitablemente perdemos nuestra paz.

## Sendas derechas

*"…y haced sendas derechas para vuestros pies, para que lo cojo no se salga del camino, sino que sea sanado".*
—Hebreos 12:13

Cuando toma una decisión equivocada, cuando decide preocuparse en vez de confiar en Dios, usted comenzará a estar inquieto y a perder su paz. Hasta comenzará a sentir que las cosas no están encaminándose correctamente y que se ha extraviado del camino.

Tan pronto pierda su paz, necesita detenerse y decirse a sí mismo: "Espera un minuto. ¿Qué estoy haciendo mal?".

A veces, mientras transito por el camino de la vida, siento dentro de mí que no estoy en paz. Cuando esto sucede, me detengo y me pregunto: "Señor, ¿dónde me equivoqué?". Yo sé que, cuando pierdo mi paz, es una indicación que he viajado fuera de la protección de la sombra de sus alas.

Por lo general, es porque he comenzado a preocuparme. A veces, es porque he hecho algo mal y no me he arrepentido, o porque he maltratado a alguna persona y no he sido sensitiva a mi error.

En esa situación, simplemente le pregunto a Él: "Señor, enséñame por qué he perdido mi paz". Cuando sé por qué, entonces puedo tomar los pasos para colocar las cosas en orden.

Si usted se siente atacado mientras está haciendo lo que el Señor le ha dicho que haga, le recomiendo que lea en voz alta las palabras de Jesús en Mateo 6:25–32.

## DEJE LA PREOCUPACIÓN

*"Por tanto os digo: No os afanéis por vuestra vida, qué habéis de comer o qué habéis de beber; ni por vuestro cuerpo, qué habéis de vestir. ¿No es la vida más que el alimento, y el cuerpo más que el vestido?"*

—MATEO 6:25

Si usted está a dieta, tal vez deba comenzar a leer la primera parte de este versículo, ¡la parte de comer y beber! Si usted es como yo, cuando estoy a dieta, ¡en lo único que puedo pensar es en la comida!

Me acuerdo cuando yo me ponía a dieta. Todo el día me lo pasaba pensando cuándo y qué iba a comer y cómo iba a cocinar. Estaba calculando mentalmente cuántas calorías había en lo que quería comer. ¡Muchas veces me daba más hambre, pues todo lo que estaba pensando era en comida!

En realidad, nos preocupamos menos de lo que vamos a comer y a beber que en lo que vamos a hacer en una situación particular: ¿qué si sucede esto, o si sucede lo otro? Muchos de nosotros tenemos suficiente ropa, comida adecuada, casas cómodas y buenos autos. Pero cuando las cosas se tornan difíciles y nos confrontamos con situaciones que parecen ser imposibles, tenemos voces en nuestras mentes que gritan: "¿Qué vas a hacer ahora?". Y comenzamos a preocuparnos.

## Mire las aves

*"Mirad las aves del cielo, que no siembran, ni siegan, ni recogen en graneros; y vuestro Padre celestial las alimenta. ¿No valéis vosotros mucho más que ellas?"*

—Mateo 6:26

¿Cuántas veces ha visto a un ave sentada en un árbol teniendo una crisis nerviosa? ¿Cuántas veces ha visto a un ave dando pasos nerviosos y hablándose a sí mismo, diciendo: "¿Oh, me pregunto de dónde vendrá mi siguiente gusano? ¡Necesito gusanos! ¿Y si Dios deja de hacer gusanos hoy? No sé que voy a hacer. ¡Tal vez me muero de hambre! ¿Y si Dios continúa haciendo gusanos, pero no son jugosos este año, o que tal si no envía lluvia y los gusanos no salen de la tierra? ¿Y si no encuentro paja para hacer mi nido?". ¡Y qué si esto…, y qué si lo otro…!

Jesús dijo: "¡Mirad las aves!". Ellas no tienen crisis nerviosas. Cada mañana, ellas salen volando, cantando y pasándola bien.

¡Me imagino cuánta paz pudiéramos gozar nosotros si sacamos una hora o más para ir y observar a las aves!

## ¿De qué vale preocuparse?

*"¿Y quién de vosotros podrá, por mucho que se afane, añadir a su estatura un codo?"*

—Mateo 6:27

Por supuesto, la contestación es nadie. ¡Pero sí podemos acortar nuestra duración de vida si insistimos en continuar haciendo un hábito de la preocupación!

En vez de preocuparnos, tenemos que ser más como las aves de los cielos, que dependen totalmente del Señor para que les dé comida, y cantan todo el día como si no tuvieran ninguna preocupación en el mundo.

## CONSIDERE LOS LIRIOS

*"Y por el vestido, ¿por qué os afanéis? Considerad los lirios del campo, cómo crecen; no trabajan ni hilan; pero os digo, que ni aun Salomón con toda su gloria se vistió así como uno de ellos. Y si la hierba del campo que hoy es, y mañana sé hecha en el horno, Dios la viste así, ¿no hará mucho más a vosotros, hombres de poca fe?"*

—MATEO 6:28–30

Lo que Jesús estaba diciendo era que los lirios del campo no estaban "obsesionados" en las obras de la carne. Ellos no trabajan ni hilan para ser lirios; simplemente lo son. Y Dios los viste muy elegantes.

¿Cree usted realmente que nosotros somos menos importantes para Dios que las aves y las flores?

## NO SE AFANE

*"No os afanéis, pues, diciendo: ¿Qué comeremos, o qué beberemos, o qué vestiremos? Porque los gentiles buscan todas estas cosas; pero vuestro Padre celestial sabe que tenéis necesidad de todas estas cosas".*

—MATEO 6:31–32

El problema con la preocupación y el afán es que causan que comencemos a *decir* cosas como: *"¿Qué vamos a comer? ¿Qué vamos a beber? ¿Qué vamos a vestir?"*, en otras palabras, *"¿Qué vamos a hacer si Dios no interviene por nosotros?"*.

Comenzamos a preocuparnos y escandalizarnos con las palabras de nuestra boca. En vez de calmar nuestros temores y remover nuestras preocupaciones, eso ocasiona que ellas cobren mayor arraigo en nosotros.

El problema de reaccionar de esta manera es que esta es la forma de actuar de personas que no tienen un Padre celestial. Pero usted y yo sí sabemos que tenemos un Padre celestial, así que debemos actuar a tono con la Escritura. Los que no son creyentes tal vez no saben confiar en Él, pero nosotros sí sabemos.

Jesús nos asegura que nuestro Padre celestial conoce todas las cosas que necesitamos antes de nosotros pedirlas. Entonces, ¿por qué preocuparnos por ellas? Al contrario, debemos de enfocarnos en las cosas que son más importantes: las cosas de Dios.

## BUSQUE PRIMERAMENTE
## LO MÁS IMPORTANTE

*"Mas buscad primeramente el reino de Dios y su justicia, y todas estas cosas os serán añadidas".*
—MATEO 6:33

Por muchos años, yo solía sentirme ansiosa antes de ir a ministrar. Oraba: "¡Oh Dios, ayúdame!". No hay nada malo en pedir la ayuda de Dios, pero estaba orando a través de mi ansiedad, y no por la fe.

Hoy en día, mientras me preparo para ministrar, simplemente estudio y me preparo lo mejor que puedo. Entonces, poco antes de que comience la reunión, tomo un tiempo en oración silenciosa y en meditación, adorando al Señor y teniendo intimidad con Él.

Ni una vez Él me ha dicho que busque una reunión grande. Ni una vez Él me ha dicho que busque una ofrenda grande. Todo lo que hago es tener comunión con Él, y Él se encarga del tamaño de la multitud, de la cantidad de la ofrenda, y de todo lo demás.

Muy a menudo, pasamos tiempo buscando a Dios para que responda a nuestros problemas, cuando lo que tenemos que estar haciendo es simplemente teniendo comunión con Él.

Mientras estamos teniendo comunión con Dios, estamos en su lugar secreto, bajo la sombra de sus alas ("...*debajo de sus alas estarás seguro*", Salmo 91:4). Pero cuando comenzamos a buscar repuestas a todos los problemas y situaciones que enfrentamos, tratando de satisfacer nuestros deseos en vez de hacer la voluntad de Dios, nos separamos de la sombra de sus alas.

Por muchos años, yo buscaba a Dios para ver cómo podría hacer crecer mi ministerio. El resultado fue que se quedó en la misma manera en que estaba. Nunca creció. Algunas veces, iba en retroceso. Lo que yo no entendía era que todo lo que yo necesitaba hacer era buscar el reino de Dios y Él añadiría el crecimiento.

¿Se da cuenta que ni siquiera tiene que preocuparse acerca de su crecimiento espiritual? Todo lo que tiene que hacer es buscar el reino de Dios y usted crecerá. Busque a Dios, habite en Él y Él causará crecimiento y añadidura.

Un niño solamente toma leche y crece. Todo lo que usted y yo tenemos que hacer es desear la leche sincera de la Palabra y creceremos (ver 1 Pedro 2:2).

Nunca vamos a experimentar ningún grado real de éxito a través de nuestra propia fuerza humana. Sin embargo, debemos buscar primeramente el reino de Dios y su justicia, entonces todas la demás cosas nos serán *añadidas*.

No debemos procurar los regalos de Dios, sino su presencia.

## PASE TIEMPO EN LA SOMBRA

*"Una cosa he demandado á Jehová, ésta buscaré; que esté yo en la casa de Jehová todos los días de mi vida, para contemplar la hermosura de Jehová, y para inquirir en su templo. Porque él me esconderá en su tabernáculo en el día del mal; me ocultará en lo reservado de su morada; sobre una roca me pondrá en alto. Luego levantará mi cabeza sobre mis enemigos que me rodean, y yo sacrificaré en su tabernáculo sacrificios de júbilo: Cantaré y entonaré alabanzas a Jehová".*
—SALMO 27:4-6

A veces vivimos retrocediendo. Esto es exactamente lo que yo estaba haciendo hace unos años atrás. Estaba buscando un ministerio grande. Estaba buscando todo tipo de cambios en mi vida, porque no me aceptaba a mí misma. Estaba procurando que mi esposo cambiara. Estaba procurando que mis hijos cambiaran. Estaba buscando sanidad y prosperidad. Estaba buscando todo bajo el sol, pero no estaba pasando tiempo en la sombra.

Entonces, el Señor intervino y me enseñó lo que estaba mal. Él utilizó el Salmo 27:4-6 para enfatizarme que primeramente tengo que buscarle a Él y su presencia todos los días de mi vida.

Durante ese tiempo, yo le estaba pidiendo muchas cosas, nada de las cuales tenían que ver con su presencia. Pero al comenzar a buscarle, eso fue lo que comencé a desear más. Luego, cuando vinieron los problemas, Él me escondió en el lugar secreto de su morada.

Cuando el enemigo vino en mi contra para destruirme, levanté cánticos de júbilo y exalté al Señor.

El enemigo no pudo acercarse a mí, porque estaba bajo el abrigo del Altísimo. Yo estaba en un lugar inaccesible. Satanás no pudo lograr que yo tuviera un colapso nervioso, porque estaba bajo la sombra donde no estaba ansiosa por nada.

## NO ESTÉ ANSIOSO POR NADA

*"Por nada estéis afanosos; sino sean conocidas vuestras peticiones delante de Dios en toda oración y ruego, con acción de gracias. Y la paz de Dios, que sobrepasa todo entendimiento, guardará vuestros corazones y vuestros pensamientos en Cristo Jesús".*
—FILIPENSES 4:6–7

Hace mucho tiempo, Dios me dijo que cuando fuera a Él en oración le entregara todo lo que el enemigo había tratado de darme.

Eso es lo que es la oración. El enemigo viene a nosotros, nos entrega un problema, y nosotros decimos: "No puedo cargar esto, porque es muy pesado para mí. Aquí está, Dios, te lo entrego a ti".

La esencia de lo que el apóstol Pablo nos dice en Filipenses 4:6–7 es: "Ora y *no* te preocupes". El no dijo: "Ora y preocúpate". Cuando oramos y le entregamos nuestros problemas a Dios, eso es una señal para el Señor de que estamos confiando en Él. Eso es lo que debe ser la oración.

Yo tenía que aplicarlo muy a menudo cuando mi hijo Danny era adolescente. Me afligía tener que dejarlo en la casa cuando salíamos en un viaje ministerial. Antes de graduarse, una vez me dijo por teléfono que había tenido unas luchas en la escuela, y que le hacíamos falta cuando nos íbamos de viaje, especialmente en las mañanas cuando se levantaba y en las noches cuando se acostaba.

Al pasar los años, Dave y yo desarrollamos una buena relación con nuestro hijo. Él nos ama y nosotros le amamos. (Nuestra hija más joven tenía diez años cuando el Señor nos habló de tener a Danny, ¡así que él es nuestro bebé!). Nos preocupábamos por él cuando llegó a la escuela secundaria, debido a las presiones e influencias que sabíamos él encontraría allí.

Diariamente, todos confrontamos cambios que tienen que ser resueltos. Caer en la trampa de sentirnos avergonzados, o andar cabizbajos porque las cosas no están funcionando a la perfección, no nos llevará a ningún lado. Tenemos que cambiar nuestro enfoque y hacer lo que dice la Biblia: ¡orar!

Cada vez que comenzaba a preocuparme por Danny mientras estábamos de viaje, oraba: *Padre, te doy gracias porque estás cuidando de Danny. Gracias, Señor, que tú tienes un buen plan para su vida y que tú estás velando por él y obrando todo a su favor. Gracias que él está cubierto con la sangre de tu Hijo Jesús.* Cuando usted y yo comenzamos a orar de esta manera, el enemigo nos dejará quietos. Él sabrá que nada nos va a sacudir y que estamos determinados a confiar en Dios.

## Manténgase positivo

*"Pero pida con fe, no dudando nada: porque el que duda es semejante a la onda del mar, que es arrastrada por el viento, y echada de una parte a otra. No piense, pues, quien tal haga que recibirá cosa alguna del Señor".*
—Santiago 1:6–7

Si llevamos nuestras inquietudes al Señor en oración y luego seguimos preocupándonos por ellas, estamos combinando una fuerza positiva con una negativa. La oración es una fuerza positiva y la preocupación es una fuerza negativa. Si sumamos las dos, llegamos a cero.

Yo no sé de usted, pero yo no quiero tener cero poder, así que trato de no mezclar la preocupación con la oración.

Dios me habló en cierta ocasión y me dijo: "Muchas personas operan en cero poder, porque siempre están mezclando lo positivo con lo negativo. Hacen una confesión positiva por un momento, y luego hacen una confesión negativa en otro momento. Oran por cierto tiempo y luego se preocupan por otro término de tiempo. Confían por un momento y luego dudan por otro momento. Como resultado, se encuentran vacilando de un lado para el otro, sin nunca lograr realmente un progreso".

¿Por qué no tomar una decisión de mantenerse confiando en Dios y rechazar la preocupación?

# 3

# TODO SALDRÁ BIEN

LA SEGUNDA SEÑAL de tránsito trata con la ansiedad. Nos dice: "No tema, ni esté ansioso". Esta señal tiene un aviso que es similar al primero: "Confíe en Dios y no se preocupe", pero las consecuencias de no obedecer son un poco más drásticas. En vez de caer en una cuneta, como lo haría si gira bruscamente a la derecha, corre el peligro de tener un accidente.

La ansiedad, distinta a la preocupación, es una sensación de inquietud que perdura aun cuando creemos que ya hemos resuelto la situación. Es como una doble porción de preocupación. Al ir en esta dirección, dejamos de dar pasos de fe y comenzamos a dar pasos de temor, especialmente el temor del mañana y el temor a lo desconocido. El resultado es la ansiedad.

## SEÑALES DE ANSIEDAD

*"La congoja en el corazón del hombre lo abate…"*.
—PROVERBIOS 12:25

La ansiedad trae pesadez a la vida de una persona.

El diccionario *Webster* nos dice que la *ansiedad* es "el estado de estar inquieto, aprehensivo, o preocupado…".[1] A veces, esta inquietud es indefinida; a veces, no podemos dar con lo que es. Tal vez ni conocemos lo que es verdaderamente. Lo que sabemos es que estamos inquietos alrededor de otras personas.

De acuerdo al diccionario *Webster*, *aprehensión* es "una sensación ansiosa de presentimiento; idea infundada".[2] En otras palabras, la aprensión es un caso fuerte de ansiedad.

Recuerdo un ataque fuerte de ansiedad que tuve. Había atravesado tantas cosas malas en mi vida que llegué al punto que esperaba que más cosas malas me sucedieran. Pero no entendía lo que me estaba sucediendo hasta que el Señor me lo reveló en las Escrituras.

## Presentimientos malignos

*"Todos los días del afligido son difíciles: mas el de corazón contento tiene un banquete continuo".*
—Proverbios 15:15

Hace muchos años, me estaba arreglando el pelo frente al espejo una mañana. No entendía lo que me estaba sucediendo en ese momento, porque recientemente había sido llena del Espíritu Santo y estaba estudiando la Biblia. Lo único que sé es que sentía una sensación de amenaza.

Así que decidí preguntarle al Señor: "¿Qué es esta sensación que me persigue todo el tiempo? Ha estado conmigo desde que puedo hacer memoria". El Señor me dijo que eran "presentimientos malignos".

No habiendo nunca escuchado este término, pensé para mí misma: "¿Qué es un "presentimiento?"". Así que fui y busqué información en el diccionario. Descubrí que *presentimiento* es "un sentido de desgracia inminente o malvado".[3]

Aprendí que un presentimiento no tiene nada que ver con lo que está sucediendo al momento; es un sentimiento negativo sobre el resultado de un evento en el futuro.

En ese tiempo, yo no sabía que la palabra estaba en la Biblia. Pero después encontré que Proverbios 15:15 (*Amplified Bible*) habla de "pensamientos ansiosos" y "presentimientos malvados".

Dios quiere que nos deshagamos de esos presentimientos malvados para poder disfrutar la vida. Es más fácil decirlo que hacerlo, porque Satanás, nuestro adversario, nos quiere llevar a creer que nada nos va a salir bien. Él quiere que nosotros pensemos que siempre vamos a ser mal entendidos y nunca apreciados, que nunca nadie querrá estar con nosotros, que nadie nos amará. Él quiere que sintamos vergüenza por nuestro pasado, impotentes por el presente y sin esperanza por el futuro. Él quiere sobrecargarnos de preocupación y ansiedad para poder alejarnos de nuestra relación con Dios y ser distraídos de llevar a cabo la obra que Él ha puesto delante de nosotros.

Cada significado de la palabra *ansiedad*, como "preocupado e inquieto por la incertidumbre", "acompañado con, exhibiendo, o produciendo la preocupación", lo confirma.[4]

## ¡Si está redimido, dígalo!

*"Díganlo los redimidos de Jehová, los que ha redimido del poder del enemigo".*

—Salmo 107:2

Cuando entiende que el enemigo está tratando de distraerlo, no se deje abatir, ni permita que le lance pensamientos negativos y de preocupación. Abra su boca y diga algo que él no quiere escuchar, y él huirá. Confiese su autoridad en Cristo.

A veces, cuando me estoy preparando para ministrar en una iglesia o congreso, aparecen pensamientos negativos que comienzan a bombardearme. Unos años atrás, estaba pensando en cuántas personas se habían registrado para un congreso de mujeres que yo iba a dirigir. Cuando le pregunté a mi asistente, ella me dijo que no había muchas personas registradas. Sin embargo, los organizadores de la reunión creían que habría una concurrencia como la del año anterior.

De repente, el pensamiento atravesó mi mente: "¿Y si no viene nadie? ¿Y si mi equipo y yo viajamos toda esa distancia y nadie aparece?". Entonces me animé a mí misma con mi propia boca, y dije en voz alta: "Todo saldrá bien".

A veces, tenemos que hacerlo porque si no, esos malos presentimientos continuarán causándonos ansiedad y preocupación. Cuando reconocí esos pensamientos ansiosos y presentimientos malvados, y tomé autoridad sobre ellos, Dios comenzó a traer libertad a mi vida para poder comenzar a gozarme en ella.

Satanás pone esa ansiedad y esos pensamientos de preocupación en nuestras mentes, y a veces llega a "bombardear" nuestras mentes con ellos. Él espera que nosotros los recibamos y comencemos a "decirlos" a través de nuestra boca. Si lo hacemos, Él entonces tiene material para crear ciertas circunstancias en nuestras vidas con las que puede causarnos la ansiedad.

Las palabras tienen el poder creativo en el mundo espiritual. Génesis 1:3 dice: "Dios *dijo*, sea…, ¡y fue…!".

Jesús *dijo*: "No os afanéis pues, *diciendo*: ¿Qué comeremos, o qué beberemos, o qué vestiremos?" (Mateo 6:31). Si tomamos un pensamiento negativo, y comenzamos a decirlo, entonces estamos solamente a pasos de un problema real. "Así que, no os afanéis por el día de mañana; porque el día de mañana traerá su afán. Basta a cada día su propio mal" (v. 34).

## ¡DISFRUTE LA VIDA!

"…*de un espíritu afable y apacible, que es de gran estima delante de Dios*".
—1 PEDRO 3:4

*Ansiedad* también significa "cuidado"; "interés"; "inquietud"; "estado de mente atribulado".[5] Pedro nos dice que el tipo de espíritu que a Dios le gusta es un espíritu apacible, no uno que esté ansioso o deprimido.

Cuando estamos tensos internamente, nos sentimos como si nuestro estómago estuviera en nudos. Todo se convierte en una carga (algo grande, intenso y de gran estrés) para nosotros, de tal manera que no podemos relajarnos y gozar de la vida como Dios la diseñó.

En mi caso, yo siempre estaba tensa y perturbada, porque me robaron mi niñez por el abuso que sufrí. Desde una edad muy temprana, me sentía ya como una adulta, porque realmente nunca tuve una niñez. No sé cómo desprenderme y ser como una niña. Luego cuando me casé y tuve mis propios hijos, no supe cómo disfrutarlos.

Por años, tampoco pude disfrutar de mi esposo, porque siempre estaba tratando de cambiarlo. Estaba continuamente tratando de perfeccionarle, a él y a todo el mundo.

Tuve hijos, pero no pude disfrutármelos. Todos los días, antes de que se fueran a la escuela, me aseguraba que sus cabellos estuvieran bien peinados, que no hubieran arrugas en sus ropas y que sus almuerzos estuvieran bien empacados en sus loncheras. Yo amaba a mis hijos, pero nunca los pude disfrutar.

Tenía una casa bonita, la mantenía muy limpia y colocaba cada pieza en su lugar, pero no la pude disfrutar. Nadie más la pudo disfrutar tampoco. No podíamos vivir en ella. Todo lo que podíamos hacer era mirarla.

Mis hijos tenían juguetes buenos, pero no los podían disfrutar porque yo no los dejaba. Yo no quería que sacaran sus juguetes y jugaran con ellos.

Nunca supe lo que era tener diversión. Lo que fuera, yo no creía que era algo que mi familia tenía el derecho a hacer. Yo pensaba: *No se necesita tener un tiempo agradable. Todo lo que se necesita es un buen día de trabajo.*

Recuerdo haberles dicho a mis hijos: "Salgan a jugar y a divertirse". Entonces, al hacerlo yo me les iba detrás, diciéndoles: "¡Recojan ese desorden! ¡Recojan esos juguetes ahora mismo! ¡Todo lo que ustedes hacen aquí es hacer desórdenes!".

Lo que yo tenía que comprender en esa etapa de mi vida era que si las cosas no terminaban de la manera que yo quería, no era el final del mundo. Necesitaba descansar y disfrutar la vida. La Biblia nos alienta a esto.

El salmista expresa:

> *"Este es el día que hizo Jehová; nos gozaremos y alegraremos en él".*
>
> —Salmo 118:24

Jesús dice:

> *"Estas cosas os he hablado, para que en mí tengáis paz. En el mundo tendréis aflicción; pero confiad, yo he vencido al mundo".*
>
> —Juan 16:33

El apóstol Pablo también recomienda:

> *"Regocijaos en el Señor siempre. Otra vez os digo, ¡Regocijaos!".*
>
> —Filipenses 4:4

No sea tan intenso. Descanse un poco. Dele a Dios la oportunidad para que obre en su vida. Tome la decisión de gozar y disfrutar la vida de ahora en adelante.

## TRANSFORMADOS DE
## GLORIA EN GLORIA

*"Por tanto, nosotros todos, mirando a cara descubierta como en un espejo la gloria del Señor, somos transformados de gloria en gloria en la misma imagen, como por el Espíritu del Señor".*
—2 CORINTIOS 3:18

¿Se da cuenta de que si la única vez que usted decide disfrutar algo es cuando las cosas estén perfectas, entonces nunca va a poder disfrutarlo?

No cometa el error de esperar a gozarse hasta que usted y todo a su alrededor se haya perfeccionado o haya llegado a la meta final.

La Biblia nos dice que usted y yo estamos siendo transformados a la imagen de Dios, de gloria en gloria. Eso quiere decir que estamos atravesando por varias etapas. Necesitamos aprender a gozar la gloria de la etapa en la cual nos encontramos al momento, mientras nos estamos moviendo a la próxima etapa. Necesitamos aprender a decir: "No estoy donde debo de estar, pero, gracias a Dios, no estoy donde estaba antes. Estoy en algún lugar del medio, y voy a disfrutarme cada etapa".

Cuando nuestros hijos son bebés hacen cosas lindas como sonreír y arrullar, pero también hacen cosas que no son tan lindas como llorar durante la noche. Decimos: "Yo estaré tan contenta cuando pasen esta etapa para poder entonces disfrutarlos de veras".

De alguna manera, ellos logran pasar la etapa y entonces entran a la próxima. Ya en este punto, están hablando y diciendo expresiones lindas, pero también están andando y tirando cualquier objeto que sus manos pueden tomar. De nuevo nos encontramos deseando que terminen esta etapa.

De pronto entran a la preescolar, y nos encontramos diciendo: "Estaré tan contenta cuando lleguen al primer grado, entonces pasarán todo el día en la escuela". Pero tan pronto llegan a la primaria, nos encontramos diciendo: "Estaré tan contenta cuando comiencen la

337

secundaria". Entonces, cuando se gradúan de la escuela secundaria, decimos: "Estaré tan contenta cuando se casen".

Entonces, un día esto sucede, y de repente comprendemos que nunca disfrutamos de ninguna etapa de sus vidas. Siempre estábamos esperando a estar contentos *"cuando…"*.

Así era la manera en que yo pasaba mi vida. Siempre iba a ser feliz en otro momento.

Cuando tenía reuniones de cincuenta personas, pensaba: *Seré feliz cuando cientos de personas comiencen a llegar a mis reuniones.* La realidad es que cuando eso finalmente ocurrió, no me hizo más feliz.

Cada etapa que atravesamos trae con ella una cierta cantidad de gozo, pero también viene con una pequeña serie de problemas. Lo que tenemos que hacer es estar alegres pese a las circunstancias.

## ALEGRES PESE
## A LAS CIRCUNSTANCIAS

*"Por cuanto me has alegrado, oh Jehová, con tus obras; en las obras de tus manos me gozo".*
—SALMO 92:4

Hace algunos años, encontré la puerta hacia la felicidad. Se encuentra en la presencia de Dios.

Yo estaba feliz, si Dios hacía algo que me alegrara. Pero no sabía estar alegre *debido a* Él. Yo sabía cómo buscar su mano, pero no sabía cómo buscar su rostro.

No crea que va a estar alegre cuando Dios haga lo próximo que quiera que Dios haga por usted. Tan pronto como Él lo haga, habrá otra cosa que querrá y va a pensar que no va a estar feliz hasta que lo reciba. No pase toda su vida esperando a ser feliz en otro momento.

Al día siguiente de haber recibido esta revelación, iba camino a una reunión, y estaba cantando este cántico popular: "Él me hace feliz, Él me hace feliz; me gozaré pues Él me hace feliz". Sucedió que el Espíritu Santo me habló y me dijo: "Por primera vez estás cantando esa canción correctamente".

Debido a que Dios escucha nuestro corazón más que las palabras, el cántico sonó diferente a los oídos de Él. Antes, lo que Él escuchaba era: "Las cosas que tú haces por mí me hacen feliz, las cosas que tú haces por mí me hacen feliz, me gozaré por las cosas que tú haces por mí me hacen feliz".

Cuando el Señor hacía lo que yo quería que Él hiciera, entonces estaba contenta. Pero cuando el Señor no hacía lo que yo quería que Él hiciera, entonces no estaba contenta. Por lo tanto, vivía una vida de "altas y bajas". Era como estar sentada en una montaña rusa. Me estaba desgastando de estar en altas y bajas todo el tiempo. Si mis circunstancias eran de mi agrado, estaba por las nubes, pero si no, estaba por el piso.

Si vamos a vivir una vida llena de gozo, tenemos que encontrar algo por lo cual estar alegres pese a nuestras circunstancias.

## ALEGRES PESE A LA GENTE

*"Alegraos en Jehová, y gozaos, justos; y cantad con júbilo todos vosotros los rectos de corazón".*
—SALMO 32:11

Aun si las circunstancias son de nuestro agrado, eventualmente encontraremos que el mundo está lleno de personas que no son de nuestro agrado. Tan pronto nos arreglemos con aquellos que no son de nuestro agrado, todavía otros vendrán que no son de nuestro agrado. Es un ciclo sin fin.

En nuestro ministerio, tenemos en nuestro personal a un gran grupo de personas. Aunque son personas de las más maravillosas que yo he conocido, hay ocasiones que no me hacen feliz.

Aun estando alrededor de personas cristianas, eso no nos va a hacer felices todo el tiempo. El único que nos puede hacer feliz siempre, todo el tiempo, es Jesús, y aún Él no puede hacerlo por nosotros, a menos que nosotros se lo permitamos.

## EL SÍNDROME DE MARTA

*"Aconteció que yendo de camino, entró en una aldea; y una mujer llamada Marta le recibió en su casa. Esta tenía una hermana que se llamaba María, la cual, sentándose a los pies de Jesús, oía su palabra. Pero Marta se preocupaba con muchos*

*quehaceres, y acercándose, dijo: Señor, ¿no te da cuidado que mi*
*hermana me deje servir sola? Dile, pues, que me ayude".*

—LUCAS 10:38–40

Nadie conocía la fuente de la felicidad, la paz y el gozo mejor que María, la hermana de Marta. Cuando su invitado, Jesús, llegó a su casa, ella se ubicó a sus pies para poder escuchar todo lo que Él decía, sin dejar de escuchar ni una sola palabra. Ella estaba alegre de que Él había decidido visitarles ese día, y quería verdaderamente disfrutar el tiempo que tendría junto a Él. Así que se sentó y fijó sus ojos en Jesús.

Pero estaba también su hermana, la querida Marta. Ella se había pasado todo el día corriendo y limpiando, brillando y cocinando, tratando de preparar todo para la visita de Jesús.

(La razón por la cual encuentro bien fácil reconocer a Marta en esta situación es porque yo era idéntica a ella).

Todo tenía que estar en orden para cuando el invitado de Marta llegara. Aun cuando Él llegó, ella se ocupó en la cocina, preparando la comida y haciendo los últimos arreglos de la mesa.

Eventualmente, Marta se molestó y vino a Jesús, diciéndole algo como: "Maestro, ¿por qué no haces que mi hermana María se levante y me ayude a hacer parte del trabajo?". Esperando recibir conmiseración y tal vez reconocimiento por lo que había hecho, se llevó la sorpresa cuando Él le dijo: *"Marta, Marta, afanada y turbada estás con muchas cosas: Pero sólo una cosa es necesaria; y María ha escogido la buena parte, la cual no le será quitada"* (Lucas 10:41–42).

Estoy segura que hubo un silencio en la casa después de ese comentario. Pero la verdad es que Marta necesitaba escuchar esto.

Me acuerdo, en una ocasión, cuando Dios me dijo algo similar. Me dijo: "Joyce, tú no puedes disfrutar la vida, porque eres muy complicada". ¡Y Él estaba en lo correcto! ¡Yo podía complicar una simple barbacoa!

Recuerdo una ocasión cuando vi a unos de mis amigos, y de repente los invité a que nos visitaran. Me acuerdo haberles dicho algo así: "¿Por qué no vienen a casa el domingo? Podemos comer algo y nos sentamos en el patio y tenemos un tiempo agradable, o tal vez nos entretenemos con un juego".

Después de decirles esto, pensé en el tiempo agradable que tendríamos. Entré en mi automóvil y comencé a conducir hacia mi casa. En el tiempo que me tomó llegar a mi casa, los hot dogs se habían convertido en filetes, y las patatas fritas se habían convertido en ensalada de patatas. ¡El almuerzo sencillo se había convertido en un banquete! Después de todo, no hubiera querido que mis amigos pensaran que solo podía pagar por hot dogs, o que no sabía cómo preparar una ensalada de patatas.

No pasó mucho tiempo cuando decidí que el grill necesitaba ser pintado y los muebles de patio necesitaban ser reemplazados. Por supuesto, el pasto tenía que ser cortado y la casa tenía que estar completamente limpia. Tenía que darle una buena impresión a mi visita.

Luego de un tiempo, no tan solo pensaba en las seis personas que invité, sino también en las catorce personas que se ofenderían al saber que había invitado a estos seis, pero no a ellos. Entonces ahora, de repente, esta simple invitación se convirtió en una pesadilla. Me estaba rindiendo al temor del hombre.

Entonces, el síndrome de Marta comenzó a invadirme un poco más. Comencé locamente a limpiar la casa y a trapear los pisos de la casa. Invariablemente, me enojé con Dave y los muchachos, y les dije algo como: "¡Yo no puedo entender por qué es que yo tengo que hacer *todo el trabajo,* mientras todo el mundo la pasa de lo más bien!". Ya para ese tiempo tenía a "Marta" escrita por toda mi cara. Distinto a María, no había escogido la mejor porción.

## VIVA EN EL AHORA

*"Amados, ahora somos hijos de Dios, y aún no se ha manifestado lo que hemos de ser; pero sabemos que cuando él se manifieste, seremos semejantes a él, porque le veremos tal como él es".*
—1 JUAN 3:2

En realidad, son las decisiones que hacemos hoy las que determinarán si gozaremos el momento o si lo perderemos con la preocupación. A menudo, terminamos perdiendo el momento de hoy, porque estamos muy preocupados por el mañana.

Otra definición de *ansiedad* es "intranquilidad y angustia acerca de incertidumbres futuras".[6] La definición que el Señor me dio sigue las mismas líneas: "La ansiedad es causada por tratar de aferrarse a cosas, ya sea mental o emocionalmente, que todavía no han llegado (el futuro) o que ya han pasado (el pasado)".

Una de las cosas que tenemos que aprender es que Dios quiere que aprendamos a ser personas del *ahora*. Veamos algunos ejemplos:

> "... he aquí ahora el día de salvación".
>
> —2 Corintios 6:2

> "... si oyereis su voz hoy, y cuando lo escuches, no endurezcáis vuestros corazones".
>
> —Hebreos 4:7

Necesitamos aprender a vivir en el ahora, en el hoy. Muchas veces, pasamos el tiempo pensando en el pasado o en el futuro. Esto le puede sonar algo gracioso, pero he tenido tantos problemas con esta tendencia en mi vida que Dios una vez me reveló que yo vivía en ansiedad, ¡aun cuando me cepillaba los dientes!

Mientras me cepillaba los dientes, ya estaba pensando en lo próximo que iba a hacer. Andaba de prisa, y mi estómago ya estaba hecho un nudo. Cuando usted y yo no nos entregamos a lo que estamos haciendo al momento, somos propensos a la ansiedad.

Recuerdo cuando por primera vez fui bautizada con el Espíritu Santo. Mi mente tenía un desorden tan terrible que tenía problemas hasta con las cosas más ordinarias de mi vida. Me levantaba en la mañana, enviaba a mis tres hijos a la escuela, mi esposo al trabajo, y entonces comenzaba lo que tenía que hacer ese día. Pero no podía concentrar mi mente en nada.

Estaba en mi dormitorio arreglando la cama, cuando de repente me acordaba que no había terminado de poner los platos en la lavaplatos. Así que corría hacia la cocina para hacerlo, dejando la cama arreglada parcialmente.

Mientras colocaba los platos, pensaba: *Necesito ir a la planta baja y sacar la carne del congelador para que se descongele a tiempo para la cena.*

Entonces corría hacia la planta baja para sacar la carne del congelador. Mientras lo hacía, veía la ropa sucia amontonada y decidía que tenía que parar y poner la ropa a lavar en la máquina de lavar.

Entonces pensaba en una llamada que tenía que hacer y corría hacia la planta superior para atender esa tarea. En medio de todo ese ajetreo y confusión, me acordaba que tenía que ir al correo y enviar unos pagos de deudas. Así que me apuraba más para hacer esa tarea.

Ya cuando terminaba el día, tenía un desastre peor de lo que había comenzado. Todo estaba a medias, y yo estaba frustrada y agotada. ¿Por qué? Simplemente porque no me di por completo a ninguna cosa.

## UNA COSA A LA VEZ

*"...guarda tu pie".*

—ECLESIASTÉS 5:1

¿Sabe usted por qué nosotros no nos damos a una sola cosa? Porque estamos muy preocupados por continuar hacia lo próximo que viene. Necesitamos hacer lo que el escritor del libro de Eclesiastés nos ha dicho que hagamos: mantener nuestra mente en aquello que estamos haciendo al momento (*Amplified Bible*). Si no hacemos esto, perderemos nuestro punto de apoyo o equilibrio en la vida, ¡y nada tendrá sentido!

Necesitamos tomar una decisión para vivir en el ahora, no en el pasado o en el futuro, porque si vivimos en el ayer o el mañana, cuando debemos de vivir el presente, perdemos nuestra unción del día de hoy. Tenemos que tomar un día a la vez, porque esa es la única manera que llegaremos hacia donde vamos.

Vivimos en un mundo tan instantáneo que queremos que alguien agite la varita mágica sobre nosotros y que todo salga bien. El cambio viene un día a la vez.

## Un día a la vez

*"Así que, no os afanéis por el día de mañana; porque el día de mañana traerá su afán. Basta a cada día su propio mal".*

—Mateo 6:34

En Juan 8:58, Jesús se refirió a sí mismo como el "YO SOY". Si tú y yo, como sus discípulos, tratamos de vivir en el pasado o en el futuro, encontraremos que la vida será difícil, porque Jesús siempre está en el presente: "YO SOY". Por eso es que Él nos dijo que no nos preocupemos con el pasado ni el futuro.

Si tratamos de vivir en el futuro o en el pasado, la vida será difícil. Pero si vivimos en el *ahora*, encontraremos que el Señor está ahí con nosotros. A pesar de todas las situaciones que la vida nos trae, Él ha prometido nunca dejarnos ni desampararnos, sino que siempre está con nosotros y nos ayuda (ver Hebreos 13:5; Mateo 28:20).

Cuando nos damos a la tarea de hacer una cosa a la vez, no tan solo es algo físico sino algo mental y emocional. Por ejemplo, podemos estar parados en un lugar físicamente, pero estar teniendo una conversación en nuestra mente en otro lugar.

Cuando pasamos a lo próximo mentalmente, nos creamos presiones innecesarias. Cuando regresamos al presente, no tenemos idea clara de lo que sucedió mientras estuvimos mentalmente ausentes.

Por eso es que el diablo constantemente trata de ocupar nuestras mentes y llevarnos a otro lugar. Él quiere que nos perdamos de lo que está sucediendo ahora.

Me acuerdo que yo estaba enojada un día por algo que mi esposo había hecho. En ese tiempo, me enojaba y me mantenía enojada por varios días. Finalmente, Dave me dijo algo que verdaderamente llamó mi atención: "¿Qué terrible sería si Jesús viniera esta noche y tú pasaras tu último día en la tierra así?". Eso me puso a pensar.

Usted y yo no debemos estar ansiosos sobre el mañana, cuando tenemos bastante para manejar hoy. Si tal vez logramos manejar todos nuestros problemas hoy, mañana tendremos otras cosas para manejar, y otras más el próximo día.

¿Por qué malgastar el tiempo estando ansioso cuando no va a resolver nada? ¿Por qué estar ansioso sobre el ayer que se fue o el mañana que todavía no ha llegado? Viva en fe ahora. No tema, ni esté ansioso.

# 4

# LOS PENSAMIENTOS DE DIOS SON MÁS ALTOS QUE LOS NUESTROS

¿Está usted siempre tratando de resolverlo todo? Muchos de nosotros hemos caído en esa trampa. En lugar de echar nuestra ansiedad sobre el Señor, atravesamos la vida llenos de todo tipo de ansiedad.

Cuando tratamos de resolverlo todo, estamos exaltando nuestro razonamiento sobre los planes y pensamientos de Dios que Él tiene para nuestras vidas. Estamos ubicando nuestros caminos por encima de los caminos de Él.

Segunda de Corintios 10:5 nos dice que debemos de *"...llevar cautivo todo pensamiento a la obediencia a Cristo"*. La tercera señal de tránsito es "echar toda nuestra ansiedad y evitar el razonamiento". Cuando hacemos esto, dejamos de tratar de resolverlo todo, aprendemos a echar nuestra ansiedad sobre el Señor, y entramos en su descanso.

## ENTRAR EN EL REPOSO DE DIOS

*"Pero los que hemos creído entramos en el reposo..."*.
—Hebreos 4:3

Este pasaje se refiere a los hijos de Israel cuando entraron a la tierra de Canaán, en vez de estar andando errantes por el desierto. Pero también podemos aplicarlo a nuestras vidas; si no estamos descansando, entonces no estamos confiando, ni creyendo, porque el fruto de creer y confiar es el descanso. A veces me siento tentada a resolver cada detalle de lo que está sucediendo o buscar la razón del porqué. Pero yo sé que al hacer esto no estoy confiando en Dios.

En Proverbios 3:5 se nos dice: *"Fíate de Jehová de todo tu corazón, y no te apoyes en tu propia prudencia"*. En otras palabras, se nos dice: "Confía en Dios y no trates de resolverlo basado en lo que ves; ¡confía en Dios mientras estás tratando de resolverlo!".

Yo comprendí que con mi boca le decía a Dios que confiaba en Él, mientras en mi mente trataba de resolverlo todo. ¡Lo que Proverbios 3:5 nos dice es que confiemos en el Señor con todo nuestro corazón y con toda nuestra mente! Eso quiere decir que debemos dejar el razonamiento excesivo.

## RAZONAMIENTO CONTRARIO A LA VERDAD

*"Pero sed hacedores de la palabra, y no tan solamente oidores, engañándoos á vosotros mismos"*.
—SANTIAGO 1:22

Cuando Dios me reveló que tenía que dejar el razonamiento excesivo, para mí fue un gran reto pues yo estaba adicta a él. No podía estar tranquila si no tenía todo resuelto o manejado.

Por ejemplo, Dios me dijo que hiciera algunas cosas en mi ministerio hace unos años atrás que no tenía la menor idea de cómo hacerlas. Una de ellas era estar en la televisión todos los días. Por supuesto, eso multiplicó cinco veces el trabajo y la responsabilidad financiera del ministerio. Requirió tener más empleados y más espacio.

Pero Dios no me llamó a resolver exactamente cómo yo iría a alcanzar todo lo que Él me pedía que hiciera. Él me llamó a buscarlo a *Él*, no las respuestas a mis problemas, para luego obedecer lo que Él me decía que yo hiciera.

No sabía cómo buscar el dinero, el espacio o las personas para hacer todo lo que el Señor nos había mandado a hacer. Pero tenía suficiente experiencia con Dios para saber que si me mantenía bajo la sombra de sus alas, adorando y alabando, haciendo mi parte pero confiando en Él, Él llevaría todo a cumplirse de acuerdo a su voluntad y su plan.

Mi responsabilidad es hacer todo lo que Él quiere que yo haga. Todo lo que Él espera de mí es que comience a decir: "Voy a dar los pasos para comenzar y sé que tú vas a proveer". Pero le puedo asegurar que

Dios nunca me va a mandar a preocuparme o a tratar de resolver cómo Él va a hacer todo lo que Él me está dirigiendo a hacer.

Cuando nos preocupamos, perdemos nuestra paz, y cuando tratamos de resolverlo todo, caemos en confusión. ¡Habitar bajo la sombra del Altísimo nos mantendrá en paz!

Una vez le pregunté al Señor: "¿Por qué estamos siempre confundidos?". Me contestó diciendo: "Si dejas de tratar de resolverlo todo, entonces no estarás confundida".

El comienzo de la confusión es una señal de advertencia de que estamos tomando el camino equivocado y nos encontraremos en peligro.

La confusión es el resultado de razonar con nuestro propio entendimiento, cuando debemos estar confiando en el Señor con todo nuestro corazón para que nos prepare el camino de acuerdo a su plan. Cuando confiamos en que sus pensamientos son más altos que los nuestros, podemos detener la confusión antes de que comience.

## CONVERSACIONES SIN LÍMITE

*"…no os preocupéis por cómo o qué habréis de responder, o qué habréis de decir; porque el Espíritu Santo os enseñará en la misma hora lo que debáis decir".*
—LUCAS 12:11–12

Algunas veces, no tan solo tratamos de resolver lo que vamos a *hacer* antes de tiempo, pero también tratamos de resolver lo que vamos a *decir*.

En su casa, tal vez tenga que confrontar a su cónyuge acerca de una situación entre ambos. En su lugar de trabajo, tal vez necesite pedirle a su jefe un aumento de salario o reprender a un empleado acerca de un comportamiento que no es apropiado. Cualquiera que sea la situación que pueda estar enfrentando ahora, usted puede estar lleno de ansiedad.

¿Por qué no tomar la decisión de confiar en Dios en vez de planificar y ensayar una conversación una y otra vez en su cabeza? ¿Por qué sencillamente no creer que Dios quiere que usted se enfrente a la situación, sin tratar de resolver antes de tiempo lo que va a decir?

Tal vez necesitará una idea general de lo que va a presentar, pero hay un equilibrio que hay que mantener. Si se obsesiona y se mantiene maquinando la situación en su cabeza, eso es un indicador de que no está confiando en el Señor. Está dependiendo en sí mismo y va a fracasar.

¿Sabía usted que podemos decir unas cuantas palabras bajo la unción de Dios y traer paz y armonía, o podemos decir doscientas palabras en la carne y causar un caos y una confusión completa?

A veces trastornamos nuestro cerebro tratando de inventar un plan para manejar una situación difícil. Y ya cuando hemos decidido lo que vamos a hacer, la preocupación entra en nuestra mente: "¿Sí, pero y si...?". Y terminamos más confusos que al principio.

Me acuerdo una noche acostada en la cama mientras mentalmente luchaba con una situación que me tenía inquieta. Eventualmente me encontré en unas de esas conversaciones imaginarias: "Si yo digo esto, ellos dirán esto. ¡Si esto sucede, me voy a perturbar! Entonces, ¿qué voy a hacer?".

Yo sabía que tenía que discutir algunas cosas que no eran placenteras con algunas personas que yo no quería ofender. Aunque no quería que los involucrados estuvieran enojados conmigo, tampoco quería eludir mi responsabilidad en ser "complacedora de hombres" (ver Efesios 6:6; Colosenses 3:22). Necesitaba sentir paz y confianza sobre el asunto.

La paz de Dios siempre está disponible, pero tenemos que escogerla. Tenemos que escoger entre estar en el sol caliente de la preocupación, sudando miserablemente, secos de la sed, o estar en el fresco bajo la sombra placentera de la paz de Dios.

## ¡LOS PLANES DE DIOS PARA NOSOTROS SON BUENOS!

*"Porque yo sé los pensamientos que tengo acerca de vosotros, dice Jehová, pensamientos de paz, y no de mal, para daros el fin que esperáis".*
—JEREMÍAS 29:11

Como resultado del abuso que sufrí en mi hogar cuando niña, aprendí a estar segura de lo que decía antes de abrir mi boca. Tenía miedo que si decía lo incorrecto, me harían sufrir por ello.

Pasé muchos años de mi vida ensayando conversaciones en mi cabeza para asegurarme que todo sonara bien. Eventualmente, por supuesto, mi mente hizo el hábito de pensar negativamente y a la defensiva.

Por mis propias inseguridades y mis temores de ser rechazada, pasaba días tratando de resolver el significado de algunos comentarios que alguien me dijo y que en sí no quería decirme nada en particular.

Dios no quiere que utilicemos nuestras mentes de esa manera. Es un tiempo malgastado inútilmente. Nuestro Padre celestial tiene un plan para nuestras vidas. Sus pensamientos están por encima de nuestros pensamientos (ver Isaías 55:8–9). Ni usted ni yo lo vamos a descifrar a Él.

Después de luchar por muchos años, finalmente le dije al Señor: "¿Cuál es mi problema?". El Señor me dijo algo que cambió mi vida. Él me dijo: "Joyce, por la manera en que fuiste criada, el temor está incrustado en tu proceso de pensamiento".

Por supuesto, el Señor estaba obrando en mí desde el momento que fui llena del Espíritu Santo. Pero yo comprendí que todavía tenía un largo camino que recorrer.

A pesar de todo, me dijo: "¡Joyce, todo va a salir bien!". Al decirme eso, recibí una revelación. Recordé lo que yo le decía a mis hijos cuando venían donde mí llorando y turbados: "¡Está bien! Mamá lo arreglará todo. Todo saldrá bien". Aunque el mensaje era sencillo, entendí lo que Él me decía.

Me acuerdo de una ocasión en particular, cuando mi equipo de ministerio y yo estábamos programados para ofrecer un seminario. Aunque ya habíamos ordenado las etiquetas para los materiales que necesitaríamos para el seminario, el pedido no llegaba. Cuando llamamos a la compañía pareció ser que habían perdido la orden. Aunque inicialmente habíamos enviado la orden con mucha anticipación, ahora se nos había acabado el tiempo, y tuvimos que hacer otro pedido especial de inmediato.

Al día siguiente de la fecha del nuevo envío, las etiquetas todavía no habían llegado. Yo simplemente dije: "Todo saldrá bien". En el transcurso de llegar a mi casa, las personas de mi oficina me llamaron para decirme que las etiquetas habían llegado después que salí de mi oficina.

## DESARROLLAR CONFIANZA Y SEGURIDAD

*"…sin que también nos gloriamos en las tribulaciones, sabiendo que la tribulación produce paciencia; y la paciencia, prueba; y la prueba, esperanza".*
—ROMANOS 5:3–4

¿Cuántas veces se ha frustrado y ha pasado un mal rato innecesariamente sobre esta clase de situación? ¿Cuántos años de su vida ha malgastado, diciendo: "Yo estoy creyendo en Dios; estoy confiando en Dios", cuando en realidad lo que estaba haciendo era preocupándose, hablando negativamente y tratando de resolverlo todo? Tal vez pensaba que estaba confiando en Dios porque decía: "Confío en Dios", pero por dentro estaba ansioso y lleno de pánico. Estaba tratando de aprender a confiar en Dios, pero todavía no lo había logrado.

¿Quiere decir que adquirir confianza y seguridad es simplemente decir: *"No te preocupes, todo saldrá bien"*? No, no creo eso. La confianza y seguridad se establecen a través de un período de tiempo. Usualmente se toma tiempo para superar un hábito incrustado en la mente de preocupación, ansiedad y temor.

Por eso es tan importante "que se mantenga ahí". No se rinda ni se dé por vencido, porque recibirá un beneficio espiritual. Cada vez será más fuerte que la vez anterior. Tarde o temprano, usted será alguien que el enemigo no va a poder controlar.

## SOLO DIOS PUEDE
### VERDADERAMENTE AYUDAR

*"Pero tú eres el que me sacó del vientre; el que me hizo estar confiado desde que estaba a los pechos de mi madre. Sobre ti fui echado desde antes de nacer; desde el vientre de mi madre, tú*

> *eres mi Dios. No te alejes de mí, porque la angustia está cerca;*
> *porque no hay quien ayude".*
>
> —SALMO 22:9–11

He caminado con Dios ya por largo tiempo, así que he vivido experiencias y atravesado por tiempos difíciles. Pero nunca me he olvidado de los momentos en los que el enemigo me controlaba y me manipulaba. Me acuerdo de las noches que pasaba caminando por la casa llorando, sintiéndome como si nunca lograría nada.

Me acuerdo que corría a mis amigos y a otros que yo pensaba que me podían ayudar. Eventualmente fui inteligente, no porque no me gustaba o confiaba en ellos, sino porque sabía que verdaderamente ellos no me podían ayudar, solo Dios podía.

Escuché a un orador decir: "Si la gente le puede ayudar, entonces no tiene un problema verdadero". Me molestaba con mi esposo, porque cuando él atravesaba problemas o tiempos difíciles, él no me lo decía. Entonces, dos o tres semanas después de haber obtenido la victoria, él me decía: "Estuve atravesando un tiempo difícil unas semanas atrás".

Antes de dejarlo terminar, le preguntaba: "¿Por qué no me lo dijiste?".

¿Usted sabe lo que él me respondía?

"¡Yo sabía que no podías ayudarme, así que ni tan siquiera te pregunté!"

No estoy diciendo que no está bien compartir con alguien que uno ama y confiarle lo que está sucediendo en su vida, pero Dave entendió una verdad que yo necesitaba poner en práctica en mi propia vida. Hay veces que solo Dios nos puede ayudar. Aunque yo hubiera querido ayudar a mi esposo, en verdad no podía. Únicamente Dios podía, y él tenía que acudir a Él.

El Señor me dijo una vez que teníamos que aprender a sufrir en privado. Uno de los versículos que Él me dio basado en esta línea de pensamiento es Isaías 53:7: "... *angustiado él, y afligido, no abrió su boca...*". Al llegar a cierto punto en su caminar con Dios, esta es una de las reglas de oro para ser más fuertes en Él.

## PONGAN TODAS SUS PREOCUPACIONES Y ANSIEDADES EN LAS MANOS DEL SEÑOR

*"Pongan todas sus preocupaciones y ansiedades en las manos de Dios, porque él cuida de ustedes".*

—1 PEDRO 5:7 (NTV)

En mi caminar con el Señor, yo quería lograr llegar al punto donde tuviera estabilidad, donde no me preocupara, donde no estuviera llena de razonamientos innecesarios y donde pudiera poner todas mis preocupaciones y ansiedades en las manos de Él.

Mi esposo tenía un don especial en esta área. Él ha vivido muchas experiencias con el Señor y, a través de los años, el Señor le ha dado un gran sentido de paz y seguridad. (Esto es algo bueno, porque yo me preocupaba tanto que si los dos fuéramos así nunca lo hubiéramos logrado).

Yo era la contable de la casa y la que manejaba las cuentas. Cada mes yo sacaba la calculadora y comenzaba a sumar las cuentas. Yo me sobrecargaba a mí misma hasta llegar a un desorden frenético, preocupándome de cómo lograríamos pagar todas las deudas.

Dave, al contrario, podía estar en la sala jugando con los muchachos. Ellos le ponían rulos en el pelo, se trepaban por su espalda, mientras veían televisión. Los escuchaba riéndose y teniendo un tiempo muy agradable.

De repente, me enojaba con Dave porque él estaba disfrutando la vida y yo me sentía miserable. Pero así es como es a veces. Cuando somos miserables, nos enojamos con cualquiera que no quiere ser miserable con nosotros.

Me encontraba en la cocina, retorciéndome las manos y diciendo: "Señor, confío en ti. Creo que tú me vas a ayudar este mes otra vez". Estaba diciendo las palabras correctas, pero me sentía miserable y preocupada.

El fin del mes llegaba, y de seguro, Dios hacía un milagro en nuestras finanzas. Entonces, por supuesto, tenía que preocuparme por el próximo mes. Aunque yo entendía que estaba en el centro de la voluntad del Señor, todavía me preocupaba.

Confiar en Dios es una de las áreas donde tenemos que pasar por nuestras propias experiencias. Ellas no nos llegan por una línea de oración o con la imposición de manos. No es algo que otra persona nos puede dar. Lo logramos nosotros mismos a través de un espacio largo de tiempo.

## Clame al Señor

*"Ten misericordia de mí, oh Jehová; Porque a ti clamo todo el día".*
—Salmo 86:3

Las finanzas no es la única área en que he tenido que confiar en el Señor. Ha habido veces en mi vida cuando el dolor ha sido tan grande que he tenido que tirarme en el piso de la oficina y agarrarme de las patas de un mueble para evitar salir corriendo de la presencia de Dios. He tenido que poner mi rostro en el suelo y clamar al Señor: "Señor, tú *tienes* que ayudarme. Si tú no haces algo, no puedo aguantar más".

Es en tiempos desesperantes como estos que aprendemos a conocer a Dios verdaderamente. Para serle honesta, clamar al Señor en lloro como un niño pequeño, en total dependencia de Él, es saludable. Cuando clamamos en llanto, no tenemos por qué preocuparnos de cómo sonamos o qué lindos nos vemos.

Sé que ha habido veces en mi vida cuando me he visto como una absoluta idiota, mientras clamaba en lloro ante el Señor, pero lo hice de todas maneras.

## ¿En qué dirección se dirige?

*"No lo digo porque tengo escasez, pues he aprendido a contentarme cualquiera que sea mi situación".*
—Filipenses 4:11

No se desaliente si todavía no ha llegado donde quiere estar. Toma tiempo y experiencia aprender a cómo echar toda su ansiedad sobre Él y mantenerse bajo su sombra en el lugar secreto. La pregunta no es: "¿Dónde me encuentro ahora?". Al contrario, la pregunta debe ser: "¿En qué dirección se dirige?".

¿Está aprendiendo? ¿Está dispuesto a cambiar? ¿Está listo para crecer? El mero hecho de que está leyendo este libro indica que desea seriamente vencer sus temores, ansiedades e inseguridades. Entonces lo que tiene que hacer es aprender más sobre cómo echar todas sus ansiedades sobre Él para que pueda evitar razonamientos vanos.

## CUMPLA SU RESPONSABILIDAD, PERO ECHE SU ANSIEDAD

*"Encomienda a Jehová tus obras, y tus pensamientos serán afirmados".*
—PROVERBIOS 16:3

Yo pienso que la razón por la cual quiero resolverlo todo es por mi temor al fracaso. Siempre he sido una persona responsable y siempre he querido que todas las cosas me resulten bien. Pero además de la responsabilidad, también tenía ansiedad.

Dios quiere que *cumplamos con nuestra responsabilidad*, pero que *echemos nuestra ansiedad sobre Él*. ¿Por qué es que Él quiere que echemos nuestra ansiedad sobre Él? Porque Él cuida de nosotros.

No sé usted, pero yo he pasado muchos años de mi vida atormentándome con ansiedad y preocupación, tratando de manejar esas cosas que no eran mi responsabilidad de manejar. Como resultado, malgasté años de mi vida inútilmente.

Si quiere verdaderamente estar frustrado, siga tratando de resolver algo que no está en su control poder resolver. Si lo hace, va a frustrarlo insoportablemente.

## "AH, PUES BIEN"

*"Deja la ira, y desecha el enojo: No te excites en manera alguna a hacer lo malo".*
—SALMO 37:8

Cuando me encuentro en una situación en la cual no puedo hacer nada, he encontrado que la mejor manera de echar mi ansiedad sobre el Señor es simplemente decir: "Ah, pues bien".

Como el día en que Dave derramó su jugo de naranja en el auto y me cayó un poco en mi ropa. Inmediatamente él dijo: "Diablo, no me impresionas". Y yo dije: "Ah, pues bien". De modo que el problema se solucionó, y continuamos haciendo lo que teníamos que hacer por el resto del día.

Algunas cosas no merecen que nosotros nos enojemos por ellas, pero muchas personas se enojan. Desgraciadamente, una gran parte de los cristianos se encuentran enojados, preocupados y llenos de ansiedad. No son las cosas grandes las que les molestan, son las cosas pequeñas que no cuadran con sus planes. En vez de echar su ansiedad y sencillamente decir: "Ah, pues bien", siempre están tratando de hacer algo sobre lo que nada pueden hacer.

En más de una ocasión, esa frase simple, "Ah, pues bien", me ha ayudado a salir a flote.

Un día, nuestro hijo Danny cometió un error al final de su tarea escolar. Así que rompió el papel y comenzó de nuevo. Eventualmente, terminó molesto y disgustado, y quería dejarlo todo.

Así que su padre y yo comenzamos a trabajar con él para que aprendiera a decir: "Ah, pues bien". Esto funcionó. Después de eso, cuando era tentado a dejar algo, nosotros decíamos: "Danny", y él decía: "Ah, pues bien". Entonces regresaba a lo que estaba haciendo y lo terminaba.

## SEA TEMPLADO

*"Sed templados, y velad".*

—1 PEDRO 5:8

Hay momentos, en situaciones difíciles, donde nuestra ansiedad entorpece lo que debemos hacer. Todo lo que podemos es hacer lo mejor y confiar en Dios para lo demás.

Funcionamos mejor cuando tenemos una mente calmada y bien equilibrada; cuando nuestra mente está calmada, sin temor, ni preocupación ni tormento. Cuando nuestra mente está bien equilibrada, somos capaces de mirar la situación y decidir qué hacer o qué no hacer.

Donde muchos de nosotros nos metemos en problemas es cuando nos salimos fuera de equilibrio. Entramos en un estado de pasividad total donde no hacemos nada, esperando que Dios haga todo por nosotros, o nos ponemos hiperactivos operando muchas veces en la carne. Dios quiere que seamos templados, bien equilibrados, para que podamos confrontar cualquier situación de la vida, y digamos: "Pues creo que puedo manejar ciertas cosas de esta situación, pero no más".

Esto nos sucede a muchos durante la temporada de impuestos. Creemos que hemos pagado lo suficiente durante el año para satisfacer nuestra obligación de impuestos. Entonces descubrimos que todavía debemos dinero. El tiempo es corto y no encontramos cómo recaudar el dinero que el gobierno demanda.

En vez de turbarnos y llenarnos de temor y preocupación, necesitamos ir delante de Dios y decir: "Bueno, Señor, estoy creyendo que tú me vas a ayudar en esta situación, ¿pero qué es lo que tú quieres que yo haga?".

Tal vez Dios nos muestre que debemos tomar un trabajo a tiempo parcial por un tiempo para ganar lo que necesitamos y pagar nuestros impuestos. Él nos puede enseñar una manera para tomar prestado el dinero, con un plan de cómo pagarlo rápidamente. Lo que sea que el Señor nos muestre acerca de cómo resolver el problema, tenemos que ser lo suficientemente diligentes para hacerlo. Entonces tenemos que confiar en Él para el resultado.

A veces pensamos en qué debemos estar haciendo para resolver nuestros problemas y suplir nuestras necesidades. Pero si nos apresuramos sin buscar la dirección del Señor, estaríamos actuando en la carne y todos nuestros esfuerzos serían en vano. A veces tenemos que tomar una determinación de descansar, aunque nuestra mente nos grite: "¿Qué vamos a hacer?".

Tenemos que estar confiados en que el Dios, a quien nosotros servimos, no requiere que hagamos más de lo posible. Al hacer todo lo que nos corresponde a nosotros hacer, podemos confiar en Dios por lo demás. Eso es lo que yo llamo fe y equilibrio.

## UN HOMBRE DE FE Y EQUILIBRIO

*"Por la fe Abraham, siendo llamado, obedeció para salir al lugar que había de recibir como herencia; y salió sin saber a dónde iba".*

—HEBREOS 11:8

Abraham era un hombre de fe y equilibrio. Piense un momento en su situación. En obediencia a su Señor, Abraham dejó atrás a su familia, sus amigos y su casa para disponerse a ir a una tierra desconocida.

Estoy segura de que, a cada paso del camino, el diablo le gritaba en su oído: "¡Qué tonto! ¿Hacia dónde tú crees que vas? ¿Qué vas a hacer cuando llegue la noche? ¿Dónde vas a dormir? ¿Dónde vas a comer? ¿Abraham, qué estás haciendo acá fuera? ¿De todos modos, qué te hace pensar que esta idea es de Dios? ¿Conoces a otra persona a quien Dios le haya dicho que haga esto?".

## NO TURBE SU MENTE

*"Pero él les dice: ¿Por qué estáis turbados, y vienen a vuestros corazones estos pensamientos?"*

—LUCAS 24:38

A pesar de lo que el diablo le gritaba, Abraham continuó. La Biblia nos dice que aunque él salió sin saber hacia dónde iba, él *no turbó su mente* acerca de eso.

¡A veces turbamos nuestra propia mente! Algunos de nosotros nos gusta tanto preocuparnos que si el enemigo no nos da de qué preocuparnos, vamos y rebuscamos algo nosotros mismos.

Pensemos en nuestra mente por un momento. ¿De qué debe estar preocupada nuestra mente? Debe de estar llena de alabanza, llena de la Palabra de Dios, llena de exhortación y edificación, llena de esperanza y fe.

Ahora vamos a hacer un inventario corto sobre los pensamientos que atraviesan nuestra mente durante el día. Es triste decirlo, pero muchos de nosotros tenemos que admitir que nuestra mente está llena de preocupación, apuros, temores, cálculos, manipulaciones, planes, teorías, dudas, ansiedades e incertidumbres.

Como resultado, algunas de las máquinas de fe en nuestra mente tienen telarañas en ellas. ¡Necesitamos aventar las telarañas y lubricar los motores de la fe con el aceite del Espíritu Santo, aunque resulte difícil reanudar su trabajo después de tantos años de desuso!

Como Abraham, necesitamos movernos en fe y hacer lo que podamos hacer. Debemos confiar en Dios y no turbar nuestra mente en el asunto. Necesitamos ejercitar nuestra fe y descansar.

No malgaste su vida. Determine cuál es su responsabilidad y cuál no es. No trate de tomar la responsabilidad de Dios. Haga lo que pueda hacer, lo que Él espera que haga y déjele el resto a Él. Cumpla su responsabilidad, pero eche fuera su ansiedad.

# CONCLUSIÓN

E L VERSÍCULO DOS del Salmo 91 contiene un mensaje similar al versículo uno que examinamos anteriormente.

*"El que habita al abrigo del Altísimo morará a la sombra del Omnipotente. Diré yo al Señor: Refugio mío y fortaleza mía, mi Dios, en quien confío".*

—SALMO 91:1–2 (LBLA)

## NUESTRO REFUGIO Y NUESTRA FORTALEZA

Ambos versículos nos enseñan que no tenemos que estar preocupados, ni ansiosos ni en temor, porque podemos poner nuestra fe en Dios y nuestra confianza en Él.

Pero el versículo dos no únicamente nos dice que Dios es nuestro refugio, también dice que Él es nuestra fortaleza.

Un refugio es diferente a una fortaleza. Un refugio es un lugar secreto de escondite en donde el enemigo no nos puede encontrar. Si estamos escondidos en Dios, Satanás no nos puede encontrar. Podemos ver lo que está sucediendo, pero el diablo no nos puede ver a nosotros. El no sabe dónde estamos, puesto que estamos escondidos de su vista bajo la sombra del Omnipotente.

Por otro lado, una fortaleza es un lugar visible de defensa. El enemigo conoce dónde estamos, pero no se puede acercar porque para él estamos inaccesibles.

Podemos estar en el lugar de escondite donde podemos ver al enemigo pero él no nos ve a nosotros, o podemos estar en la fortaleza visible donde el enemigo claramente nos ve pero no se puede acercar, porque estamos rodeados por la protección de Dios.

El versículo dos es tan importante como el versículo uno, porque las ricas promesas de este capítulo entero depende de si estas dos condiciones están siendo realizadas. "Sus ángeles mandará acerca de ti, que te guarden en todos tus caminos" (v. 11), si las condiciones del versículo uno y dos son establecidas, si somos obedientes a ellas.

## APOYARSE EN ÉL

*"...habiendo oído de vuestra fe en Cristo Jesús, y del amor que tenéis a todos los santos".*
—COLOSENSES 1:4

En el versículo dos del Salmo 91, cuando el salmista dice: "Diré yo a Jehová", Él no simplemente se refiere al servicio únicamente de labios. "Decir a Jehová" no significa memorizar escrituras y decirlas en voz alta. "Decir a Jehová" requiere que verdaderamente confiemos en Él, que pongamos nuestra confianza totalmente en Él, que nos apoyemos en Él completamente.

De acuerdo a Colosenses 1:4, eso es verdaderamente lo que es la fe en Cristo Jesús: el apoyo de la completa personalidad humana en Dios, en absoluta confianza y seguridad en su poder, sabiduría y bondad.

Hace un tiempo atrás, el Señor me enseñó cuán a menudo nos apoyamos en Él. Debido a nuestros temores, nos apoyamos un poco de Él. Pero todavía mantenemos suficiente peso sobre nuestros pies de modo que si Dios se mueve, mantendremos algún equilibrio para no caer.

Sabemos que no estamos verdaderamente apoyándonos en Dios, porque nuestros pensamientos son algo así: "Sí, Señor, confío en ti, pero si por casualidad no llegas a tiempo tengo un plan alterno al que puedo regresar de nuevo".

¡Esto no es apoyarse en Dios completa y totalmente! Dios quiere que nos apoyemos en Él sin reservas, sin planes, ni pensamientos de fracaso.

¿Es el Señor verdaderamente su refugio? ¿Es verdaderamente su fortaleza? ¿Realmente usted se apoya y descansa en Él? ¿Confía en Él? ¿O sencillamente le estás dando adoración de labios?

Si ha comprobado el versículo uno y dos por sí mismo, el resto del Salmo 91 está lleno de tremendas y maravillosas promesas para usted.

## ÉL LO LIBRARÁ Y LO CUBRIRÁ

*"Él te librará del lazo del cazador, de la peste destructora. Con sus plumas te cubrirá, y debajo de sus alas estarás seguro; escudo y adarga es su verdad".*

—Salmo 91:3–4

La primera de estas promesas tremendas y maravillosas se encuentra en los versículos tres y cuatro que hablan sobre la liberación y protección de Dios.

Tanto el escudo como la adarga son formas de protección usadas durante el combate. Muchas veces, el escudo era lo suficientemente grande como para cubrir el cuerpo entero de una persona, protegiéndolo de las flechas del enemigo. Algunos escudos eran redondeados en vez de ser lisos, y daban entonces más protección de las flechas que venía del este o el oeste.[1]

La adarga, al contrario, era un escudo pequeño usado en el brazo o cargado en la mano. Se usaba más para combates de cuerpo a cuerpo y proveía protección alrededor mientras el luchador se viraba para pelear contra del enemigo.[2] Esto es similar a la imagen que se encuentra en el Salmo 125:2 que dice: *"Como las montañas están alrededor de Jerusalén, así también el Señor está alrededor de su pueblo..."*.

A pesar de la situación en la cual nosotros podamos encontrarnos, Dios es por nosotros. Puede parecernos que no hay esperanza, pero si el Señor es por nosotros, ¿quién contra nosotros? (ver Romanos 8:31).

El Señor está con nosotros pues Él nos ha prometido: *"...nunca te dejaré ni te desampararé"* (Hebreos 13:5). Él nos sostiene por debajo, puesto que la Biblia dice que Él nos sustenta con su palabra (ver Salmo 119:116). Él está sobre nosotros, porque el Salmo 91:4 nos dice: *"Él te cubrirá con sus plumas, y bajo sus alas encontrarás confianza y refugio"*.

Ahora enmarca este retrato firme en tu mente. Dios está alrededor de ti, Él está por ti. Él está contigo. Él está debajo de ti y Él está sobre ti. El diablo es el único que está en su contra, y mientras que usted está morando bajo el amparo del Altísimo, estable y seguro bajo la sombra del Omnipotente, ¡el enemigo no le puede encontrar o llegar hacia donde usted está!

Si todo esto es cierto, ¿por qué vivir en temor?

## No temerás

*"No temerás el terror nocturno, ni saeta que vuele de día, ni pestilencia que ande en oscuridad, ni mortandad que en medio del día destruya. Caerán a tu lado mil, y diez mil a tu diestra; mas a ti no llegará. Ciertamente con tus ojos mirarás y verás la recompensa de los impíos. Porque has puesto a Jehová, que es mi esperanza, al Altísimo por tu habitación".*

—Salmo 91:5–9

Usted y yo necesitamos escondernos en Dios. Si podemos aprender cómo escondernos en ese lugar le daremos al enemigo un ataque nervioso. Seríamos capaces de sentarnos quietos y verlo tratar de acercarse a nosotros, pero no podrá puesto que estamos inaccesibles a Él.

Algunos años atrás, el Señor hizo una gran transición en mi vida. Durante ese tiempo, yo había sido salva y bautizada en el Espíritu Santo, pero todavía estaba luchando y teniendo muchos problemas. Entonces el Señor me comenzó a enseñar que en su presencia hay plenitud de gozo, y que la única manera que yo iba a encontrar estabilidad en mi vida era morando en su presencia.

En ese punto de mi vida estaba cansada de los altibajos, y deseaba estabilidad. No quería ser un desastre emocional. No quería ser controlada por mis circunstancias. No quería pasar el resto de mi vida reprendiendo al diablo. Quería seguir con mi vida y estar lista para recibir y gozar de todas las bendiciones que la Biblia decía era para mí como hija de Dios.

Cuando llegué a ese punto, el Señor comenzó a enseñarme acerca de habitar en su presencia. Por años estuve estudiando todo acerca de eso y comencé a aplicarlo en mi vida.

Ahora, años después, apenas puedo contar la transición que ha habido en mi vida. Me he convertido en una persona alegre y estable.

Eso no indica que nunca tengo problemas. No significa que nunca lucho. Pero sí significa que en medio de los problemas y las dificultades de la vida, yo puedo mantenerme en su presencia y mantenerme estable.

El Salmo 91 no es sencillamente una buena pieza de literatura inspiradora. Es verdad, y puedo verificar sus verdades con mi propia vida.

Si solo aprende a morar bajo el abrigo del Altísimo, en el lugar secreto, entonces el enemigo no tendrá ningún poder sobre usted. No tendrá más control sobre usted.

Cuando ha hecho al Señor su refugio y al Altísimo su morada, puede sentarse y ver el resultado del impío, porque ningún mal le sobrevendrá.

## Ningún mal le sobrevendrá

*"No te sobrevendrá mal, ni plaga tocará tu morada. Pues a sus ángeles mandará acerca de ti, que te guarden en todos tus caminos. En las manos te llevarán, para que tu pie no tropiece en piedra".*
—Salmo 91:10–12

Este salmo nos relata tan claro que los ángeles de protección están presente si estamos andando en obediencia y sirviendo a Dios.

Una de las mujeres que trabajó conmigo estaba sentada en un bote un día. Estaba leyendo y confesando el versículo diez acerca de que ninguna calamidad tocaría su morada por el mando angelical de Dios sobre su vida. De momento, el bote impactó una ola, ella se cayó y se golpeó la cabeza.

Entonces, ella se quedó perpleja. No entendía cómo al reclamar y confesar un versículo de protección podía estar herida. Cuando le preguntó al Señor acerca de esto, Él le dijo: "No estás muerta, ¿verdad?". Tal vez ella no lo pensó de esta manera. Sus ángeles sí la protegieron.

¿Cuántas veces usted cree que, tal vez, usted habría muerto si los ángeles de Dios no le hubieran protegido? ¡Tal vez más veces de lo que puede pensar!

No tenemos que murmurar por lo que no vemos a Dios hacer. Tenemos que darle gracias por lo que Él *está* haciendo.

## Sobre el enemigo pisarás

*"Sobre el león y el áspid pisarás; hollarás al cachorro del león y al dragón".*
—Salmo 91:13

Lucas 10:19 es un versículo de referencia con respecto a este versículo, y nos explica más en detalle qué representa el león, el áspid, la serpiente y el escorpión: *"He aquí os doy potestad de hollar serpientes y escorpiones, y sobre toda fuerza del enemigo y nada os dañará".*

El león, el áspid, la serpiente y el escorpión, todos representan al enemigo. Dios nos ha dado la autoridad de pisar y pararnos sobre ellos. La autoridad, *exousia*, que Él nos ha dado es una "autoridad delegada" de Jesús hacia nosotros.[3] Si deseamos usarla, podemos atropellar al enemigo. Este es nuestro lugar en Dios cuando asumimos nuestra posición verdadera.

## Porque le amamos

*"Por cuanto en mí ha puesto su amor, yo también lo libraré; lo pondré en alto, por cuanto ha conocido mi nombre. Me invocará, y yo le responderé; con él estaré yo en la angustia; lo libraré y le glorificaré".*
—Salmo 91:14–15

Note que para recibir las bendiciones de Dios y su protección tenemos que tener un conocimiento personal de su nombre. No podemos depender de una relación con Dios a través de nuestros padres o amigos. Necesitamos tener una relación con Dios. Tenemos que ir al escondite, al lugar secreto y tomar tiempo ahí con el Señor.

Muchas veces, lo único que pensamos es en la porción "líbrame" y decimos: "Líbrame, líbrame, líbrame". Pero la liberación es un proceso. Al tener problemas, primeramente, Dios estará *con* nosotros en la prueba. Él nos dará fuerzas y nos llevará a través de ella victoriosamente. *Entonces,* Él nos librará y nos honrará.

Por muchos años, Dios *estuvo* conmigo en las pruebas y tribulaciones que yo atravesaba mientras estaba tratando de superar mi pasado. Pero cuando comenzó a *liberarme,* entonces comenzó a honrarme.

Cuando usted tiene problemas, ¿corre hacia el teléfono o hacia el trono? Al principio, parece ser difícil, pero tiene que llegar al punto en su vida que corra a Dios y no a la gente, cuando esté en problemas o tenga que tomar una decisión. No es necesario llamar a personas que no saben lo que ellos mismos están haciendo para preguntarles lo que usted tiene que hacer.

Muchos de nosotros tenemos suficiente con tratar de manejar nuestras propias vidas como para tratar de dar consejos a otros.

Al contrario, aprenda a correr hacia Dios. Aprenda a correr a ese lugar secreto, esa morada, ese escondite. Aprenda a decir: "Señor, nadie me puede ayudar ahora, solo tú. Estoy totalmente dependiendo de ti".

Muchas veces, Dios ungirá a otra persona para ayudarnos, pero si buscamos a otros primero, le estamos insultando. Necesitamos aprender a *ir a Dios primeramente,* y decir: "Señor, si vas a usar a una persona para ayudarme, tú vas a tener que escoger esa persona, porque yo no quiero a cualquier persona tratando de decirme a mí lo que debo hacer. Yo quiero una palabra que provenga de ti, o no quiero nada".

## DE LARGA VIDA

*"Lo saciaré de larga vida, y le mostraré mi salvación".*
—SALMO 91:16

Algunas veces es fácil ver que ciertos pecados de la carne como el alcoholismo, las drogas y la promiscuidad sexual, pueden llevarnos a la muerte. Pero tendemos a manipular suavemente los pecados como ansiedad, preocupación y razonamiento. Los racionalizamos diciendo que verdaderamente estos no son pecados. Y verdaderamente lo son. Estos sí se mueven en nuestras vidas y nos llevan a una muerte prematura a través de ataques al corazón, úlceras o alta presión.

Pero el plan de Dios es que estemos satisfechos con larga vida y que experimentemos las tremendas y maravillosas promesas de este salmo.

Mientras viaje por la carretera de la vida, la próxima vez que sea atacado por el diablo, ponga en práctica el mandato del Salmo 91:1–2: habite bajo el abrigo del Altísimo y a la sombra del Omnipotente, apoyándose en Él, y haciendo de Él su refugio y fortaleza.

## SIGA LAS SEÑALES DE TRÁNSITO

*"Pero después que haya resucitado, iré delante de vosotros a Galilea".*

—MARCOS 14:28

Así que las señales de tránsito en su camino son: (1) confíe en Dios y no se preocupe; (2) no tema, ni sea ansioso; (3) eche toda su ansiedad y evite los razonamientos.

De manera que para no desviarse hacia la derecha o hacia la izquierda, ponga atención a estas señales. Y si se encuentra desviándose a un lado o hacia el otro, corríjase a sí mismo de no involucrarse en un accidente o de caer en la cuneta.

En la jornada cristiana, una de las razones mayores de desvío es la preocupación. En Juan 15:5, Jesús dijo: *"...separados de mí nada podéis hacer"*. Medite en ese versículo y deje que la palabra *nada* se afirme en su corazón. La preocupación no puede hacer *nada* para cambiar su situación. En contraste, la actitud de fe no conlleva preocupación ni agitación acerca del mañana; porque la fe entiende que dondequiera que tenga que ir, Jesús ya ha estado allí.

No es necesario comprender ni entender la razón por la cual todo está sucediendo en su vida; confíe que lo que tiene que saber, el Señor se lo revelará. Escoja desde antes estar satisfecho, conociéndole a Él que sabe y hace todas las cosas bien.

**SEGUNDA PARTE**

# ESCRITURAS PARA
# VENCER LA PREOCUPACIÓN

Lea y confiese las siguientes escrituras que le ayudarán a vivir una vida libre de preocupación.

*"La congoja en el corazón del hombre lo abate; mas la buena palabra lo alegra".*

—Proverbios 12:25

*"Todos los días del afligido son difíciles; mas el de corazón contento tiene un banquete continuo".*

—Proverbios 15:15

*"Tú guardarás en completa paz a aquel cuyo pensamiento en ti persevera; porque en ti ha confiado".*

—Isaías 26:3

*"Por tanto os digo: No os afanéis por vuestra vida, qué habéis de comer, o que habéis de beber; ni por vuestro cuerpo, qué habéis de vestir. ¿No es la vida más que el alimento, y el cuerpo más que el vestido? Mirad las aves del cielo, que no siembran, ni siegan, ni recogen en graneros; y vuestro Padre celestial las alimenta. ¿No valéis vosotros mucho más que ellas?"*

—Mateo 6:25–26

*"No os afanéis, pues, diciendo: ¿Qué comeremos, o qué beberemos, o qué vestiremos?"*

—Mateo 6:31

*"Así que, no os afanéis por el día de mañana; porque el día de mañana traerá su afán. Basta a cada día su propio mal".*

—MATEO 6:34

*"Pero los afanes de este siglo, y el engaño de las riquezas, y las codicias de otras cosas, entran y ahogan la palabra, y se hace infructuosa".*

—MARCOS 4:19

*"La paz os dejo, mi paz os doy; yo no os la doy como el mundo la da. No se turbe vuestro corazón, ni tenga miedo".*

—JUAN 14:27

*"Quisiera, pues, que estuvieseis sin congoja".*

—1 CORINTIOS 7:32

*"Por nada estéis afanosos; sino sean conocidas vuestras peticiones delante de Dios en toda oración y ruego, con acción de gracias. Y la paz de Dios, que sobrepasa todo entendimiento, guardará vuestros corazones y vuestros pensamientos en Cristo Jesús".*

—FILIPENSES 4:6–7

*"Por lo demás, hermanos, todo lo que es verdadero, todo lo honesto, todo lo justo, todo lo puro, todo lo amable, todo lo que es de buen nombre; si hay virtud alguna, si algo digno de alabanza, en esto pensad".*

—FILIPENSES 4:8

*"…echando toda vuestra ansiedad sobre él, porque él tiene cuidado de vosotros".*

—1 PEDRO 5:7

# ORACIÓN PARA VENCER LA PREOCUPACIÓN

Padre,

Ayúdame a no estar preocupado. Entiendo que la preocupación no me hace bien, sino que en realidad, hace que mi situación se ponga peor. Ayúdame a mantener mi mente en cosas buenas que sean de beneficio para mí y para tu reino.

*Señor, estoy agradecido de que me estás cuidando. Tú tienes un buen plan para mi vida. Voy a comenzar a tomar los pasos que tú me has enseñado para comenzar a trazar ese plan. Pongo mi confianza en ti y en tu Palabra. Echo toda mi ansiedad sobre ti, porque yo sé que tú cuidas de mí.*

*En el nombre de Jesús. Amén.*

# ORACIÓN PARA TENER UNA RELACIÓN PERSONAL CON EL SEÑOR

SI USTED NUNCA ha invitado a Jesús, el Príncipe de paz, a que sea su Señor y Salvador, le invito a que lo haga ahora mismo. Haga la siguiente oración, y si es sincero al respecto, va a experimentar una vida nueva en Cristo.

> Padre,
>
> Tú amaste al mundo tanto que enviaste a tu Hijo unigénito para que muriera por nuestros pecados, para que todo aquel que en Él cree no se pierda, mas tenga vida eterna.
>
> Tu Palabra dice que somos salvos por gracia a través de la fe y esa gracia es un regalo tuyo. No hay nada que podamos hacer para ganarnos la salvación.
>
> Creo y confieso con mi boca que Jesucristo es tu Hijo, el Salvador del mundo. Creo que Él murió en la cruz por mí y cargó todos mis pecados, pagando el precio por ellos. Creo en mi corazón que tú resucitaste a Jesús de entre los muertos.
>
> Te pido que perdones mis pecados. Confieso a Jesús como mi Señor. De acuerdo con tu Palabra, soy salvo, ¡y voy a pasar la eternidad contigo! Gracias, Padre, estoy agradecido. En el nombre de Jesús. Amén.

Ver a Juan 3:16; Efesios 2:8–9; Romanos 10:9–10; 1 Corintios 15:3–4; 1 Juan 1:9; 4:14–16; 5:1, 12–13.

# NOTAS FINALES

## ¡HABLEMOS CLARO SOBRE EL ESTRÉS!

### Capítulo 1

1. Diccionario *Webster's II New College Dictionary* (Company, 1995), s. v. "prudence".

2. Compilado de las siguientes fuentes: H. R. Beech, L. E. Burns y B. F. Sheffield. A Behavioural Approach to the Management of Stress [Un enfoque conductual para el manejo del estrés]. Ed. Cary L. Cooper y S. V. Kasl. Chichester: John Wiley & Sons, 1982, pg. 8, 9 y 11. Randall R. Cottrell, "The Human Stress Response" [La respuesta al estrés humano] en la *Grolier Wellness Encyclopedia: Stress Management,* 1st ed. (Guilford: The Dushkin Publishing Group, 1992), Vol. 13, pg. 34, 35. *Webster's* II, s. v. "adrenal gland", "endocrine gland", "pituitary gland".

## ¡HABLEMOS CLARO SOBRE LA SOLEDAD!

### Capítulo 2

1. Webster's II New Riverside University Dictionary, s.v. "lone".

2. *Webster's II*, s. v. "lonely".

3. *Webster's II*, s. v. "lonesome".

4. *Webster's II*, s. v. "alone".

5. *Webster's II*, s. v. " grief".

6. *Webster's II*, s. v. " grieve".

7. Based on *Webster' s II*, s. v. " depression".

## ¡HABLEMOS CLARO SOBRE LA DEPRESIÓN!

### Capítulo 1

1. *Noah Webster's First Edition of an American Dictionary of the English Language* (San Francisco: The Foundation for American Christian Education, 1967 y 1995 por Rosalie J. Slater. Permiso para reimprimir la edición de 1828 otorgado por G. & C. Merriam Company), s.v. "depression".

2. *Webster's, 1828 Edition*, s. v. "discouraged", "discouragement".

3. *Webster's 11 New College Dictionary* (Boston/New York: Houghton Mifflin Company, 1995), s. v. "discourage". Company, 1995), s. v. "discourage."

4. W. E. Vine, *An Expository Dictionary of New Testament Words* [Diccionario expositivo de palabras del Nuevo Testamento Vine] (Old Tappan: NJ, Fleming H. Revell, 1940), Vol. I, p. 300.

## Capítulo 2

1. James E. Strong, "Greek Dictionary of the New Testament" [Diccionario griego del Nuevo Testamento], in *Strong's Exhaustive Concordance of the Bible* (Nashville: Abingdon, 1890), p. 77, #5479, s. v. "joy", Hechos 20:24.

2. Strong, "Hebrew and Chaldee Dictionary", pg. 37, #2304 del #2302, s. v. "joy", Nehemías 8:10.

3. Strong, "Hebrew", p. 27, #1523, s. v. "joy", Habacuc 3:18; Sofonías 3:17.

# ¡HABLEMOS CLARO SOBRE EL DESÁNIMO!

## Capítulo 1

1. *Webster's II New College Dictionary* (Company, 1995), s. v. "oppress".

2. *Webster's II*, s. v. "aggressive", "enterprising".

## Capítulo 2

1. Watchman Nee, *El hombre espiritual*, Vol. 1 (New York: Christian Fellowship Publishers, Inc., 1968), p. 145.

## Capítulo 4

1. *Webster's II*, s. v. "disappoint".

# ¡HABLEMOS CLARO SOBRE LA INSEGURIDAD!

## Capítulo 4

1. Helen Hayes con Katherine Hatch, *My Life in Three Acts* [Mi vida en tres actos] (New York: Harcourt Brace Jovananovich, 1990), pg. 39, 66.

2. Mary Kittredge, *Helen Hayes* (New York: Chelsea House Publishers, 1990), p. 64.

## Capítulo 6

1. *Webster's 11 New College Dictionary* (Boston/New York: Houghton Mifflin Company, 1995), s. v. "conform".

# ¡HABLEMOS CLARO SOBRE LA PREOCUPACIÓN!

## Capítulo 1

1. *Webster's New World College Dictionary*, 3rd ed., s. v. "dwell".

## Capítulo 3

1. *Webster's New World College Dictionary*, 3rd ed., s. v. "anxiety".

2. *Webster's*, 3rd ed., s. v. "apprehension".

3. *Webster's II New College Dictionary*, s. v. "foreboding".

4. *Webster's II*, s. v. "anxious".

5. *Webster's II*, s. v. "anxiety".

6. *Webster's II*, s. v. "anxiety".

## Conclusión

1. Merrill E. Unger, *Unger's Bible Dictionary* [Diccionario Bíblico Unger] (Chicago: Moody Press, 1966), p. 89.

2. Unger, p. 90.

3. James Strong, *The Exhaustive Concordance of the Bible* [La concordancia exhaustive de la Biblia] ("Greek Dictionary of the New Testament", p. 30, #1849, "delegated influence:—authority...".

# ACERCA DE LA AUTORA

Joyce Meyer es una de las principales maestras prácticas de la Biblia. Su programa de televisión y radio, *Disfrutando la vida diaria*, se transmite por cientos de cadenas de televisión y estaciones de radio mundialmente.

Joyce ha escrito más de 100 inspiradores libros. Algunos de sus éxitos de ventas son: *Dios no está enojado contigo, Cómo formar buenos hábitos y romper malos hábitos, Hazte un favor a ti mismo…perdona, Vive por encima de tus sentimientos, Pensamientos de poder, El campo de batalla de la mente, Luzca estupenda, siéntase fabulosa, Mujer segura de sí misma, Tienes que atreverte* y *Cambia tus palabras, cambia tu vida*. Joyce viaja realizando conferencias durante el año dirigiéndose a miles de personas alrededor del mundo.

# PARA CONTACTAR
# A LA AUTORA:

**Joyce Meyer Ministries**
P. O. Box 655
Fenton, Missouri 63026
O llame a: (636) 349-0303
1-800-727-9673
Dirección de internet: www.joycemeyer.org

Por favor, incluya su testimonio o la ayuda recibida de este libro cuando escriba. Sus pedidos de oración son bienvenidos.

**Joyce Meyer Ministries—Canadá**
P.O. Box 7700
Vancouver, BC V6B 4E2
Canada
1 (800) 868-1002

**Joyce Meyer Ministries—Australia**
Locked Bag 77
Mansfield Delivery Centre
Queensland 4122
Australia
+61 7 3349 1200

**Joyce Meyer Ministries—Inglaterra**
P.O. Box 1549
Windsor SL4 1GT
United Kingdom
+44 1753 831102

# OTROS LIBROS DE JOYCE MEYER

*El campo de batalla de la mente*
(más de tres millones de ejemplares vendidos)

*Dios no está enojado contigo*

*Cómo formar buenos hábitos y romper malos hábitos*

*Hazte un favor a ti misma...Perdona*

*Pensamientos de poder*

*Vive por encima de tus sentimientos*

*Come la galleta...compra los zapatos*

*Never Give Up!*
[¡No desistas!]

*Tienes que atreverte*

*The Penny*
[El centavo]

*The Power of Simple Prayer*
[El poder de la oración simple]

*Mujer segura de sí misma*

*Luzca estupenda, siéntase fabulosa*

*Adicción a la aprobación*

*La revolución de amor*

*Any Minute*
[En cualquier momento]

*Usted puede comenzar de nuevo*

*21 Ways to Finding Peace and Happiness*
[21 maneras de encontrar paz y felicidad]

*Una nueva forma de vivir*

*De mujer a mujer*

*100 Ways to Simplify Your Life*
[100 maneras de simplificar su vida]

*The Secret to True Happiness*
[El secreto a la verdadera felicidad]

*Reduce Me to Love*
[Redúceme a amor]

*El poder secreto para declarar la Palabra de Dios*

## DEVOCIONALES

*Love Out Loud Devotional*
[Devocional "Ame en voz alta"]

*The Confident Woman Devotional*
[Devocional "Mujer segura de sí misma"]

*Hearing from God Each Morning*
[Escuchar a Dios cada mañana]

*New Day, New You Devotional*
[Devocional: Un nuevo día, un nuevo tú]

*Termina bien tu día*

*Empezando tu día bien*